suhrkamp taschenbuch
wissenschaft 2270

Gernot Böhmes neues Buch führt die Natur, die wir selbst sind, in den aktuellen Diskurs über die Natur ein. Mit »Leib« wird weder der Körper des Menschen als Organismus noch seine Natur im Sinne eines Wesens bezeichnet. Der Leib ist dem Menschen gegeben durch die Regungen und Bedürfnisse, die in ihm aufsteigen; er kann ihn aufsuchen durch leibliches Hin-Spüren. Dieses Konzept von Natur hat Konsequenzen für Ethik und Ästhetik: Ein Mensch kann als Patient mündige Entscheidungen nur treffen, wenn er qua Leib in sich gefestigt ist, und die ökologische Ästhetik ist keine Fortsetzung der traditionellen Naturästhetik, weil die Umwelt weder ein Objekt noch ein Anblick ist, sondern das, *worin* wir sind.

Gernot Böhme ist Professor em. für Philosophie an der Technischen Universität Darmstadt, Direktor des Instituts für Praxis der Philosophie e.V. und Vorsitzender der Darmstädter Goethe-Gesellschaft. Zuletzt erschienen: *Ethik leiblicher Existenz* (stw 1880) und *Ästhetischer Kapitalismus* (es 2705).

Gernot Böhme

Leib: Die Natur, die wir selbst sind

Suhrkamp

Bibliografische Information der Deutschen Nationalbibliothek
Die Deutsche Nationalbibliothek verzeichnet diese Publikation
in der Deutschen Nationalbibliografie; detaillierte bibliografische Daten
sind im Internet über http://dnb.d-nb.de abrufbar.

2. Auflage 2020

Erste Auflage 2019
suhrkamp taschenbuch wissenschaft 2270

Umschlag nach Entwürfen von
Willy Fleckhaus und Rolf Staudt
Druck: Druckhaus Nomos, Sinzheim
Printed in Germany
ISBN 978-3-518-29870-1

Inhalt

I. Einführung

II. Ethische Konsequenzen

III. Ästhetische Konsequenzen

I. Einführung

Natur im Diskurs

Wenn im Titel dieses Buches *Leib* als die Natur, die wir selbst sind, bezeichnet wird, so mag dies anstößig wirken. In jedem Fall enthält es ein Paradox: Es wird hier zusammengebracht, was eigentlich auf die zwei Seiten einer Dichotomie zu verteilen ist, nämlich der Dichotomie zwischen dem Aktiven und dem Pathischen. Wir sind uns selbst als Natur gegeben, *Natursein* geschieht uns. Der Begriff des Selbstseins dagegen suggeriert eine Aktivität, unterstellt, dass, worum es dabei geht, von einem Selbst gestaltet, wenn nicht gar zu verantworten ist. Dieses Paradox besteht darin, dass wir in unser bewusstes Verhalten zu uns selbst unser Natursein aufnehmen, also etwas, über das wir nicht verfügen können. Dieses Paradox beschreibt aber sehr gut unsere Situation, die *existentielle* Seinweise. Sie ist als solche in der philosophischen Anthropologie durchaus anerkannt. Etwa bei Helmuth Plessner mit der Exzentrizität unseres Daseins; bei Sartre mit der Formel, dass wir sind, was wir nicht sind, und nicht sind, was wir sind; bei mir in meiner ersten Arbeit zur Anthropologie[1] mit dem Begriff des *Risses im Sein.* Man könnte sogar sagen, dass in der uralten, auf Aristoteles zurückgehenden Definition des Menschen als *zoon logon echon* oder lateinisch als *animal rationale* ebenfalls eine paradoxe Definition des Menschseins gegeben wurde. Ich stelle mich mit meiner Definition des Leibes durchaus in diese Tradition. Es liegt mir nur daran herauszuarbeiten, dass wir, indem wir uns selbst gegeben sind, mit uns qua Natur zu tun haben – um damit in gewisser Weise die bisher existierende Leibphilosophie zu korrigieren oder wenigstens doch zu ergänzen. Ebenso gilt es, den heute aktuellen Diskurs über *Natur* zu korrigieren beziehungsweise zu ergänzen – nämlich dahingehend, dass wir in unserer Leiberfahrung mit uns selbst qua Natur zu tun haben, und das heißt für den Naturdiskurs: dass wir *Natur* keineswegs bloß als etwas Äußerliches kennen, sondern sie vielmehr auch quasi von innen, nämlich in unserer Selbsterfahrung, kennenlernen.

1 Siehe Gernot Böhme, *Anthropologie in pragmatischer Hinsicht. Darmstädter Vorlesungen* [1985], aktualisierte und erweiterte Neuausgabe mit Nachwort, Bielefeld, Basel 2010.

Durch die Formulierung *kennenlernen* deute ich bereits an, dass durch die Definition *Leib: die Natur, die wir selbst sind* sehr wohl *Leib* bestimmt ist, aber keineswegs als Faktum, sondern vielmehr als Aufgabe. Sowohl das *Natur-selbst-Sein* versteht sich nicht von selbst, ebenso nicht, *Natur* quasi von innen beziehungsweise in Selbsterfahrung kennenzulernen. Zwar sind wir von gewissen leiblichen Regungen wie dem Schmerz unausweichlich betroffen, und wir erfahren diese Regungen als aus einem Grunde stammend, den wir zunächst und zumeist nicht selbst sind, und doch sind wir eben *unausweichlich* betroffen, weil solche Regungen, insbesondere der Schmerz, uns gerade anzeigen, dass, was uns da trifft – so fremd und lästig es gerade sein mag, eben zu uns gehört, uns *zu eigen* ist.

Es geht also im Folgenden einerseits um den Leib als Naturerfahrung und andererseits um die Einführung des Leibbegriffs in den Diskurs über die Natur. Zunächst zu Ersterem.

Es ist erstaunlich, dass in der mittlerweile ausgearbeiteten und wirkungsvollen Phänomenologie menschlicher Leiblichkeit das Natursein des Menschen nicht thematisiert wurde. Das mag, wie bei Hermann Schmitz, ein bewusstes Ausweichen sein – er wollte nicht, dass seine Anthropologie in die Dichotomie von Natur und Geist zurückfiele. Es mag aber auch daran liegen, dass die Phänomenologie sich generell im Gegenzug zur Naturwissenschaft versteht und damit einer Thematisierung des menschlichen Leibes als Natur misstraut, weil damit die Gefahr gegeben wäre, ihn doch wieder als Gegenstand der Naturwissenschaft, nämlich als Organismus, zu behandeln. Folge dieser Vermeidung des Naturbegriffs in der Leibphilosophie ist die erstaunliche Tatsache, dass die Geschlechtlichkeit in dieser Philosophie praktisch keine Rolle spielt. Insofern ist die Arbeit von Ute Gahlings über die *Phänomenologie weiblicher Leiberfahrungen*[2] ein ganz wesentliches Korrektiv.

Wenn ich sagte *praktisch keine Rolle spielt*, so weil es in Merleau-Pontys Buch *Phänomenologie der Wahrnehmung* das Kapitel V »Der Leib als geschlechtliches Sein« gibt und es ja gerade als eine der wesentlichen Errungenschaften Merleau-Pontys gilt, von der *Inkarnation* des Ich beziehungsweise des Subjekts Kenntnis zu neh-

2 Siehe Ute Gahlings, *Phänomenologie der weiblichen Leiberfahrungen*, Freiburg [2]2016.

men.[3] Diese Inkarnation hat unter dem Titel *embodiment* geradezu einen Siegeszug um die ganze Welt vollbracht und vertritt oder besser gesagt: verdrängt dadurch die Thematisierung des Leibes als solchen.[4] Der Grund dafür, dass Merleau-Ponty den Leib in der einseitigen und damit unzureichenden Weise der Inkarnation des Ich entdeckt, liegt in der – für einen französischen Philosophen typischen – vorausgesetzten Selbstsicherheit des Ich, des Ich-denke, das heißt in seinem Kartesianismus – oder allgemeiner gesehen: in dem Vorrang, den man dem Handeln bis dato – oder sagen wir besser bis zu Hermann Schmitz:[5] in der philosophischen Anthropologie zuschrieb. Geschlechtlichkeit wird deshalb von Merleau-Ponty vom Bewusstsein her verstanden, und Bewusstsein ist für ihn mit Edmund Husserl immer Bewusstsein von etwas, also intentional. *Embodiment* ist damit eine Weise, wie Bewusstsein sich sinnlich in die Welt der Gegenständlichkeit ausstreckt. Das ist die Inkarnation: »Der Begierde aber eignet ein Verstehen, das ›blindlings‹ Körper mit Körper verbindet. So ist selbst die Geschlechtlichkeit, die man doch lange genug als typisches Beispiel einer bloßen Körperfunktion betrachtet hat, keineswegs ein peripherer Automatismus, sondern Intentionalität, die der Bewegung der Existenz selbst folgt [...].«[6] Geschlechtlichkeit wird also von Merleau-Ponty durchweg von der Begierde her verstanden, das heißt einem aktiven Zugriff auf den Anderen. Es entgeht ihm dabei die Selbsterfahrung im leiblichen Spüren, also das Pathische. Der Leib als solcher taucht dabei gar nicht auf, allenfalls noch bei der Behandlung der *Exhibition,* in der man quasi seine eigene Subjekthaftigkeit zurückstellt, um den anderen Menschen zu faszinieren. Auch hier geht es ihm um eine Strategie, also noch um verdecktes Handeln, bei dem man durch Verführung sich »dem anderen Menschen widerstandslos ausliefern [will], so daß es der Andere sein wird, der ihm zum Sklaven verfällt«.[7]

3 Siehe Maurice Merleau-Ponty, *Phänomenologie der Wahrnehmung*, Berlin 1966, S. 251 bzw. S. 185.

4 Siehe dazu auch das Kapitel »*Embodiment*, Leib und der mündige Patient« in diesem Band.

5 Siehe Gernot Böhme, »Leibsein als Aufgabe«, Rez. von Hermann Schmitz, *System der Philosophie*, Bd. II.1, in: *Hippokrates* 40 (1969), 186-191.

6 Ebd., S. 188.

7 Merleau-Ponty, *Phänomenologie der Wahrnehmung*, S. 199.

Wie Sartre in *Das Sein und das Nichts*[8] interpretiert er die Situation hegelsch als Herr/Knecht-Dialektik, als Auseinandersetzung zweier Subjekte.

Man entgeht dieser Dialektik und damit der Verdeckung der Leiblichkeit durch die Strategie der Inkarnation nur, wenn man in der Analyse nicht das Subjekt, das Ich, den Willen schlicht voraussetzt, sondern vielmehr umgekehrt, die Etablierung einer Ich-Instanz als Ausdifferenzierung aus einer ursprünglichen Selbstgegebenheit, nämlich der Selbstgegebenheit qua Leib herleitet.[9] Der Leib ist die Natur, die uns im leiblichen Spüren gegeben ist. Dieses Spüren ist die Erfahrung von Natur, nämlich von etwas, das mir gegeben ist und das als etwas, was von selbst da ist (die Griechen kannten das *automaton* als Kennzeichen der Natur), das aber – wie das Beispiel *Schmerz* zeigt – trotz seines fremden und befremdlichen Charakters seine Mir-Zugehörigkeit signalisiert. Die eigene Natur wird also in *betroffener Selbstgegebenheit* erfahren. Und allerdings, *was* da erfahren wird, ist durchaus mein Organismus, aber nicht, wie ich ihn in gegenständlicher Kenntnis konstatieren kann, sondern wie er sich mir in leiblichen Regungen aufdrängt.

Auch bei Hermann Schmitz, dessen Leibphänomenologie wohl im weltweiten Vergleich ausgeführt ist wie keine andere, hat zwar die Analyse von Vorgängen, die eindeutig zu uns als Lebewesen gehören, ihren Platz. Gleichwohl wird sie keineswegs so geführt, dass sie als Erfahrung der Natur, die wir selbst sind, deutlich würden, geschweige denn als Lebensvollzüge, die zu uns in unserem Sein in der äußeren Natur und mit der äußeren Natur gehören. So etwa beim Thema Atmen. Für Schmitz ist das Atmen – in Erinnerung an Goethe als *systole* und *diastole* analysiert – ein Phänomen der Dynamik leiblicher Ökonomie.[10] Das heißt also: das Atmen wird beschrieben als ein Spiel innerhalb der Polarität von Enge und Weite, nämlich als jeweiliges Verhältnis von Spannung und Schwellung. So ist das Ausatmen beispielsweise ein »gerichtetes Vermitteln

8 Jean-Paul Sartre, *Das Sein und das Nichts. Versuch einer phänomenologischen Ontologie*, Hamburg: 1966, S. 498-500.

9 Siehe dazu das Kapitel »Eingedenken der Natur im Subjekt«, in: Gernot Böhme, *Ethik leiblicher Existenz,* Frankfurt/M. 2008, S. 136-149.

10 Siehe dazu Hermann Schmitz, *System der Philosophie*. Bd II.1: *Der Leib*, Bonn 1964 f., § 49 f.

von Enge an Weite«.[11] Kein Wort dazu, dass man im Atmen das eigene Natursein erfährt. So kann man beispielsweise nach langem Ausatmen gewissermaßen am Tiefpunkt der Atmung erfahren, wie das Atmen *von selbst* wieder einsetzt. Die Erfahrung dieses *von selbst* ist, um es noch einmal mit den Griechen zu sagen, die Erfahrung des *automaton*, und das heißt also die Erfahrung, dass unser Sein qua Leben von selbst immer wieder einsetzt und dass wir so von der Natur *getragen* sind. Kein Wort auch bei Schmitz, dass das Atmen eine ständige Auseinandersetzung mit der Natur, die wir nicht sind, nämlich der uns umgebenden Luft ist. Nach Paracelsus sind wir bekanntlich *Luftwesen*, nämlich Lebewesen, die im Medium der Luft leben. Allerdings wird im alltäglichen Leben dieses Leben mit der Luft und die Angewiesenheit auf die Luft nicht spürbar. Sie ist – wie Heidegger sagen würde – immer unauffällig *zu handen*. Das kann sich aber durchaus ändern, und die Luft, die wir einatmen, kann erfrischend oder stickig wirken und uns etwa in Smoglagen das Atmen wirklich schwer machen. In der Regel bedarf es bewusster Atemübungen, um sich im Atmen des In- und Mitseins mit der Luft zu versichern. Das kann beispielsweise geschehen, indem man die Lippen anfeuchtet und so den Luftstrom im Atmen spürt. Es kann aber auch geschehen, indem man explizit darauf achtet, wie die Luft, die wir atmen, in affektiver Betroffenheit wahrgenommen wird – ich erwähnte schon die frische und die stickige Luft –, insbesondere ist aber hier an das Riechen zu denken. Riechend können wir uns geradezu im *Dunstkreis*, der uns umgibt, wie in einer Wolke verlieren.[12] Schließlich ist das Atmen als Erfahrung des Leibes als Ergänzung zu Hermann Schmitz' Analyse, der mit seinem Leibinselkonzept den Leib grundsätzlich als opakes Volumen behandelt, zu ergänzen, dass im Atmen der Leib auch als Hohlraum oder als Mannigfaltigkeit von Hohlräumen erfahren werden kann.[13]

11 Ebd., S. 100.

12 Siehe dazu Mephistopheles' Bemerkung gegenüber Faust, während sie sich in Gretchens Stube einschleichen: Er könne sich »in ihrem Dunstkreis satt weiden«, *Faust I*, 2671, siehe Johann Wolfgang von Goethe, *Sämtliche Werke, Briefe, Tagebücher und Gespräche*, Frankfurter Ausgabe [FA] in 40 Bd., hg. v. Friedmar Apel u. a., Frankfurt/M., Berlin 1987-2013, I. Abt., Bd. 7.1: *Faust. Texte*, hg. v. Albrecht Schöne, Frankfurt/M. 1994, S. 114.

13 Zu diesen Erfahrungen siehe explizit Gahlings, *Phänomenologie weiblicher Leiberfahrungen*.

In Analogie zu der Erfahrung der Luft im Atmen dürfte es sich lohnen, phänomenologische Untersuchungen dazu zu machen, wie wir in der Erfahrung unseres Leibes als der Natur, die wir selbst sind, zugleich auch das Wasser oder allgemeiner das Flüssige, das wir nicht selbst sind, erfahren. Es würde dabei um die mannigfaltigen Erfahrungen des Trinkens gehen, aber eben auch um das Schwimmen als spürbares Sein in einem natürlichen Medium.

So weit also zu der Forderung, in der Leibphänomenologie die Natur, die wir selbst sind, zu berücksichtigen. Und nun zu der Verortung des vorliegenden Buches im aktuellen Naturdiskurs.

Der Naturdiskurs, wie er uns gegenwärtig beschäftigt – und mit *uns* sind keineswegs bloß die Philosophinnen und Philosophen und die Gemeinde der Wissenschaftlerinnen und Wissenschaftler gemeint, sondern durchaus auch die Öffentlichkeit von Politik und Jurisprudenz –, nahm seinen Ausgang mit und in der Zeit von Jean-Jacques Rousseau und hatte seinen Grund in einem, mit Sigmund Freud gesprochen, *Unbehagen in der Kultur*.[14] Kunsthistoriker wie Matthias Eberle[15] gehen zeitlich noch ein Stück weiter zurück, wenn sie behaupten, dass *Landschaft* eine ästhetische Entdeckung des Stadtbürgers war, der, beengt nicht bloß durch die Mauern, sondern beengt durch die Menge sozialer Regelungen – von den rechtlichen über die Marktregeln, die ständischen Regeln, die Kleiderordnung, die strengen Zunftregeln –, Natur *da draußen,* vor den Mauern suchte. In jedem Fall kann man sagen, dass der Naturdiskurs, der uns beschäftigt, ein *moderner* Diskurs ist, nämlich wenn man als Moderne die Neuzeit bezeichnet. Dieser Diskurs verschärfte sich allerdings mit der industriellen Revolution, also etwa seit 1800, als nämlich Natur nicht mehr einfach als Reich der Freiheit im Gegensatz zum Bereich der Zivilisation verstanden werden konnte, sondern als menschliche Lebensgrundlage ins Bewusstsein trat. Es war die Hüttenrauch-Diskussion im 19. Jahrhundert, die zur Naturschutzbewegung, es war das Sterben der Wälder durch industriebedingte Versauerung der Luft und das Dahinschwinden der Ozonschicht durch FCKW-Emissionen

14 Sigmund Freud, *Das Unbehagen in der Kultur*, in: Ders., *Gesammelte Werke*, Bd. XIV: Werke aus den Jahren 1925-1931, Frankfurt/M. [5]1976, S. 419-513.

15 Matthias Eberle, *Individuum und Landschaft*, Gießen 1980.

(ab 1974) und die Erderwärmung durch CO_2 (ab 1985),[16] was zur Klimadiskussion führte. Diese Diskussion führte zu der Einsicht, dass *die Natur* keineswegs ein unendliches Reservoir, insbesondere nicht ein sich selbst stabilisierendes System war, dem gegenüber die Einwirkungen des Menschen als ein durch Produktions- und Konsumformen organisiertes Kollektiv irrelevant waren. War mit Rousseau – aber auch, freilich im anderen Sinne, mit Hobbes – Natur im Gegensatz zu Zivilisation als ein hypothetisch angenommener Urzustand friedlichen Zusammenlebens beziehungsweise als ein Krieg aller gegen alle verstanden worden, so trat mit der neueren Phase des Diskurses etwa in der Mitte des 19. Jahrhundert die Natur als menschlicher Lebensraum in den Blick mit dem Resultat: dass es diesen Lebensraum zu schützen galt.

Man kann diese Phase auch als Phase des Diskurses über das *Schwinden* der Natur bezeichnen, und zwar nicht nur der faktischen Natur da draußen, sondern auch des Dahinschwindens des Naturbegriffs als einer kulturellen, nämlich normativen Ressource. Beides hängt zusammen, weil nämlich – freilich kurzsichtig – in der Kritik des menschlichen, des zivilisatorischen Verhaltens, dann aber der industriellen Ausbeutung von Natur *die Natur da draußen* als der Bereich galt, der von sich aus da ist und als solcher gut.[17] Angesichts dieser Diskurslage hat Rolf Peter Sieferle von der Krise der menschlichen Natur[18] geschrieben, hat Michel Serres einen *Naturvertrag* gefordert,[19] hat Klaus Michael Meyer-Abich an einen *vergessenen Traum* erinnert,[20] hat mein Bruder Hartmut Böhme von *Aussichten der Natur* gesprochen,[21] indem er dem Naturkonzept – jedenfalls in diesem Buch – nur als ästhetischem eine Chance gibt.

16 Zum Zusammenhang der beiden letztgenannten Umweltprobleme siehe Hans-Jochen Luhmann, »Was wäre wenn… – Die klimapolitische Bedeutung der Warnung von Rowland und Molina vor den ozonschichtzerstörenden Substanzen«, in: *diskutabel* 03 (2008), S. 12-15.

17 Siehe dazu Gernot Böhme, *Natürlich Natur. Über Natur im Zeitalter ihrer technischen Reproduzierbarkeit*, Frankfurt/M. ³1997.

18 Rolf Peter Sieferle, *Die Krise der menschlichen Natur. Zur Geschichte eines Konzepts*, Frankfurt/M. 1989.

19 Michel Serres, *Der Naturvertrag*, Frankfurt/M. 1994.

20 Klaus Michael Meyer-Abich, *Praktische Naturphilosophie. Erinnerung an einen vergessenen Traum*, München 1997.

21 Hartmut Böhme, *Aussichten der Natur. Naturästhetik in Wechselwirkung von Natur und Kultur*, Berlin 2016.

Ich selbst habe mit dem Buch *Die Natur vor uns*[22] im Einklang mit Ernst Ulrich von Weizsäcker[23] mit einer Kehrtwende gegen Rousseau behauptet, dass Natur sowohl als menschlicher Lebensraum wie auch als Bestandteil menschlichen Selbstverständnisses als Aufgabe *vor* uns liegt. In jüngster Zeit haben nun wortgewaltige Autoren wie Bruno Latour und Philippe Descola versucht, den soeben geschilderten neuzeitlichen Naturdiskurs überhaupt zu kippen. Beiden ist gemeinsam, dass sie philosophierende Autoren sind, die aus der Ethnologie beziehungsweise der soziologisch orientierten Anthropologie stammen und deshalb – wohl methodisch der strukturalen Anthropologie eines Lévi-Strauss folgend – den Naturbegriff nicht für sich, sondern als Pol im Doppelbegriff Natur/Kultur behandeln. Freilich impliziert das – zumindest bei Bruno Latour, dessen historische Bildung bis zu Descartes, allenfalls noch bis zu Galilei zurückreicht – eine historische Kurzsichtigkeit. Denn wenn zwar auch ursprünglich – das heißt bei den Vorsokratikern – Natur qua *Physis* das Ganze des Seienden bezeichnete, so war doch seit dem Sophisten Antiphon – oder literarisch belegt seit Aristoteles – mit *Natur* ein Gegenbegriff zu Technik, Gesetzgebung, zu *nomos* als gesellschaftlicher Ordnung konzipiert. Das von Natur Seiende ist nach Aristoteles, was von selbst da ist und das Prinzip seiner Bewegung und Veränderung, also auch das Prinzip seiner Reproduktion, in sich trägt.[24] Das, was durch Technik da ist, dagegen bedarf des Menschen, nämlich insbesondere des Handwerkers oder des *Techniten* zu seiner Herstellung beziehungsweise Wiederherstellung. Latour war oder ist nun besonders stolz darauf, dass er meint, in Natur/Kultur das Prinzip der Moderne gefunden zu haben, um von daher uns, den Menschen der Moderne, vorzuwerfen, wir seien nie modern gewesen – nämlich weil wir immer schon Mischwesen oder Hybride zwischen Natur und Kultur hergestellt hätten, um sie aber gleichzeitig ideologisch als solche zu verschleiern.[25] Dabei übersieht er gänzlich, dass bereits die antike Unterscheidung von *physe on*, dem, was von Natur aus da ist,

22 Gernot Böhme, *Die Natur vor uns. Naturphilosophie in pragmatischer Hinsicht*, Zug 2002.

23 Ernst Ulrich von Weizsäcker, *Erdpolitik. Ökologische Realpolitik an der Schwelle zum Jahrhundert der Umwelt*, Darmstadt ²1990.

24 Aristoteles, *Physik*, 192b20-193a28.

25 Bruno Latour, *Wir sind nie modern gewesen. Versuch einer symmetrischen Anthropologie*, Frankfurt/M. 1998.

und *techne on*, dem, was durch menschliches Verhalten da ist, mitten durch den Menschen selbst hindurchgeht. Der Mensch ist sich selbst qua Natur gegeben, bildet sich aber in seinem Charakter und Verhalten als Kulturwesen aus.[26] Latour entgeht entsprechend auch gänzlich, dass es in dem Naturdiskurs der Moderne, insbesondere im Naturschutz nicht um den Schutz der Natur an sich ging, sondern vielmehr um Natur als menschlichem Lebensraum, das heißt die immer schon kulturell gestaltete Natur, nämlich die durch Forstwirtschaft und Ackerbau gestaltete Natur. Allenfalls in den USA, die ja in der Frühphase immer noch Natur als Wildnis vor Augen hatten, konnte etwa in der Naturphilosophie eines Emerson[27] Natur geschätzt werden als Bereich des von Menschenhand Unberührten.

Philippe Descola versucht nun, in seinem Buch aus der Perspektive der Ethnologie die Dichotomie Natur/Kultur als eine, im Weltmaßstab gesehen, Besonderheit der europäischen Zivilisation zu relativieren. Dabei übersieht er gänzlich, dass diese Zivilisation als technische Zivilisation quasi imperialistisch ist, das heißt heute den ganzen Globus überzieht und allenfalls regional beziehungsweise für die Feiertage der Mannigfaltigkeit der Kulturen noch Raum lässt.[28] Das Unglück ist nur, dass diese anderen, nichteuropäischen Kulturen gerade wegen des Mangels der Entgegensetzung von Natur und Kultur auch nicht die kritischen Ressourcen gegen die invasive Technisierung[29] entwickelt haben, die deren Siegeszug seit dem 18.,[30] spätestens seit dem 19. Jahrhundert begleitet haben.

Bruno Latour nun glaubt in seinem Buch *Kampf um Gaia*,[31]

26 Interessant, dass Kant im guten Gespür für diese Differenz eine *Anthropologie in pragmatischer Hinsicht* – in der er nämlich zeigt, was der Mensch im Wissen um sich aus sich machen kann – und eine *Anthropologie in physiologischer Hinsicht* – also das, was der Mensch als Naturwesen ist – in seinen Vorlesungen unterschieden hat.

27 Ralph Waldo Emerson, *Natur*, Schaffhausen 1981.

28 Philippe Descola, *Jenseits von Natur und Kultur*, Berlin 2011.

29 Siehe Gernot Böhme, *Invasive Technisierung. Technikphilosophie und Technikkritik*, Kusterdingen, 2008.

30 Bei dieser sehr früh sich regenden Technikkritik bzw. Industrialisierungskritik ist an Goethes besorgte Beobachtung der Modernisierung zu erinnern. Siehe Gernot Böhme, »Goethe und die moderne Zivilisation«, in: *Goethe Yearbook* XXII (2015), S. 133-141.

31 Bruno Latour, *Kampf um Gaia. Acht Vorträge über das neue Klimaregime*, Berlin 2017.

die Instabilität des Verhältnisses Natur/Kultur, die Aussichtslosigkeit des Ökologie-Diskurses, die »uns schier verrückt macht«,[32] im Blick auf das Gaia-Konzept von James Lovelock überschreiten zu können.[33] Gaia ist seit der griechischen Antike ein mythologischer Name für die Erde im Ganzen. So gesehen ist Latours Buch das Plädoyer dafür, sich nicht auf eine diffus unendliche Natur zu beziehen, sondern vielmehr auf den Teil der Natur, aus dem wir konkret leben, nämlich die Erde. Das klingt ganz vernünftig, ist aber verblüffend, weil er glaubt, dadurch den Naturbegriff überhaupt hinter sich lassen zu können. Insbesondere aber ist die vielleicht fruchtbare und empfehlenswerte Einschränkung des Interesses auf Natur qua Erde kurzsichtig, weil die Erde als Körper des Sonnensystems – und deshalb insbesondere in Bezug auf ihren Energiehaushalt von der Sonne abhängig – ein Teil des Kosmos ist und ihre kosmische Natur im Innern auch weiterhin birgt: Die Natur als menschlicher Lebensraum sind ja nur die ganz dünne Oberflächenschicht der Erde und die unteren Ebenen der Atmosphäre. Was die Erde als kosmisches Objekt darstellt, bekommen die Menschen immer wieder durch das zu spüren, was sie *Naturkatastrophen* nennen. Wenn Latour also quasi mit moralischer Geste eine Konzentration auf Erdpolitik fordert, so nimmt es doch wunder, dass er kein Wort darüber verliert, dass der Mensch längst durch Weltraumtechnologie in den Kosmos ausgreift und dass – zumindest in der Science-Fiction – Lebensräume auch außerhalb der Erde konzipiert werden.

Wenn Latour auch die Arbeit von Lovelock sehr ausführlich würdigt, so folgt er ihm doch gerade in dem entscheidenden Punkt nicht, nämlich dass die Erde eine Art Großlebewesen ist, eine sich selbst regulierende Ganzheit, deren Soll gerade darin besteht, den schmalen Spielraum im Spektrum der vielen Zustandsparameter (Durchschnittstemperatur, Zusammensetzung der Atmosphäre etc.) offenzuhalten, der auf der Erde – und das heißt hier: von der Tiefe des Meeres bis zu den niederen Schichten der Atmosphäre – Leben ermöglicht. Für Latour ist Gaia gerade kein Ganzes, sondern eine Mannigfaltigkeit von Rückkopplungsschleifen, die von *Agenten* in Gang gehalten werden und in ihrer Auseinandersetzung

32 Ebd., S. 72.

33 Von den zahlreichen Büchern Lovelocks sei hier nur hingewiesen auf *Gaia. Die Erde ist ein Lebewesen. Anatomie und Physiologie des Organismus Erde*, Bern u. a. 1992.

eine Evolution von Gaia vorantreiben. Dabei sind nach Latours *Agency*-Theorie Steine, Lebewesen, Menschen etc. in gleicher Weise Agenten und die Menschen nicht als Einzelne, sondern als technisch und wirtschaftlich organisiertes Kollektiv eine Wirkmacht, die sich als Gaia-gestaltende Rückkopplungsschleife auswirkt. Die Auseinandersetzung der verschiedenen Rückkopplungsschleifen beziehungsweise der sie vorantreibenden Wirkmächte sieht Latour nun im Anschluss an Carl Schmitt und dessen Definition des Politischen durch die Freund-Feind-Dichotomie nicht als Entgegensetzungen, sondern als Feindschaften. Deshalb läuft sein Buch, das in der deutschen Übersetzung noch relativ harmlos mit *Kampf um Gaia* betitelt ist, schließlich auf Krieg hinaus.[34] Freilich, sosehr sich Latour als Materialist gibt und sich explizit vom Idealisten Hegel absetzt,[35] ist der Kampf um Gaia, von dem er redet, letzten Endes ein ideologischer Krieg: Das Volk der »ERDVERBUNDENEN«,[36] deren Territorium nicht geographisch festzumachen ist, sondern aus *Netzwerken* besteht,[37] diese Kriegspartei der »Gaianer« also, zu der sich Latour selbst rechnet, sieht ihren Feind in den »MENSCHEN«,[38] die sich halbmodern noch für die Natur und ihre Erhaltung einsetzen. Der Kampf um Gaia wird also als literarischer Krieg ausgefochten, und Bruno Latours Buch ist ganz selbstreflexiv ein Instrument in diesem Krieg.

Um mit dieser Einleitung zum Schluss zu kommen: Was hat nun die Durchsicht der Leibphänomenologie und des modernen Naturdiskurses mit der Frage, ob darin jeweils Leib als die Natur, die wir selbst sind, eine Rolle spielt, erbracht, und was könnte die Zusammenführung beider Diskurse, die in diesem Buch versucht wird, für Folgen haben?

In dem ökologisch motivierten modernen Naturdiskurs kommt die Natur des Menschen, insofern wir sie qua Leib selbst sind, nicht vor. Wenn es um den Menschen geht, der in der Natur ist, so wird

34 Terminologisch auch im Französischen, siehe Bruno Latour, *Face à Gaïa. Huit conférences sur le nouveau régime climatique*, Paris 2015; siehe darin besonders den siebten Vortrag: »Die Staaten (der NATUR) zwischen Krieg und Frieden«, S. 373-429.

35 Siehe Latour, *Kampf um Gaia*, S. 73.

36 Ebd., S. 418.

37 Ebd., S. 425.

38 Ebd., S. 418.

er als Organismus unter anderen behandelt, der allerdings, ökonomisch und technisch organisiert, eine bedeutende Wirkmacht darstellt. Dies führt, insofern diese Wirkmacht die menschliche Lebensgrundlage Natur zu zerstören droht beziehungsweise die Rückkopplungsschleifen, die im Ganzen Gaia ausmachen, aus dem Gleichgewicht zu bringen drohen, jedoch lediglich zum politisch-juristischen und ökonomisch schonenden Umgang mit der Natur qua Erde. Das geht über den traditionellen Naturschutz, über die Definition von Reservaten und Grenzwerten, nicht hinaus. Auch die neuesten Berichte an den Club of Rome sind hier keine Ausnahme.[39] Eine wirkliche Alternative innerhalb des modernen Naturdiskurses stellt das schon genannte Buch von Klaus Michael Meyer-Abich dar. Darin findet sich auch eine Anerkennung meiner Vorschläge, »auf menschliche Weise Natur zu sein«.[40] Freilich überzieht er seine eigene Kategorie des *Mitseins*, wenn er meine Rede von der außermenschlichen Natur als der Natur, die wir nicht selbst sind, kritisiert: »Tier und Blume, Baum und Stein sind nicht die Natur, die wir nicht sind, sondern wir sind auch Tiere, Pflanzen und Elemente.«[41]

Im Leibdiskurs – so nenne ich hier einmal die Phänomenologie der menschlichen Leiblichkeit – kommt die Natur und damit das menschliche Natursein überhaupt nicht vor. Die Phänomenologie hat die Behandlung der menschlichen Natur faktisch der Naturwissenschaft überlassen, von der sie sich aber gerade qua Phänomenologie entschieden absetzt. Dabei begibt sie sich nicht nur der Chance, die Regung, die im leiblichen Spüren aufsteigt, als Erfahrung der eigenen Natur zu verstehen, sondern darüber hinaus der Entwicklung einer allgemeinen Phänomenologie der Natur, wie sie mit Goethes Naturwissenschaft ihren Anfang nahm.[42]

39 Siehe Jørgen Randers, *2052. Der neue Bericht an den Club of Rome. Eine globale Prognose für die nächsten 40 Jahre*, München [2]2014; Ernst Ulrich von Weizsäcker, Anders Wijkman u. a., *Wir sind dran. Club of Rome: Der große Bericht: Was wir ändern müssen, wenn wir bleiben wollen. Eine neue Aufklärung für eine volle Welt*, Gütersloh 2018. Letzteres Buch enthält aber über die klassische Forderung des schonenden Umgangs mit der Natur in Teil 3 auch eine ganze Reihe von Alternativen, also z. B. alternatives Wirtschaften, alternative Wirtschaftstheorien, alternative Energie-Technologien etc.

40 Meyer-Abich, *Praktische Naturphilosophie*, S. 75.

41 Ebd.

42 Siehe dazu Gernot Böhme, »Goethes Naturwissenschaft als Phänomenologie der

Die Folgen einer Zusammenführung beider Diskurse liegen jedoch nicht nur vornehmlich auf der kognitiven Ebene, sondern betreffen die Praxis des Umgangs sowohl mit uns selbst als auch mit der äußeren Natur. Natur ist in beiden Bereichen kein Faktum, das sich konstatieren und beschreiben ließe, sondern vielmehr eine Aufgabe, die zunächst entwickelt werden und dann in der Praxis eingeübt werden muss.

Zunächst zur Natur im menschlichen Selbstverständnis: Seit der klassischen Definition des Menschen als *animal rationale*, also als ein Lebewesen, das Verstand hat, gehört ja das Natursein des Menschen eigentlich zu seinem Selbstverständnis. Doch eben nur *eigentlich*, denn nicht wirklich explizit und vor allem nicht praktiziert. Schon die Definition selbst in der klassischen Form des *genus proximum* und der *differentia specifica* nennt die Rationalität als dasjenige, was den Menschen qua Menschen ausmacht und ihn von allen anderen Lebewesen unterscheidet. Das kann in der Praxis bedeuten und hat bis weit in die Pädagogik hinein in der Praxis auch wirklich bedeutet: die Disziplinierung dessen, was am Menschen Natur ist, seine Verdrängung und die mögliche Emanzipation von der Natur. Die Leibphänomenologie und insbesondere das Verständnis des Leibes als die Natur, die wir selbst sind, verlangt dagegen eine Praxis, in der dieses Natursein des Menschen bewusst übernommen und eingeübt wird. Dadurch erhalten Lebensvollzüge wie Atmen, Sich-Ernähren, Gehen oder Schwimmen ein ganz anderes Gewicht: In ihnen vollzieht sich, was es heißt, ein Mensch zu sein. Doch was bedeutet das für die Beziehung des Menschen zur äußeren Natur? Handelt es sich bei der expliziten Übernahme des eigenen Naturseins etwa bloß um Selbstbildung und den Versuch, *gut Mensch zu sein*?[43] Die Konsequenzen in der Beziehung zur äußeren Natur zeichnen sich in Meyer-Abichs Kategorie des *Mitseins* schon – wenn vielleicht auch in *zu netter* Weise – ab. Tatsächlich geht es darum, eine neue Kultur des Umgangs mit der äußeren Natur und den anderen Lebewesen, die wir nicht sind, zu entwickeln. Doch wichtiger scheint mir dagegen die Kategorie des *Inseins*. Der Naturdiskurs, insofern er ökologisch motiviert ist, ver-

Natur«, in: Ders., (Hg.), *Über Goethes Naturwissenschaft. Schriften der Darmstädter Goethegesellschaft*, Bielefeld 2017, S. 7-16.

43 Siehe Gernot Böhme, *Gut Mensch sein. Anthropologie als Proto-Ethik*, Zug 2016.

langt ja gerade danach ernst zu nehmen, dass der Mensch in seiner Natürlichkeit *in* der Natur ist. Das heißt, es geht nicht um Natur oder Umwelt überhaupt, sondern um die menschliche Umwelt. Das bedeutet aber, dass unter ökologischen Gesichtspunkten die Natur keineswegs einfach hingenommen und gar geschont werden muss als das, was sie von sich aus ist. Vielmehr geht es um ihre Gestaltung als ein menschlicher Lebensraum. Das heißt aber nicht nur, dass die Natur als Umgebung des Menschen von der Art sein muss, dass er sein Leben darin vollziehen und reproduzieren kann, sondern auch, dass er sich darin wohl befindet. Daraus folgen zwei Maximen für den Umgang mit Natur als menschlichem Lebensraum: Erstens muss der Mensch in diesem Lebensraum seine eigene Reproduktion so einrichten, dass er zugleich mit ihr die umgebende Natur als menschlichen Lebensraum reproduziert. Man nennt das heute auch das Prinzip der Nachhaltigkeit, obgleich es seinen Ursprung im traditionell agrikulturellen und forstwirtschaftlichen Umgang mit der Natur hat.[44] Das zweite Prinzip ist das der ökologischen Naturästhetik. Hier wird ernst genommen, dass wir in der Erfahrung der Natur, die wir selbst sind, uns zugleich in bestimmter Weise als in einer Umgebung anwesend erfahren – oder unter Verwendung des Begriffs der Befindlichkeit: In unserem Befinden erfahren wir, in welcher Umgebung wir uns befinden.[45] Die Einführung des Begriffs *Leib* in den Naturdiskurs verlangt also eine Humanisierung der Natur als Umwelt.

44 Die Modernisierung dieses Begriffs als *sustainability* impliziert, dass Wirtschaftswachstum zur Nachhaltigkeit gehören sollte, so dass man von daher den paradoxen und unhaltbaren Begriff des nachhaltigen Wirtschaftswachstums bilden konnte.

45 Siehe dazu auch das Kapitel »Umweltästhetik« in diesem Band.

Der Begriff des Leibes

1. Wozu ein Begriff des Leibes?

Obgleich die Forderung nach einem Begriff eine klassische Forderung der Philosophie ist, nämlich durch eine Definition anzugeben, was man unter einem Terminus verstehen will, beziehungsweise für eine Sache, worin sie eigentlich besteht, ist sie in der Regel kaum zu erfüllen, und es gibt auch gute Gründe dagegen, sie erfüllen zu wollen. Denn eine Definition ist immer eine Festlegung und ein Begriff ein Zugriff auf die Mannigfaltigkeit der Dinge und Erscheinungen, unter dem sie erstarren. Die Verteidigung der Vielfalt des Besonderen und, mit Adorno zu sprechen, des Nichtidentischen ist gerade etwas, was auch Ziel der Phänomenologie ist. So scheinen die Forderung nach einem Begriff und die Bewahrung der Phänomene miteinander im Streit zu liegen.

Im besonderen Maße scheint es der genetischen Phänomenologie zu widerstreiten, einen Begriff des Leibes zu formulieren. Denn ihre methodologische Grundüberzeugung besteht ja darin, dass es eine Mannigfaltigkeit von Erscheinungsweisen des Leibes beziehungsweise des Körpers gibt – in Abhängigkeit von unterschiedlichen Zugangsarten zum Leibkörper beziehungsweise in Abhängigkeit von den Verhaltensweisen des Menschen zu sich selbst. Daraus folgt, dass es zumindest nicht *einen* Begriff des Leibes geben kann, so dass sich die Frage nach dem Begriff des Leibes verwandelt in die nach der jeweiligen Berechtigung unterschiedlicher Leibbegriffe. Soweit solche Begriffe vorhanden sind, sei es im durchschnittlichen Alltagsverständnis, sei es in der Philosophie, ginge es darum nachzuweisen, in Bezug auf welche Zugangsart oder welches Selbstverhältnis des Menschen sie ihren Sinn erfahren. Das zu leisten, könnte vielleicht wenigstens unnütze Diskussionen und theoretische Auseinandersetzungen beenden und die Einsicht stärken, dass es eigentlich auf ebendieses Selbstverhältnis ankommt. Darüber hinaus allerdings wäre es wünschenswert, einen Leibbegriff zu bilden, der nicht nur die Prädikate einer bestimmten Art von Leibphänomenen bestimmt – also im Kognitiven bleibt –, sondern gerade dieses Selbstverhältnis mit in den Begriff des Leibes aufnimmt. Das wäre dann im Sinne von Kierkegaard ein Existenzbegriff des Leibes.

Beginnen wir aber mit Descartes. Für Descartes ist der Körper *res extensa*, das heißt, das Wesentliche des Körpers ist eigentlich sein Volumen. Der Körper tritt also vor allem dadurch in Erscheinung, dass er einen Platz einnimmt und gegebenenfalls andere Körper verdrängt. Nun hat allerdings bereits Newton darauf hingewiesen, dass man mit einem solchen Körperbegriff nicht einmal eine vernünftige Mechanik zustande bringt, und er hat deshalb den Körpern auch Kräfte zugeschrieben, einerseits die Trägheit beziehungsweise die Masse als eine *vis insita* und andererseits die Schwere, also die wechselseitige Anziehung der Körper. Ich habe schon andernorts darauf hingewiesen, dass historisch gesehen dieser kartesische Begriff des Körpers, auf den Körper des Menschen angewandt, dessen radikale, das heißt vor allem entzaubernde Vergegenständlichung ermöglicht hat und damit die moderne Medizin. Jetzt allerdings müssen wir fragen: Unter welchen Bedingungen erfahren wir uns so, dass der kartesische Körperbegriff adäquat ist?

Eine Antwort auf diese Frage haben wir eben bereits gegeben: Der kartesische Körperbegriff macht Sinn, insofern wir menschliche Körper objektivieren wie anderes auch und sie naturwissenschaftlichen Methoden unterwerfen. Aber das ist offenbar nicht die ganze Antwort, denn wir rechnen damit, dass wir dieses so thematisierte Körperding sind und sein müssen. Wie andere Leute uns sehen, kann uns nicht gleichgültig sein, und wir versuchen ja auch, sei es mit Spiegeln oder ohne, uns so zu sehen, wie andere Leute uns sehen. Der entfremdende Blick entfremdet uns unserem Körper doch nicht gänzlich, weil es letztlich eben doch unser Leib ist, der so vergegenständlicht wird. Hinzu kommt, dass wir nicht nur mit dem Blick der anderen, sondern auch mit den anderen Gegenständen rechnen müssen. Denn auch für sie sind wir – wenn man das so sagen darf – nur Gegenstände, das heißt mechanische Körper, und damit müssen wir rechnen. Das heißt, dass auch für uns gilt, dass nicht zwei Körper an demselben Platz sein können und dass wir in unserer Bewegung durch den Raum sehr wohl den Gesetzen der Mechanik unterworfen sind. Diese Einsicht, dass wir bei uns selbst damit rechnen müssen, dass wir auch Körper sind, hat zum sogenannten »Körperschema«, dann später »Körperbild«, geführt, wie es ursprünglich von Paul Schilder als Begriff eingeführt und dann von Karl Conrad weiterentwickelt wurde. Thomas Fuchs, der diese Tradition aufgearbeitet hat, definiert:

Hingegen verstehe ich unter dem *Körperschema* eine zentrale Repräsentanz des Körpers, die uns eine unwillkürliche, implizierte Orientierung bezüglich der Haltung, Lage und Bewegung unseres Leibes und seiner Glieder ermöglicht. Dieses unsichtbare Netz räumlicher Orientierung ist allerdings nicht auf den Leib begrenzt, sondern bezieht immer auch sein Verhältnis zur Umgebung und seinen Umgang mit den Dingen mit ein [...]. Der Begriff des *Körperbilds* (*body image*) schließlich entspricht der habituellen visuell-räumlichen Vorstellung vom eigenen Körper, seinem Aussehen und seinen Eigenschaften, also dem Körper aus der Sicht von außen [...].[1]

Dieser Begriff vom Körper im Sinne von Körperschema hat offenbar bereits seinen Sinn darin, dass er den Körper nicht einfach bloß als Gegenstand bestimmt, sondern in der Perspektive, dass wir diesen Gegenstand auch sein müssen – mit Michel Henry gesprochen: Wir müssen unseren Körper *existieren*. Aber gerade deshalb müssen wir darauf hinweisen, dass unser Körper aus der Perspektive, dass wir ihn leben und leben müssen, gerade keinem festem Schema genügt. Dem hat man nach jüdischer Tradition dadurch entsprochen, dass es verboten war, lebendige Menschen zu messen – nur der Tote habe ein festes Maß. Weniger tiefsinnig dürfte die Tatsache sein, dass wir, gerade um uns in der Körperwelt zu bewegen, unseren Leib eben nicht nur zum faktischen Körper machen dürfen beziehungsweise uns umso kompetenter bewegen, je mehr wir unseren Körper variabel gestalten. Charakteristisch dafür ist das Turnen: Es gelingt umso besser, je mehr man davon Gebrauch macht, dass wir als lebendige Körper keinen festen Schwerpunkt haben. Die Möglichkeit der Selbstbewegung hängt – abgesehen davon, dass wir als Organismen in unserem Körper auch mechanische Energie freisetzen können – davon ab, dass wir, uns bewegend, in unserem Körper unseren Schwerpunkt ständig verlagern.

Wir müssen aber noch in einem weiteren Sinne damit rechnen, dass wir Körper sind, insofern wir nämlich das, was uns aus naturwissenschaftlich-medizinischer Perspektive über uns selbst gesagt wird, nicht einem fremden Körperding, sondern uns selbst zuschreiben müssen. Natürlich ist dieses Wissen gerade immer insofern effektiv, als wir uns dann in distanzierender Haltung auch selbst als ein Körperding behandeln oder behandeln lassen. Aber auch das ist nicht die ganze Wahrheit, denn auch hier spielt ja eine

1 Thomas Fuchs, *Leib, Raum, Person. Entwurf einer phänomenologischen Anthropologie*, Stuttgart 2000, S. 41.

Rolle, dass wir dieses Körperding eben qua Leib doch sind und wir nur allein deshalb auch an einer Behandlung interessiert sind; ferner, dass wir es eben auch nicht schlechthin sind und sich uns deshalb auch Möglichkeiten eröffnen, gegebenenfalls auf andere Weise mit den Problemen fertig zu werden – in der Regel sind das Krankheiten –, die eine Objektivierung unter dem ärztlichen Blick notwendig machten.

Bei Husserl finden wir den Begriff des *fungierenden Leibes*. Es geht dabei, wie Waldenfels sagt, um die Frage »Was tut der Leib, was leistet der Leib, wie funktioniert er?«[2] In dieser Formulierung könnte man allerdings noch glauben, es handele sich eigentlich um den Körper qua Organismus, das heißt um die funktionalen Betrachtungen, die die Biologie als objektivistische Wissenschaft durchaus leisten kann. Aber das ist schon bei Husserl wohl nicht so gemeint, vielmehr entspricht sein Konzept vom fungierenden Körper einer Wiederaufnahme von Schopenhauers Sicht des Leibes als Korrelat des Willens. Es geht also um unseren Leib, insofern wir ihn als Medium unserer Selbstbewegung erfahren. Husserl spricht hier von *Motionen* als leiblichen Bewegungstendenzen im Unterschied zu den Intentionen als den Gerichtetheiten des Bewusstseins.

Dieser Begriff des fungierenden Leibes ist nun in der Tat unterschieden von anderen, sowohl von dem Körperbegriff, der auf Descartes zurückgeht, als auch von dem pathischen Leibbegriff, den wir mit Schmitz vorstellen werden. Sartre hatte ja den Leib überhaupt erst auf der Rückseite des Handelns erscheinen lassen oder besser gesagt: als Störfaktor im Handeln. Dies ist aber nur die *eine* Weise der Leiberfahrung, die man in aktiver Weltzuwendung machen kann, es gibt eben auch die andere, die des aufmerksamen, kompetenten und manchmal auch lustvollen Sich-Auslebens. Husserl hat deshalb den kinästhetischen Erfahrungen, das heißt dem Wechselspiel von Wahrnehmung und Bewegung, besondere Aufmerksamkeit geschenkt, wie auch nach ihm Merleau-Ponty. Dessen Begriff des inkarnierten Ich ist denn auch als eine andere Version von Husserls Begriff des fungierenden Leibes anzusehen.

Hermann Schmitz hat eine Definition von Leiblichkeit gegeben,

2 Bernhard Waldenfels, *Das leibliche Selbst: Vorlesungen zur Phänomenologie des Leibes*, Frankfurt/M. 2000, S. 42.

die durch ihre Klarheit und leichte Handhabbarkeit besticht. Zugleich hat man aber den Eindruck, dass sie eigentlich nur gemacht ist, um leibliche Phänomene von anderen zu unterscheiden, ohne den Anspruch zu erheben, das Wesen des Leiblichen zu erfassen. Dies wäre im Rahmen der Tradition des Definierens auch durchaus legitim.[3] Nur auf Umwegen erkennt man, dass in Schmitz' Definition, die nur ein Abgrenzungskriterium für das Leibliche anzugeben scheint, doch ein *essential*, um nicht zu sagen der entscheidende Wesenszug des Leibes enthalten ist. Ich gebe zunächst die Definition selbst an, die leibliche Phänomene von körperlichen und diese wiederum von seelischen unterscheidet:

Leiblich ist das, dessen Örtlichkeit absolut ist.
Körperlich ist das, dessen Örtlichkeit relativ ist.
Seelisch ist, was ortlos ist.[4]

Schmitz' Leibphilosophie kann man als eine Ausarbeitung der Husserl'schen Entdeckung leiblichen Spürens ansehen, die in seinem Zwei-Hände-Experiment enthalten ist. Das Experiment besteht darin, dass man mit der rechten Hand die linke anfasst. Die rechte hat dann Empfindungen – nämlich von der linken Hand –, die linke jedoch nach Husserls Terminologie »Empfindnisse«,[5] nämlich: sie spürt sich selbst. Man kann auf der Basis dieses Experiments noch eine zweite Husserl'sche Definition des Leibes – neben der eben angegebenen als *fungierender Körper* – geben, nämlich als *Feld der Empfindnisse*. Für Schmitz ist der Leib, was im leiblichen Spüren gegeben ist. Und da das Spüren ein *Sich-Spüren* ist, kann man ebenso sagen, dass der Leib das räumlich ausgedehnte Spüren selbst ist: Meine gespürte Hand ist nichts anderes als das ausgedehnte Spüren in der Gegend der Hand selbst. Schmitz verwendet für diese mehr oder weniger abgegrenzten, mehr oder weniger

3 Ein solches *pragmatisches* Definieren habe ich bereits bei Platon nachgewiesen. Siehe dazu Gernot Böhme, *Platons theoretische Philosophie*, Stuttgart 2000, hier: Abschnitt II.7.3. Bei Schmitz scheint bezüglich der Differenz von Wesensdefinition und pragmatischer Definition eine leichte Unsicherheit zu bestehen, wenn er das entsprechende Kapitel mit »Der Begriff des Leibes« überschreibt, dann aber in § 43 eine »Definition des Leiblichen« gibt. Siehe Hermann Schmitz, *System der Philosophie*, Bd. II.1: *Der Leib*, Bonn 1965.

4 Schmitz, *Der Leib*, S. 6.

5 Edmund Husserl, *Ideen zu einer reinen Phänomenologie und phänomenologischen Philosophie II*, Den Haag 1952, S. 145 f.

stabilen, mehr oder weniger ineinander übergehenden Felder des Spürens den Ausdruck *Leibesinseln*. Er zeigt dann, dass das leibliche Spüren zwei Grundtendenzen hat, nämlich Engung und Weitung, dass diese Tendenzen miteinander in einen dynamischen Antagonismus treten als Spannung und Schwellung, dass es dann ferner in diesem leiblichen Spüren auch Richtungen gibt usw. Zusammengenommen werden diese Strukturen leiblichen Spürens als *leibliches Alphabet* bezeichnet. Es enthält quasi leibliche Elementarphänomene, auf deren Basis Schmitz in Anspruch nimmt, komplexere leibliche Erfahrungen durchbuchstabieren zu können.

Gemessen an den Definitionen von Descartes und Husserl (der ersten) muss man Schmitz' Definition als eine pathische Definition des Leiblichen bezeichnen: Es sind Erfahrungen der Selbstgegebenheit, durch die Leiblichkeit charakterisiert wird, oder im Sinne der genetischen Phänomenologie gesprochen: Der Leib zeigt sich im Sinne der von Schmitz charakterisierten Phänomenalität, wenn man sich auf ihn einlässt als etwas, das einem widerfährt.

Was hat aber der Leib als Korrelat leiblichen Spürens oder besser gesagt als Strukturzusammenhang leiblichen Spürens mit der Schmitz'schen Definition von Leiblichkeit zu tun? Wenn man diese Frage stellt, kommt man darauf, dass Schmitz' Definition keineswegs so rein pragmatisch ist, wie sie aussieht. Das liegt vor allem an dem Terminus *absolut* in der Formulierung »leiblich ist das, dessen Örtlichkeit absolut ist«. Absolute Örtlichkeiten, würde man denken, gibt es nämlich eigentlich gar nicht, denn jeder Ort ist doch in seiner Lage relativ zu anderen bestimmt. Dieses Vorurteil ist auch berechtigt, allerdings eben gerade nur für den Bereich des Körperlichen. Der Ort eines Körpers ist durch seine Lage zu anderen Körpern bestimmt. Im leiblichen Spüren dagegen ist ein absolutes *Hier* gegeben. Das gilt sowohl für das Spüren meines Leibes im Ganzen als auch für das Spüren einzelner Leibesinseln. Auch wenn ich meine Hand spüre, ist in diesem Spüren ein absolutes Hier impliziert.[6] Dieses absolute Hier, das im leiblichen Spüren impliziert ist, ist ein *Hier-bin-ich* oder genauer: Es ist die primitive Gegenwart, die Schmitz zu seinem Prinzip der Philosophie gemacht hat.

6 Schmitz setzt sich ausführlich mit dem Problem auseinander, dass im leiblichen Spüren durch die unterschiedlichen Leibesinseln eine Mannigfaltigkeit von absoluten *Hiers* gegeben ist, die aber gleichwohl nicht strikt voneinander unterschieden sind.

Die primitive Gegenwart ist das unentfaltete *Ich*, *Hier*, *Jetzt*, *Dieses*, *Dasein*. »Unentfaltet« bedeutet dabei, dass in dem Spüren der Kern zur Ausdifferenzierung dieser Elemente gegeben ist.

Blicken wir von der Ausdifferenzierung des *Ich*, *Hier*, *Jetzt*, *Dieses*, *Dasein* zurück, dann kann man sagen, dass im absoluten Hier des leiblichen Spürens die Betroffenheit der leiblichen Existenz des Menschen begründet ist: Qua Leib ist der Mensch je in einer bestimmten Zeit, an einem bestimmten Ort, und er ist von der Unausweichlichkeit seines Daseins, das er in radikaler Besonderung als diesen Leib erfährt, unausweichlich betroffen. Wir sehen also, dass im Terminus *absolut* in der Schmitz'schen Definition der Leiblichkeit das Wesen des Leiblichen als betroffenes Sich-Spüren durchaus enthalten ist.

Schmitz' Definition des Leiblichen ist also über den Terminus des absoluten Ortes an sein Prinzip der Philosophie zurückgebunden. Das hat nun weitreichende Konsequenzen, von denen ein Licht auf den Sinn der Schmitz'schen Definition der Leiblichkeit fällt. Nach Schmitz ist ja Philosophie überhaupt das »Sichbesinnen des Menschen auf sein Sichfinden in seiner Umgebung«.[7] Es geht in einem radikaleren Sinne noch als bei Descartes um Gewissheit angesichts oder besser unter der Bedingung radikaler Erschütterungen. Diese Erschütterungen des durchschnittlichen Welt- und Selbstvertrauens sind insofern radikaler als der kartesische Zweifel, als sie nicht bloß intellektuell sind, sondern an die Seinsgewissheit selbst rühren. Es handelt sich um die Erfahrungen von Angst und Schmerz. Und ähnlich wie Descartes im Zweifel findet auch Schmitz den Grund der Gewissheit in der Erschütterung selbst. In Angst und Schmerz ist die primitive Gegenwart als das unausweichliche *Ich*, *Hier*, *Jetzt*, *Dieses*, *Dasein* gegeben. Auf dem Grunde der primitiven Gegenwart erkennt Schmitz als Phänomen im Sinne seiner Phänomenologie nun genau das an, was sich übermächtig und unleugbar aufdrängt. Das sind primär natürlich solche Phänomene, die in irgendeiner Weise die Erfahrung der primitiven Gegenwart implizieren wie alle Phänomene leiblichen Spürens. Sie implizieren eine Gewissheit, die man traditionell auch in der *aisthesis*, das heißt der Wahrnehmung im strengen Sinne, gefunden hat: Wenn ich Rot sehe, kann ich nicht sinnvoll daran zweifeln, Rot

7 Hermann Schmitz, *System der Philosophie*, Bd. I: *Die Gegenwart*, Bonn 1964, S. 5.

zu sehen. Diese sinnliche Gewissheit hat übrigens Wittgenstein – darin Moore folgend – auch gerade in der Erfahrung des eigenen Leibes gefunden: »Ich *weiß*, ich vermute nicht nur, dass hier meine Hand ist.«[8]

Damit zeigt sich der Sinn des Schmitz'schen Leibkonzeptes: Der Leib erschließt sich, insofern man sich auf ihn einlässt, als etwas, das einem widerfährt, das heißt also in pathischen Existenzweisen. Diese erweisen sich aber als mehr denn als bloße Erkenntniswege: Es geht um das Aufsuchen von Erfahrungen der Selbstvergewisserung.

2. Leib: die Natur, die wir selbst sind

Die drei besprochenen Definitionen haben je ihre Berechtigung und charakterisieren den Leib in einer je spezifischen Zugangsweise beziehungsweise in einem je spezifischen Selbstverhältnis des Menschen. Auffällig ist bei allen dreien die Orientierung auf Erkenntnis. Die kartesische Definition ist geradezu grundlegend für eine spezifische Erkenntnisweise des Leibes, nämlich als naturwissenschaftlicher Gegenstand. Bei Husserl geht es durchaus um den gelebten Leib, aber die Orientierung ist doch auf das gerichtet, *was* dieser Leib ist. Und bei Schmitz, bei dem sich in der Tiefe seines Leibbegriffs sehr wohl das existentielle Verhältnis zeigte, ist doch in der ausdefinierten Form des Begriffs nichts davon zu spüren. Die Funktion des Begriffs ist lediglich kognitiver Art. Hier dagegen muss es um eine Leibdefinition gehen, durch die die Probleme, die wir mit dem Leib haben, sichtbar werden, und zugleich sollte die Definition eine Weise, Leib zu sein, anzeigen, in der man Aussicht hat, diese Probleme zu bewältigen, wenn nicht gar zu lösen. Die Definition sollte eine kognitive, das heißt erkenntnistheoretische Funktion ausüben können, aber zugleich auch eine praktische, eine solche, die in Richtung einer Ethik leiblicher Existenz weist. Diese Definition ist:

Der Leib ist die Natur, die wir selbst sind.

8 Ludwig Wittgenstein, *Über Gewissheit*, in: Ders.: *Werkausgabe*, Bd. 8, hg. v. G. H. v. Wright u. G. E. M. Anscombe, Frankfurt/M. 1984, § 57, S. 131.

Damit diese Definition ihre Funktion entfalten kann, ist es notwendig, sie nicht nur in den Termini, sondern auch in ihrem Bau zu erläutern.

Zunächst zum Terminus *Natur*: Der Naturbegriff ist ein Begriff, den man seit der griechischen Sophistik aus Gegensätzen versteht. Davor benutzten die vorsokratischen Naturphilosophen den Ausdruck »Natur«, griechisch *physis*, für das Seiende im Ganzen. Seit der Sophistik ist Natur dagegen ein Bereichsbegriff beziehungsweise bezeichnet dieser Begriff eine bestimmte Seinsweise. Natur wird verstanden im Gegensatz zu Satzung, Technik, Kultur, Zivilisation. Natur ist also dasjenige, was von selbst da ist, dasjenige, was uns Menschen gegeben ist; Natur wird verstanden im Gegensatz zu dem, was vom Menschen gemacht wird. Am schönsten ist diese Differenz bei Aristoteles in seiner *Physikvorlesung* formuliert. Er greift dabei auf ein Beispiel des Sophisten Antiphon zurück. Man vergrabe ein Bett, das aus Holz gefertigt ist – für dieses Experiment eignet sich wohl am besten Weidenholz –, dann wird bei entsprechender Feuchtigkeit daraus ein Schössling treiben, also wiederum ein Weidenbaum entstehen – nicht ein Bett. Von Natur aus, sagt Aristoteles, ist der genannte Gegenstand Holz, durch Technik ist er ein Bett.[9] Er definiert dann Seiendes, das von Natur aus ist, als solches, das das Prinzip seiner Bewegung in sich habe, während durch Technik Seiendes von der Art ist, dass es das Prinzip seiner Bewegung (das heißt seiner Entstehung, Wandlung und Reproduktion) im Menschen habe.

Wenn wir den Leib als Natur definieren, so stellen wir uns explizit in diesen von Antiphon und Aristoteles hergeleiteten Traditionszusammenhang. Der Leib wird apostrophiert als etwas, das uns gegeben ist. Man könnte vermuten, dass damit Leib qua Natur von vornherein als eine Invariante, als etwas Kulturunabhängiges wie auch historisch Invariantes, also als eine Art anthropologische Konstante eingeführt wäre. Das ist aber nicht der Fall. Schon allein deshalb, weil man Weisen der Gegebenheit unterscheiden kann, vor allem aber deshalb – und das ist das aktuelle Problem –, weil man ja auch Gegebenes in Gemachtes verwandeln kann. Genau das zu tun, war ja auf breiter Linie das Projekt der Moderne.[10] Schon

9 Aristoteles, *Physik*, II 193a.

10 Siehe Gernot Böhme, *Einführung in die Philosophie. Weltweisheit – Lebensform – Wissenschaft*, Frankfurt/M. 1994, S. 3-7.

die neuzeitliche Naturwissenschaft ist so angelegt: Die Natur soll durch Rekonstruktion erkannt werden. Aber auch der menschliche Bereich, soweit er als Gegebenes erfahren wurde, also beispielsweise die menschlichen Institutionen, sollte nach einem bewussten, und das heißt: nach einem vernünftigen Plan entworfen werden. Und auch der Mensch selbst sah sich als privates wie als gesellschaftliches Wesen als etwas, das sich überhaupt erst zu dem machen muss, was es ist und sein soll. Der Mensch wird nur Mensch durch Erziehung, resümiert Kant. Dieses Projekt der Selbstbildung des Menschen, ein Projekt, das zunächst nur ein pädagogisches und politisches war, ist im 20. Jahrhundert zu einem naturwissenschaftlich-technischen geworden, das heißt zu einem, das auch die menschliche Natur zur Disposition stellt und einem Plan unterwirft. Hierin liegt eines der Hauptmotive dafür, überhaupt eine Naturphilosophie in praktischer Hinsicht zu entwickeln. Deshalb wird auch der Leib als Natur definiert, denn er ist uns zunächst gegeben, selbst dann, wenn wir die Bestände des Gegebenen nicht akzeptieren und verändern. Darüber hinaus wird man wohl davon ausgehen müssen, dass auch Menschen, die aus Prozessen gentechnischer Produktion und des Klonens hervorgegangen sind, zunächst sich selbst in ihrem Bestand als gegeben und damit als Natur erfahren werden.

Nun gibt es unterschiedliche Arten von Gegebenheit, eine davon ist die naturwissenschaftliche. Unser Leib ist uns auch als naturwissenschaftliche Tatsache gegeben, allerdings indirekt und auf dem Umweg über Apparate und den ärztlichen Blick. Wir nennen den so gegebenen Leib *Körper*. Dass der Körper Natur ist, dürfte unproblematisch sein, denn Natur wird ja gegenwärtig normalerweise als dasjenige verstanden, was Gegenstand der Naturwissenschaft ist.

Man kann die Rechtfertigung dafür, den Leib Natur zu nennen, gerade aus dieser Tatsache herleiten, dass der Leib eben auch als Gegenstand der Naturwissenschaft gegeben sein kann. Für unsere Definition ist aber nun entscheidend, dass der Leib uns auch nicht vermittelt über den Anderen oder über Apparate gegeben ist, sondern in der Selbsterfahrung. Dass man den Leib als Natur bezeichnet, kann man auch hier damit begründen, dass er einem gegeben ist. Nur ist der Sinn von ›Natur‹ hier ein anderer, weil die Gegebenheitsweise eine andere ist: Es handelt sich nicht um Fremderfahrung, sondern um Selbsterfahrung. Die Bedeutung dagegen ist dieselbe, das heißt also, was da gegeben ist, ist dasselbe, wenngleich auch in radikal unterschiedlicher Gegebenheitsweise und daraus folgend in unterschiedlicher Phänomenalität.[11]

Diese formale Kennzeichnung von Leib als Natur, weil er uns in Selbsterfahrung *gegeben* ist, reicht aber noch nicht aus, um ihn sinnvoll als Natur zu bezeichnen. Dass er nämlich *uns* gegeben ist, setzt voraus, dass wir ihn in gewisser Weise oder gar zunächst und zumeist nicht selbst sind. Wäre das anders, wäre die leibliche Selbsterfahrung nur so etwas wie Selbstaffektion. Von Selbstaffektion redet Kant dort, wo es darum geht, dass das Subjekt seine eigene Tätigkeit erfährt: Es affiziert sich selbst durch seine Tätigkeit. Schon hier also gilt es, darauf zu achten, dass die Leiberfahrung nicht zum einfachen Bewusstseinsphänomen wird. Das Sich-Spüren, das ja in der Tat als ein Hinspüren praktiziert werden kann und damit eine Art Selbstaffektion ist, darf generell gerade nicht dieser Art sein: Das Sich-Spüren muss uns überfallen können, uns fremdartig berühren, wenn wir es sinnvoll als *Naturerfahrung* bezeichnen wollen.

Wir müssen also im Kontrast zur Definition davon ausgehen, dass wir unseren Leib als Natur zunächst und zumeist gerade nicht selbst sind. Wir, das heißt erwachsene Menschen, späte Produkte der europäischen Zivilisation und zudem Leute, die Bücher über den Leib lesen, gehen von einer Situation aus, in der ein Ich längst ausdifferenziert ist. Nichts fällt uns leichter, als von uns selbst als ›Ich‹ zu sprechen, und in der Tat sind wir auch ein Ich im Sinne einer auf Dauer gestellten und biographisch wie durch soziale Netze abgesicherten Person. Der Leib als Natur ist mir daher allerdings gegeben, aber als etwas Fremdes, manchmal durchaus Befremdliches. Dabei ist, dass dieses Fremde mein Fremdes ist, nie zu leugnen. Gewiss, es gibt auch solche massiven Selbstentfremdungen, bei denen Menschen Teile von sich schlechthin als Dinge ansehen.[12] Dann würde man von Krankheit reden. Im normalen

11 Für diese Weise, an der Identität eines Gegebenen trotz radikal unterschiedener Gegebenheitsweisen festzuhalten, siehe Gottlob Freges Aufsatz über »Sinn und Bedeutung«, in: Ders., *Funktion, Begriff, Bedeutung. Fünf logische Studien*, hg. v. Günter Patzig, Göttingen ²1966, S. 40-65. Freges klassisches Beispiel ist die unterschiedliche Gegebenheitsweise der Venus qua Morgenstern und qua Abendstern.

12 Siehe dazu die Fälle bei Oliver Sacks, *Der Mann, der seine Frau mit einem Hut verwechselte*, Reinbek bei Hamburg 1997, bspw. S. 85.

Zustand dagegen ist die Beziehung zu der Natur, die mein Leib ist, als zu etwas, das zu mir gehört, durch die affektive Betroffenheit sichergestellt. Das Spüren des Leibes bleibt ein *Sich*-Spüren.

Die Fremdheit des Leibes qua Natur ist zunächst darin begründet, dass er mir gegeben ist, das heißt, ich finde mich immer schon mit diesem bestimmten Leib begabt vor. Die *Selbst*gegebenheit ist deshalb zunächst eine *Vor*gegebenheit. Es ist der Leib als Faktum, als vorgefundene Konstitution, als sedimentierte Vorgeschichte meines gegenwärtigen Daseins. Soweit hierin die Fremdheit des eigenen Leibes besteht, handelt es sich um nichts anderes als das, was Heidegger *Geworfenheit* nennt, beziehungsweise das Faktum, dass man seines eigenen Grundes nicht mächtig ist. Heidegger formuliert diese Einsicht aber zugleich so, dass darin eine Aufgabe des Selbstseins erkennbar wird:

> Das Selbst, das als solches den Grund seiner selbst zu legen hat, kann dessen *nie* mächtig werden und hat doch existierend das Grundsein zu übernehmen. [...] Das Dasein ist nicht insofern selbst der Grund seines Seins, als dieser aus eigenem Entwurf erst entspringt, wohl aber ist es als Selbstsein das *Sein* des Grundes.[13]

Die Fremdheit des eigenen Leibes, durch die er uns gerade als *Natur* entgegentritt, ist aber nicht bloß in seiner Faktizität begründet, sondern vielmehr noch in seiner Selbsttätigkeit. Der Leib tritt dem Ich als eine andere, als eine befremdende Spontaneität entgegen. Diese Erfahrung kann nicht besser ausgedrückt werden als mit Freuds Satz, das Ich sei nicht Herr im eigenen Hause.[14] Dass der Leib als Natur erfahren wird, meint geradezu so viel, dass er als etwas erfahren wird, das nicht vollständig der Herrschaft des Ich zu unterwerfen ist, sondern sich ihm gegenüber widerständig und träge verhält beziehungsweise umgekehrt: sich selbsttätig äußert. Der Leib kann lästig, kann auffällig, kann quälend, der Leib kann fordernd, überraschend und unheimlich sein. Schlagend ist diese Erfahrung von Georg Büchner in seinem Stück *Woyzeck* in der achten

13 Martin Heidegger, *Sein und Zeit*, Tübingen 1976, S. 284 f.

14 Obgleich Waldenfels sich auf diesen Satz Freuds bezieht, kann er doch die Fremdheit des *eigenen* Leibes nicht würdigen. Er bringt vielmehr den Begriff der Fremdheit in die Leibphilosophie, um deutlich zu machen, dass der eigene Leib erst aufgrund der Beziehung zum Anderen, dem fremden Leib, als eigener erfahren wird. Siehe Waldenfels, *Das leibliche Selbst*, S. 284.

Szene formuliert worden. Auf die Vorwürfe des Doktors: »Er hat auf die Straß gepißt, an die Wand gepißt wie ein Hund« antwortet Woyzeck: »Aber Herr Doktor, wenn einem die Natur kommt.«[15]

Der Leib qua Natur ist uns also nicht bloß gegeben, sondern er drängt sich geradezu auf. Dass ich dieser Leib selbst bin, ist keineswegs selbstverständlich, wohl aber wird in der Betroffenheit durch den Leib erfahren, dass ich ihn zu sein habe.

So viel zum Terminus *Natur*. Ich wende mich damit dem zweiten Teil der Definition von Leib als der Natur, die wir selbst sind, zu. Obgleich ich betont habe, dass im zivilisierten Erwachsenendasein der Leib zunächst als das erfahren wird, das wir *nicht* selbst sind, tauchte doch das *Selbst* bereits auf: Die Erfahrung des Leibes, auch wenn sie befremdend war, blieb doch immer Selbsterfahrung. In diesem Terminus schillert das *Selbst* zwischen zwei Bedeutungen. *Selbsterfahrung* kann heißen: die Erfahrung, die man selbst macht; es kann aber auch heißen: die Erfahrung des Selbst. Tatsächlich trifft in der Leiberfahrung beides zu. Der Leib wurde im Vorbegriff ja bereits eingeführt als etwas, das im Gegensatz zum Körper Gegenstand der Selbsterfahrung ist. Und ferner zeigte sich, dass in der Betroffenheit leiblicher Erfahrung immer spürbar blieb, dass dieser Leib mein Leib ist, dass im gewissen Sinne ich selbst es bin, was ich da erfahre. Das leibliche Spüren ist immer ein *Sich*-Spüren.

Aber was heißt es, dass man in der Leiberfahrung eigentlich sich selbst erfährt? Ist dieses Selbst ein anderes oder gar tieferes Ich? So redet Nietzsche in seinem Kapitel »Von den Verächtern des Leibes« im *Zarathustra*. Der Leib ist das Selbst, der große Gebieter: »In deinem Leibe wohnt er, dein Leib ist er.«[16] Ist das Ich nur so eine Art Marionette oder eine Fingerpuppe an der Hand des großen Selbst? Das hieße nun allerdings, das Ich in seiner Selbständigkeit und Selbsttätigkeit zu unterschätzen. Es hat – selbst in seinen Bestrebungen – auch ganz andere Quellen als den Leib, und es ist von ihm unterschieden und gegen ihn stabilisiert durch biographische Identifikationsprozesse und soziale Vernetzung. Und das Ich so zu unterschätzen, hieße auch, nachträglich die Fremdheit des Leibes zu leugnen. Fremd ist der Leib ja überhaupt nur gegenüber einem relativ unabhängigen Ich, das sich zu seinem Leib in ein Verhältnis

15 Georg Büchner, *Woyzeck*, 8. Szene »Beim Doktor«.

16 Friedrich Nietzsche, *Also sprach Zarathustra*, in: Ders., *Werke in drei Bänden*, Bd. 2, hg. v. Karl Schlechta, München 1994, S. 300.

des Habens setzen kann (Plessner). Es könnte also sein, dass *den Leib selbst sein* verlangen würde, die Selbständigkeit des Ich aufzugeben oder zumindest teilweise oder vorübergehend zu suspendieren. Allgemein stellt sich *den Leib als Natur selbst zu sein* als prekäre Aufgabe. Es gilt, was wir selbst als Faktum oder in affektiver Betroffenheit sind, explizit in den eigenen Selbstentwurf aufzunehmen. Es geht damit um die Frage, in welcher Weise zu sein wir unseren Leib sind. Dabei wird das »sein« als transitives Verb genommen, so wie Michel Henry sagt, *on existe son corps.*

Dieses *den Leib existieren* vollzieht sich im betroffenen und im emphatischen Lebensvollzug. Ich will für beides je ein Beispiel geben, wobei beide noch sehr vorläufig und vorbereitend sind. Zunächst ein Beispiel dafür, wie man im betroffenen Sich-Spüren sich selbst zugleich als Natur erfährt. Mein Beispiel ist das schwere Atmen in Smoglagen. Der Vorgang des Atmens ist eines der wichtigsten Phänomene leiblicher Existenz überhaupt, und zwar weil es diese leibliche Existenz als Vorgang, als Vollzug erfahrbar macht. Fast alle Übungen, durch die man lernen soll, sich auf sein leibliches Dasein einzulassen und sich dem Leib zu öffnen, beginnen mit Atemübungen. Das Atembewusstsein ist in gewisser Weise das Leibbewusstsein überhaupt. Hier soll es aber zunächst nicht um diese allgemeinere Bedeutung des Atmens gehen, sondern um die spezielle Erfahrung, die man macht, wenn beispielsweise in Smoglagen das Atmen schwer wird. Diese Erfahrung ist, insbesondere im Kontrast zu der Leichtigkeit und Unauffälligkeit des Atmens sonst, eine Erfahrung der Last des Daseins: Man spürt, dass das Dasein qua leiblicher Existenz *vollzogen* werden muss, um überhaupt zu sein. Diese Erfahrung hat zwei Seiten. Hier ist zunächst besonders wichtig, dass sie explizit eine Naturerfahrung ist: Man erfährt im schweren Atmen seine Angewiesenheit auf Luft. Das schwere Atmen ist eine Leiberfahrung, die den Leib selbst als etwas erfahren lässt, das auf den Austausch mit der übrigen Natur angewiesen ist. Das muss man im Rückblick auf die bisherige Phänomenologie betonen. Das Atmen ist zwar in der Phänomenologie ausführlich behandelt worden, als Wechsel von Spannung und Schwellung, als rhythmische Dynamik der leiblichen Ökonomie.[17] Aber als Erfahrung der eigenen Natürlichkeit oder besser gesagt: sogar der Kreatürlichkeit war

17 Schmitz, *Der Leib*, § 49b u. § 50b u. passim.

es nicht Thema, weil der Atem nicht zur Luft in Beziehung gesetzt wurde. Im Atmen erfahren wir uns gewissermaßen als Luftwesen – als solche bezeichnet jedenfalls Paracelsus, wie oben bereits angeführt, die Menschen, weil ja ihr Lebensmedium die Luft sei.

Die andere Seite dieser Erfahrung ist das darin implizierte Selbstsein. Das Natursein trifft uns im schweren Atmen nicht einfach bloß als ein Faktum, sondern zugleich als eine Aufgabe. Im schweren Atmen erfahren wir das Atmen selbst als ein Atmen-Müssen, das heißt in der Betroffenheit durch dieses Phänomen ist zugleich das Übernehmen mit angelegt: Das Müssen ist fast zwangsläufig ein Wollen, und das Schwer-Atmen geht in ein explizites Um-Atem-Ringen über. Das Beispiel zeigt also, was Selbst-Natur-Sein heißen kann, nämlich sich aktiv auf das einzulassen, was einem von der eigenen Natur her widerfährt. Dass das so ist, sieht man am deutlichsten dort, wo der Betroffene von seiner Natur am Ende überwältigt wird: Gerade wo die Atemnot überwältigend wird – etwa im schweren asthmatischen Anfall –, ist die Identifikation des Betroffenen mit dieser Not im Ringen um Atem am größten.

Dieses Beispiel verweist zugleich auf die allgemeinere Wahrheit, nämlich dass das Selbstsein in der Regel aus negativen Erfahrungen entspringt. Ich könnte mir denken, dass vielen Leserinnen und Lesern dieser Gedanke unbehaglich ist. Aber wie sollte sonst das implizite Selbstverhältnis, das im Sich-Spüren liegt, explizit werden, wie sollte das Natursein zu einem Selbst-Natur-Sein führen, wenn das Leben einfach ein müheloses Dahingleiten wäre? Umso wichtiger ist es, Beispiele anzuführen, in denen gerade der positive und ungehemmte Lebensvollzug zum Selbst-Natur-Sein wird. Es sind Beispiele der Emphase, die davon zeugen. Die Emphase ist das freudige Mitgehen mit dem, was von selbst geschieht. Ein Beispiel dafür ist das Losstürmen eines Kindes am Strand. Die Beschleunigung dabei ist nur die unbewusste Emphase, nicht der Wunsch, etwas schneller zu erreichen, denn das Kind ist ja eigentlich schon da, wo es sein will. Es sind Lebensvollzüge, die mit einer Steigerungstendenz erfahren werden, die Anlass geben, sie explizit zu übernehmen, sich quasi auf die Welle zu schwingen, die einen überrollt. Die eindrücklichsten Beispiele wären wohl hier aus dem Bereich der leiblichen Liebe zu nehmen. Emphase ist damit eine Weise, in der wir selbst Natur sind, bei Gelegenheiten, in denen uns Natur zu sein nicht als Last, sondern als Lust widerfährt.

Nachdem durch diese Beispiele – mit Kant zu sprechen – auch die objektive Realität der Definition des Leibes gezeigt wurde, möchte ich zum Schluss dieses Kapitels noch auf die Struktur der Definition eingehen. Diese Definition hat sicherlich im Unterschied zur großen Tradition des Definierens nicht einfach ein Was-Sein zum Inhalt. Die Forderung nach einer Definition war ja von Sokrates in der Form: *was ist X?* in die Welt gebracht worden und als Antwort wurde die Angabe der wesentlichen Bestimmtheiten des fraglichen X erwartet – sein Was-Sein, seine Essenz. Würde man die Definition »Leib ist die Natur, die wir selbst sind« im Lichte dieser Tradition lesen, dann ist das Mindeste, was man feststellt, eine Spannung, die zwischen den beiden definierenden Termini, nämlich Natursein und Selbstsein, besteht. Leserinnen und Leser, die in der Philosophie der Leiblichkeit weniger erfahren sind, können hier sogar einen Widerspruch vermuten. Die Dichotomie von Natur als dem Gegebenen auf der einen Seite, Satzung, Kultur, Technik, Zivilisation als dem Gemachten auf der anderen Seite scheint die Zusammenstellung von Natursein und Selbstsein unmöglich zu machen: »Selbst und Gegebenheit verhalten sich wie Feuer und Wasser.«[18] Die Spannung zwischen Natursein und Selbstsein ist nicht zu leugnen. Sie bezeichnet aber nicht einen Widerspruch, sondern eine Aufgabe. Leibsein ist uns zugleich gegeben und aufgegeben. Die Definition des Leibes ist in Analogie zu Kierkegaards Existenzbegriffen[19] eine *Existenzdefinition* zu nennen. Es geht nicht bloß um ein Was-Sein, sondern es geht um einen Vollzug, eine Weise des Existierens. Die Spannung zwischen Natur und Selbst, in der die leibliche Existenz spielt, lässt dabei im Prinzip zwei Möglichkeiten zu: Die eine ist die gängige, nämlich dass das handelnde Subjekt nach Möglichkeit die Natur beherrscht beziehungsweise wegarbeitet oder verdrängt. Das wäre – mit Heidegger zu sprechen – der defiziente Modus des Leibseins. Im eigentlichen Modus des Leibseins ginge es darum, das Selbstsein derart zu entfalten, dass darin das eigene Natursein zugelassen wird.

18 Gerhard Gamm, »›Aus der Mitte denken‹. Die ›Natur des Menschen‹ im Spiegel der Bio- und Informationstechnologien«, in: *Zeitschrift für kritische Theorie* 12 (2001), S. 29-51, hier: S. 39.

19 Siehe dazu Böhme, *Einführung in die Philosophie*, Teil III, Kap. 3: »Existenzphilosophie«, S. 246-258.

Leib und Körper – erläutert am Beispiel der *Liebe*

1. Das Staunen über die Liebe

Natürlich könnte man denken, dass Liebe das Selbstverständlichste von der Welt ist – sie gehört einfach als Grundzug zum menschlichen Dasein. Nur leben wir in einer Zeit, in der das Zusammenkommen von zwei Menschen in Liebe doch höchst erstaunlich ist und im Weiteren dann auch meist prekär verläuft. Eigentlich ist es nur noch die Mutterliebe, oder sagen wir besser: die Liebesbeziehung zwischen Mutter und Kind in der frühen Phase, die noch selbstverständlich ist. Bei erwachsenen Menschen dagegen ist es doch höchst erstaunlich, dass sich die Individuen immer wieder zu Paaren zusammenfinden und zusammentun. Erstaunlich ist es, weil die Grundtendenz unserer gegenwärtigen Zivilisation verlangt, dass jeder Mensch ein Individuum ist und seine Besonderheit ausbildet und pflegt – man nennt das Selbstverwirklichung –, und weil die durchschnittliche Lebensform des erwachsenen Menschen schon zu mehr als 40 Prozent das Singletum ist.[1] Und doch suchen sich diese vereinzelten Menschen immer wieder, als sehnten sie sich nach ihrer anderen Hälfte, wie es früh vom Komödiendichter Aristophanes beschrieben wurde:[2] Ursprünglich seien die Menschen Kugelwesen gewesen, doch der Gott zerschnitt sie, als sie zu übermütig und mächtig wurden – und nun liefen die Hälften herum, sich danach sehnend, mit einer anderen Hälfte wieder ein ganzer Mensch zu werden. Ja, auch das trifft auf unsere Gegenwart zu: Die Liebe richtet sich vornehmlich auf den Anderen. Nach dem Verfall von Klassen und Ständen wird die Partnersuche schrankenlos und freilich damit auch orientierungslos. Und es ist vornehmlich das Andere, das einen anzieht, natürlich, wie traditionell, das andere Geschlecht, aber eben auch die andere Kultur, die andere Ethnie, die andere Sprache, die andere Hautfarbe. Liebe ist Liebe zum Anderen.

Wie kommt es dazu? Warum ist das so? Darauf sind in der An-

1 2017 waren laut Statistischem Bundesamt 41 % der deutschen Haushalte Single-Haushalte, siehe ⟨https://www.destatis.de/DE/PresseService/Presse/Pressemitteilungen/zdw/2017/PD17_31_p002.html⟩, letzter Zugriff 10. 8. 2018.

2 Platon, *Symposion*, 189d-193d.

tike und in der Moderne sehr unterschiedliche Antworten gegeben worden. Nach den antiken Vorstellungen ist Liebe etwas, das einen überfällt, das einen von außen ergreift – sei es nun die Atmosphäre der Venus, die einen umweht, oder der Pfeil des Amor, der einen trifft und in Verwirrung bringt. In der Moderne, insbesondere seit Sigmund Freud, sieht man das anders. Man sieht die Liebe in der Natur begründet und weist ihr einen Zweck zu, nämlich die Reproduktion der Gattung. Die Liebe steckt in einem, sie beruht auf einem Trieb, der Libido, und diese sucht sich einen Ort, besser gesagt einen Partner für eine *Besetzung*.

Diese beiden Sichtweisen unterscheiden sich charakteristisch danach, wie sie die Liebe in der physischen Existenz des Menschen verorten:

– Die Liebe als etwas, das einen überkommt und das einen ergreift, verweist auf den *Leib* als Ort der Gefühle. Die Liebe ist etwas Pathisches.

– Die Liebe als Trieb hat ihren Ort im Organismus, im *Körper*, und wird von ihrer Funktion zur Reproduktion der Gattung her verstanden. Sie ist etwas Aktives.

Aus dieser Vorüberlegung folgt, dass es nötig ist, um uns über die Lage der Liebe in unserer Zeit zu verständigen, zunächst den Unterschied zwischen Leib und Körper zu klären.

2. Leib und Körper

Der Körper ist in Diskursen, in denen es heute um die Natur des Menschen und seine Physis geht, der dominante Terminus. Das liegt an der Vorherrschaft naturwissenschaftlichen und medizinischen Denkens. Die Rede von der menschlichen Natur qua Körper leitet sich von Descartes her, der ja bekanntlich den Menschen als eine Verbindung zweier Substanzen, der *res extensa* und der *res cogitans*, verstand, also als eine Verbindung von Materie und Geist. Das wurde von La Mettrie in seinem Buch *L'homme machine*[3] auf die Spitze getrieben, indem die menschliche Natur als eine organische Maschine konzipiert wurde. Der Begriff von menschlicher

3 Julien Offray de La Mettrie, *Die Maschine Mensch*. Französisch-deutsch, übers. u. hg. von Claudia Becker, Hamburg 2009.

Natur als Leib ist im Grunde älter und bezeichnete den Menschen in seiner lebendigen Existenz. Wir haben im Deutschen das Glück, dass wir hier zwei Termini haben, mit denen wir die angedeutete unterschiedliche Sicht und Erfahrungsweise artikulieren können. In vielen europäischen Sprachen ist die kartesische Sichtweise mit dem Terminus *corps* oder *body* so sehr festgeschrieben, dass man nur mit Mühe einen Terminus findet, der dem deutschen *Leib* entspricht. Im Französischen empfiehlt sich *corps vécu*, im Englischen *felt body.* In dem gegenwärtigen anglophilen Diskurs dominiert allerdings *embodiment,* ein Terminus, der sich von Maurice Merleau-Ponty herleitet. Bei ihm heißt es *incarnation,* ein Terminus, der seinen eingefleischten Kartesianismus verrät und letzten Endes auf die Bibel (»und das Wort ward Fleisch«, Johannes I, 14) zurückweist: Es wird also primär ein Ich oder ein Geist vorausgesetzt, der dann sich auch noch – meist durch Handeln – inkarniert. Nach dieser Vorbereitung können wir den Unterschied von Körper und Leib folgendermaßen definieren:

Körper ist die Natur des Menschen in Fremderfahrung.
Leib ist die Natur des Menschen in Selbsterfahrung.

Mit *Natur* wird in dieser Definition sehr wohl die physische Existenz des Menschen bezeichnet, nicht aber speziell der Mensch als Organismus oder Gegenstand der Naturwissenschaft. Allgemein wird hier das als *Natur* bezeichnet, als was sich der Mensch *gegeben* ist, also was er ist vor jeder Reflexion.

Für den Unterschied von Körper und Leib kommt es nun auf die *Gegebenheitsweise* an. Als Körper bezeichnen wir die menschliche Natur, insofern sie in Fremderfahrung, und das heißt vornehmlich in naturwissenschaftlicher Erfahrung, in Anatomie und Physiologie und im Blick der medizinischen Wissenschaft uns gegeben ist. Es ist also primär der Blick des Anderen auf die eigene physische Existenz, durch die sie als Körper erscheint. Dagegen bezeichnen wir die physische Existenz als Leib, insofern sie in Selbsterfahrung gegeben ist. Diese Gegebenheitsweise kommt durch das leibliche Spüren zustande: Wir spüren uns selbst. Diese unterschiedliche Gegebenheitsweise kann man auch durchaus als den Unterschied ›von außen‹ und ›von innen‹ beschreiben. Man sollte sich aber hüten, sie als *Aspekte* zu bezeichnen, weil diese Redeweise ein an sich vorliegendes Ding, das man dann noch aus verschiedener Perspektive betrachten kann, voraussetzt. Das leibliche Spüren erfasst jedoch keinen besonderen Aspekt einer *an sich* vorliegenden menschlichen Natur.

In unserer Zeit ist unser Selbstverständnis bezüglich der eigenen physischen Existenz wesentlich als Körperbewusstsein geprägt. Das liegt nicht nur an der Dominanz von Naturwissenschaft und Medizin, sondern auch an der extravertierten Einstellung, in der der Blick des Anderen, der Spiegel, das eigene Aussehen und die Fitness das Interesse an der eigenen Natur bestimmen. Dem gegenüber muss das Leibbewusstsein – so dumpf und unterschwellig es immer vorhanden sein mag – überhaupt erst entdeckt und entwickelt werden.[4]

In der Lebenspraxis müssen die Erfahrungen der eigenen Natur qua Leib und qua Körper jedoch beständig vermittelt werden. Es ist auch keineswegs so, wie noch Helmuth Plessner meinte, dass wir den Leib *sind* und den Körper bloß *haben*. Vielmehr sind wir auch der eigene Körper, insofern wir betroffen sind, wenn ihm etwas geschieht: Der eigene Körper ist nie ganz fremd. Vielmehr ist und bleibt er der *eigene*. Und natürlich müssen wir, sosehr unsere Bewegungen von ›innen‹, also durch leibliches Spüren initiiert und geleitet sind, uns doch in unserer Umgebung *korrekt* qua Körper verhalten: Unsere Bewegungen selbst, auch wenn sie tänzerisch oder gar nur gestisch sind, müssen den Naturgesetzen entsprechen, denen unser Körper unterliegt, also durchaus mechanischen Gesetzen, und, noch elementarer, sie müssen beachten: dass nie zwei verschiedene Körper an demselben Ort sein können. Wenn man das nicht beachten würde, würde man gegen die Wand laufen oder sich stoßen.

So strikt also Körper und Leib epistemologisch unterschieden sind, weil sie in unterschiedlichen Erfahrungsweisen gegeben sind, so müssen doch in der Lebenspraxis beide Erfahrungsweisen beständig miteinander vermittelt werden.

4 Siehe dazu Gernot Böhme, *Leibsein als Aufgabe. Leibphilosophie in pragmatischer Hinsicht*, Zug [2]2017.

3. Liebe

Kehren wir zurück zum Thema *Liebe*. Der Unterschied von Körper und Leib spiegelt sich in der unterschiedlichen Auffassung von Liebe als Sexualität und als leiblicher Liebe und auch im Unterschied der zugeordneten Praxis, also der Weise, wie die Liebe gelebt wird. Wenn wir diesem Unterschied nun nachgehen, müssen wir erwarten, dass auch hier in der Praxis immer auch eine Vermittlung beider Weisen zu lieben stattfindet, wobei aber dem dominanten Selbstverständnis der eigenen Natur qua Körper entsprechend auch eine Dominanz der Sexualität zu erwarten ist: Wie bei der Erfahrung der eigenen Natur als Leib, so muss heute auch ein Verständnis von Liebe als leiblicher erst eingeübt werden.

(a) Sexualität

Liebe als Sexualität wird verstanden als Drang oder Trieb, der auf Befriedigung aus ist. Dieses Verständnis von Liebe ist eine unheilige Allianz mit dem auf die Griechen zurückgehenden Verständnis von Liebe als Eros eingegangen. Es ist Platon, der im *Symposion* durch den Mund des Sokrates den Eros als arm und bedürftig darstellt, nämlich als *Begehren, das Schöne zu haben.*[5] Daraus folgt einerseits eine asymmetrische Beziehung zwischen dem Liebenden und dem oder der Geliebten, wie sie für die klassische Knabenliebe charakteristisch war, und andererseits die Tatsache, dass die Liebe qua Eros zum Erliegen kommt, wenn das Bedürfnis, das darin liegt, erfüllt wird. Ich will die daraus folgende Kritik des Eros hier nicht fortsetzen,[6] sondern den Gedanken wiederaufnehmen, dass Liebe als Sexualität auf einem physischen Drang beruht.

Zunächst: Dieser Drang ist zwar auf die Abreaktion eines inneren Potentials gerichtet, aber das bedeutet nicht, dass er dazu des Anderen oder der Anderen nicht bedarf. Man kennt zwar beim männlichen Geschlecht die nächtliche Pollution und bei beiden Geschlechtern auch die Masturbation. Gleichwohl wird in der Regel der oder die Andere gesucht, wodurch – mit Freud zu spre-

5 Platon, *Symposion*, 205a, b.

6 Siehe aber das entsprechende Kapitel »Liebe« in Gernot Böhme, *Anthropologie in pragmatischer Hinsicht. Darmstädter Vorlesungen* [1985], aktualisierte und erweiterte Neuausgabe mit Nachwort, Bielefeld, Basel 2010, hier bes. S. 94-98.

chen – eine *Besetzung* stattfindet oder – mit Foucault – das Bedürfnis (*besoin*) in Begehren (*désire*) gewandelt wird.

Selbst wenn es sich nur um mechanische Reizung handelt, was aufgrund des organischen Charakters des Triebes möglich ist, so wird sie als *besser* empfunden, wenn sie der oder die Andere vornimmt. Dafür gibt es ein deutliches Beispiel in Fassbinders Film *Berlin Alexanderplatz.* Noch wichtiger aber ist, dass der sexuelle Trieb, obgleich er ein physischer Drang ist, doch häufig des Anderen bedarf, an dem sich dieser Drang *entflammt*. Das sieht man etwa an der Rolle, die Pinup-Bilder oder auch bloße Phantasiebilder in der Masturbation spielen. Erfahrene Denker und Autoren wie Sokrates in Platons Dialog *Symposion* oder Adam Bernd in seiner eigenen Lebensbeschreibung[7] weisen auf die *Wirklichkeit der Bilder* (Ludwig Klages) hin, nämlich, dass Bilder die Körper zu einer bestimmten Disposition organisieren. Natürlich ist das auch durch Gerüche möglich oder allgemeiner durch die Atmosphäre – durch die Atmosphäre, die ein Mensch ausstrahlt, oder durch die kommunikative Atmosphäre,[8] die sich zwischen Personen aufbaut. Wir haben damit einen Übergang von der Sexualität zur leiblichen Liebe: Bereits in der Körperpraxis, die wir Sexualität nennen, gibt es Ansätze zu einem leiblichen Spüren und damit zu einem Liebesvollzug, in dem die leibliche Anwesenheit des Anderen oder der Anderen eine wesentliche Rolle spielt.

(b) Leibliche Liebe

Wenn wir damit angedeutet haben, dass Sexualität und leibliche Liebe im Konkreten häufig zusammenspielen, so ist es doch nötig, wie die Sexualität auch die leibliche Liebe für sich zu betrachten und als einen besonderen Typ von Liebe herauszuarbeiten. Das Hauptmerkmal im Unterschied zu einer erotisch geprägten Sexualität besteht darin, dass leibliche Liebe nicht eine Liebe der *Annäherung*, sondern der *Nähe* ist. Leibliche Liebe ist der Vollzug und die Steigerung gemeinsamen Daseins der Partner. Daraus folgt bereits, dass sie eine Liebesform ist, die zu pflegen sich besonders für Part-

7 Adam Bernd, *Eigene Lebens-Beschreibung* [1738], München 1973.

8 Siehe das entsprechende Kapitel in Gernot Böhme, *Architektur und Atmosphäre*, Paderborn ²2013.

ner, die sich schon gefunden haben, also etwa für Eheleute,[9] empfiehlt oder aber auch für ältere Leute, bei denen der sexuelle Drang nachlässt oder keine Rolle mehr spielt. Das heißt aber keineswegs, dass sich diese Liebesform von selbst einstellt, zumal sie als besondere Liebesform in unserer sexualitätsbesessenen Zivilisation kaum bekannt ist und eines eigenen Namens ermangelt. Deshalb beobachten wir in den beiden genannten Situationen, in denen leibliche Liebe eigentlich die richtige Form der Liebe wäre, nämlich in der Ehe und in der Altersbeziehung, ein krampfhaftes Bemühen, die Sexualität *am Laufen* zu halten. Dabei sind Verfremdungs- und Distanzierungsstrategien üblich – bis hin zum Seitensprung, um den Eros in der ehelichen Beziehung wiederzuerwecken, oder Potenzmitteln, um im Alter den *Drang* zu verlebendigen. Bei der leiblichen Liebe dagegen ist Fremdheit nicht ein Anreiz, sondern eher ein Hindernis, denn wir befinden uns alle als zivilisierte erwachsene Menschen durch Umgangsformen, Kleidersitten, ja auch durch den notwendigen personalen Respekt, den wir uns gegenseitig zollen, zueinander in einer habituellen Distanz. Um leibliche Liebe zu ermöglichen, ist es deshalb nötig, mit achtsamem Umgang eine Vertrautheit miteinander zu schaffen und eine Kultur geteilter Intimität zu entwickeln. Dabei kann nun umgekehrt die Libido, kann der sexuelle Eros hilfreich sein. Gerade weil dieser Liebestyp im Drang zur Annäherung besteht, kann er in die Nähe führen. Nur ist die erreichte Nähe nicht wie beim Eros das Erlöschen der Liebe, sondern die Chance der Entwicklung eines ganz anderen Typs von Liebe, nämlich der von mir so genannten *leiblichen Liebe*.

Zärtlichkeit ist das Medium der leiblichen Liebe: Letztere vollzieht sich in der Zärtlichkeit – oder man kann geradezu sagen, sie *ist* Zärtlichkeit. Um das zu verstehen, ist daran zu erinnern, dass das, was wir Leib nennen, uns im leiblichen Spüren gegeben ist. Der Leib ist nichts anderes als das ausgedehnte leibliche Spüren. Deshalb kann man auch mit Hermann Schmitz[10] sagen, dass der Leib

9 Hermann Schmitz hat in seinem Buch *Die Liebe*, Bonn 1993, für die Römer einen gegenüber dem griechischen Eros anderen Liebestyp herausgearbeitet (siehe S. 21-28), der besonderes durch Vertrautheit und durch *fides* gekennzeichnet ist. Das wird freilich anhand von lyrischen Texten demonstriert; die Wirklichkeit mag anders ausgesehen haben. Siehe dazu Philippe Ariès, Georges Duby (Hg.), *Geschichte des privaten Lebens*, Bd. I, Augsburg 1999.

10 Siehe Hermann Schmitz, *System der Philosophie*, Bd. I.II: *Der Leib*, Bonn 1967 ff.

primär als eine Mannigfaltigkeit von Leibesinseln erfahren wird, nämlich der Gegenden, in denen man sich selbst spürt. Es hat sich eingebürgert, diese Gegenden nach dem relativen Ort, an dem sie sich im körperlichen Leib befinden, zu benennen, also etwa nach der Herzgegend, dem Solarplexus, der Brust oder dem Unterbauch usw. (Es gibt hier aber auch eine Beziehung zu den Chakras, nach denen in östlichen Kulturen solche Gegenden benannt werden.)

Durch den zärtlichen Umgang miteinander werden nun Leibesinseln angeregt, das heißt Bereiche, an denen man *sich* spürt. Das betrifft beide Partner, die miteinander zärtlich umgehen. Das heißt, die Zärtlichkeit regt sowohl bei mir, dem Zärtlichen, wie auch beim Partner oder der Partnerin, der oder die zärtlich berührt wird, leibliches Spüren an. Genauer gesagt ist dieses Spüren – zumindest im glücklichen Fall – gar nicht als solches zu unterscheiden, denn nach der Theorie der Leiblichkeit ist ja der Leib selbst nichts anderes als das ausgedehnte Spüren. Und so ist im Vollzug der Zärtlichkeit das Sich-Spüren von dem den-Anderen- oder die-Andere-Spüren gar nicht mehr zu unterscheiden. Es vollzieht sich eine *unio mystica*. Sie besteht für die Partner der Zärtlichkeit in der Erfahrung geteilter leiblicher Präsenz: Ich erfahre mein leibliches Da-sein in und mit der gespürten Präsenz des Anderen.

Es lohnt sich, diese mystische Erfahrung in der Liebe von derjenigen zu unterscheiden, die Georges Bataille als *kleinen Tod* im Orgasmus bezeichnet.[11] Diese Form von mystischer Steigerung wird mit Recht als kleiner Tod bezeichnet, insofern sie nämlich das Hinschwinden des Ego, nämlich der bewussten, durch Autonomie und Verantwortlichkeit bestimmten Ich-Instanz bedeutet.[12] Diese Art von Mystik ist ein Loswerden, ein Sich-Erheben über die menschliche Welt als gesellschaftliche verstanden. Die andere Person, auf die sich der Eros richtete, der zu einer solchen Steigerung führt, spielt dabei keine Rolle. Sie wird auch vergessen oder kommt von Anfang an nicht vor, wenn es sich um einen Orgasmus handelt, der durch Masturbation herbeigeführt wird. Ganz anders bei der leiblichen Liebe: Hier ist die *unio mystica* tatsächlich eine Vereinigung mit dem Anderen im leiblichen Spüren. Sie ist deshalb auch kein Sich-Erheben über das Menschliche, sondern vielmehr ein Herabsteigen

11 Siehe Georges Bataille, *Der Heilige Eros*, Frankfurt/M. 1979.

12 Siehe Gernot Böhme, *Ich-Selbst. Über die Formation des Subjekts*, Paderborn 2012.

und Sich-Einlassen auf das Menschliche, nämlich auf die leibliche Existenz: Wir sind uns im leiblichen Spüren selbst gegeben.

Hier ist wohl der Ort, an dem an die Liebe von Mutter und Kind als einer ursprünglichen Liebesform zu erinnern ist. Wenn wir von der Liebe zwischen Erwachsenen reden, so ist die wechselseitige personale Fremdheit immer die Voraussetzung, von der wir ausgehen müssen. Auch die Praxis der leiblichen Liebe setzt diese Fremdheit voraus. Dabei dürfen wir aber nicht vergessen, dass die Einheitserfahrung, die im leiblichen Umgang durch Zärtlichkeit erreicht werden kann, auch eine Art Erinnerung ist, nämlich an die primordiale Erfahrung der Einheit mit der Mutter, die in der Tiefe des eigenen leiblichen Spürens noch dämmert. Man hat deshalb nicht zu Unrecht in der Liebe auch immer wieder die Sehnsucht nach der Rückkehr zu dieser ursprünglichen Einheit gesehen. Freilich trifft diese Deutung nur auf die leibliche Liebe zu, nicht auf die erotische, die ja nach Platons klarer Definition ein *Habenwollen*[13] ist. Einsseinwollen und Habenwollen sind nicht dasselbe.

Wenn wir vom zärtlichen Umgang miteinander geredet haben, der zum geteilten leiblichen Spüren führt, so wird sich dabei der Gedanke an die Zärtlichkeit der Hand nahegelegt haben. Doch das Gesagte trifft vielmehr auf zärtliche Berührungen zu, etwa durch die Brust, den Bauch, die Beine. Denn das Spüren mit der Hand hat, wie der Sinn des Auges, eine Tendenz zur Objektivierung. Das liegt natürlich daran, dass wir unsere Hände vornehmlich als Organe des Entdeckens und der Arbeit benutzen und also auch in diese Funktionen eingeübt haben. Das Spüren mit der Hand ist deshalb in der Regel auch intentional, das heißt, es hat einen Gegenstand. Deshalb konnte auch Husserl in seinem berühmten, oben bereits erwähnten Zwei-Hände-Experiment[14] den Unterschied zwischen Empfindungen und Empfindnissen einführen: Wenn die rechte Hand die linke berührt, dann hat die rechte Hand Empfindungen – nämlich von der linken Hand, während die linke Hand als berührte *sich* spürt, und dieses Sich-Spüren nannte Husserl seinerzeit *Empfindnis*.

Diese Besonderheit des Spürens mit der Hand gibt mir nun Anlass, noch eine zweite Form der Erfüllung in leiblicher Liebe durch

13 Platon, *Symposion*, hier besonders 206a.

14 Edmund Husserl, *Ideen zu einer reinen Phänomenologie und phänomenologischen Philosophie II*, Den Haag 1952, S. 145 f.

Zärtlichkeit zu benennen, die zu der Möglichkeit der *unio mystica* hinzutritt oder manchmal auch in ihr enthalten ist, nämlich die *Entzückung*. Die spürende Hand ist so etwas wie das entdeckende Auge. Aber ihr Spüren ist eben gerade doch kein Sehen, das Sichtbares in seiner Sichtbarkeit aktualisiert, sondern eben ein Spüren, das dem oder der Anderen in seiner oder ihrer leiblichen Existenz nachspürt. Dabei wird die Samtigkeit der Haut, das Blühen und das Schwellen des oder der Anderen in ihrer leiblichen Existenz ent-deckt. Der Dichter Gottfried Benn, der als Arzt für Haut- und Geschlechtskrankheiten natürlich einer Sicht der Liebe als Sexualität besonders nahestand, bezeichnete diese einmal als »Anpeilung von Schwellkörpern«.[15] Das ist ganz böse gesagt. Doch was die spürende Hand im zärtlichen Mitgehen mit den Formen des Anderen entdeckt, ist dessen drängende, quasi knospende Lebendigkeit – oder seine Natur. Hier ist es aber besser, den griechischen Ausdruck *Physis* zu nehmen, weil dieser ja eher Aufgehen und Aufblühen benennt. Und dieses Spüren des oder der Anderen in ihrer Lebendigkeit, das ist das *Entzücken*. Es ist eine tiefe, aber auch leichte und jubelnde Teilnahme am leiblichen Dasein des Anderen. Immanuel Kant hat *Lust*[16] als die Ursache, in dem Zustand, in dem man sich befindet, verweilen zu wollen, definiert.[17] In diesem Sinne kann man die Freude am Dasein des Anderen, die im zärtlichen Zusammensein gespürt werden kann, auch als Lust bezeichnen. Ob aber Lust als befriedetes Verweilen in einem Zustand angesehen werden kann, dürfte zweifelhaft sein, wenn man an die quasi nietzscheanische Erfahrung denkt: Lust will mehr Lust. Aus diesem Grunde wollen wir den Ausdruck Lust mehr für die sexuelle beziehungsweise die erotische Liebe reservieren, die ja, solange sie währt, auf Steigerung aus ist – und dann mit der Erfüllung in sich zusammenbricht. Auch das Einander-Spüren in der leiblichen Liebe ist ein

15 Gottfried Benn, »Pallas«, in Ders., *Gesammelte Werke in vier Bänden*, hg. v. Dieter Wellershoff, Bd. 1, Wiesbaden 1965, S. 365.

16 Siehe Immanuel Kant, *Kritik der Urteilskraft*, in: Ders., *Werke in sechs Bänden*, hg. v. Wilhelm Weischedel, Darmstadt 1957, Bd. V, § 10, S. 299.

17 Siehe dazu auch Fausts berühmte Formel, mit der er sich dem Teufel verschreibt: »Werd' ich zum Augenblicke sagen: / Verweile doch! du bist so schön!« (1699 f.); Johann Wolfgang von Goethe, *Sämtliche Werke, Briefe, Tagebücher und Gespräche*, Frankfurter Ausgabe [FA] in 40 Bd., hg. v. Friedmar Apel u. a., Frankfurt/M., Berlin 1987-2013, I. Abt., Bd. 7.1: *Faust. Texte*, hg. v. Albrecht Schöne, Frankfurt/M. 1994, S. 76.

Zustand gesteigerter Existenz, die aber nicht über sich hinauslangt, sondern selbst die Erfüllung ist. Deshalb möchte ich hier lieber von Freude sprechen. Es ist die Freude am eigenen leiblichen Dasein wie dem leiblichen Dasein des oder der Anderen, die Freude an der geteilten leiblichen Existenz. Tatsächlich ist diese Freude auch als solche spürbar, und zwar gerade nicht wie die sexuelle Lust an oder in den Genitalien, sondern im Herzen. Das Herz ist ja von Aristoteles erstaunlicherweise als das Organ des Spürens, nämlich der ἁφή (*haphé*), bezeichnet worden.[18] Und so wird die Erfüllung der leiblichen Liebe auch letztlich im Herzen empfunden.

18 Aristoteles, *De vita et morte*, 469a 18-23.

Der leibliche Raum

Das Raumdenken ist in der europäischen Philosophie wesentlich durch zwei Paradigma bestimmt, nämlich einerseits durch den Begriff des *topos* bei Aristoteles – also des Ortes – und andererseits durch den Begriff des *spatium* bei Descartes – also des Abstandes. Dem kartesischen Raumbegriff entspricht mathematisch die euklidische Geometrie, die nach Descartes durch Einführung des Koordinatensystems zur analytischen Geometrie fortentwickelt wurde. Dagegen ist die mathematische Disziplin der Topologie nicht eigentlich als eine Entfaltung des aristotelischen Begriffs des *topos* anzusehen, denn nach Aristoteles ist der Ort definiert durch die Oberfläche der umgebenden Körper.[1] Freilich wird bei Aristoteles die Definition von etwas durch Angabe der Form, die eine Materie bestimmt, angegeben. Die Materie des Ortes nach Aristoteles wäre das *Dazwischen* beziehungsweise das Kontiniuum (*syneches*[2]). So gesehen ist der Ausdruck *topos* als Raumbegriff also doch ein Vorläufer der mathematischen Disziplin der Topologie, denn als Topologie kann man die Ordnung in einer Mannigfaltigkeit bezeichnen, die nur Nachbarschaftsbeziehungen, also zum Beispiel A liegt zwischen B und C, und Beziehungen von innen und außen kennt, wie etwa A liegt innerhalb oder außerhalb der Punktmannigfaltigkeit b. Entscheidend als Hintergrund für den gleich einzuführenden Begriff des leiblichen Raums ist, dass beide Traditionen des Raumbegriffs, also *topos* und *spatium*, den Raum als etwas Objektives behandeln, also als etwas, das quasi *außerhalb* oder zumindest unabhängig vom menschlichen Erleben da ist.

Freilich wird vielfach auch der objektive Raum vom Erlebnis des Darinnen-Seins her verstanden. Charakteristisch dafür ist eine Formulierung in Kants *Kritik der reinen Vernunft*, und zwar bei der metaphysischen Erörterung des Raumbegriffs. Dort lesen wir: »Denn damit gewisse Empfindungen auf etwas außer mich bezogen werden (d.i. auf etwas in einem anderen Orte des Raumes,

1 Aristoteles, *Physik*, 2012a6.

2 Siehe Gernot Böhme, »Kontinuität als Phänomen in der Philosophie des Aristoteles«, in: Jan Beaufort, Peter Prechtl (Hg.), *Rationalität und Prärationalität. Festschrift für Alfred Schöpf*, Würzburg 1998, S. 77-45.

als darinnen ich mich befinde), imgleichen damit ich sie als außer *und neben* einander, mithin nicht bloß verschieden, sondern als in verschiedenen Orten vorstellen könne, dazu muß die Vorstellung des Raumes schon zum Grunde liegen.«[3] Obgleich Kant den Raum als *Form der Anschauung* darlegen will, rekurriert er hier auf das lebensweltliche Vorverständnis von *Darinnen-Sein.* Um hier eine begriffliche Ordnung zu schaffen, gilt es, zwischen dem Raum als Medium von Darstellungen und dem Raum als Form lebendiger Existenz zu unterscheiden.[4] Der Unterschied ist einer zwischen Vorstellen und Sein: Der Raum als *Vorstellung* beziehungsweise Form unserer Vorstellungen besteht darin, dass wir – nach Kant – uns gegebenes Mannigfaltiges als nebeneinander vorstellen. Davon ist zu unterscheiden: der Raum als *Seinsmodus,* als Weise des In-seins – wie Heidegger sagen würde –, eben als Form lebendiger Existenz. In diesem letzteren Sinne ist der Raum als eine Form der *Befindlichkeit* gegeben, also als Form, in der wir unser Da-sein spüren: Dies ist der leibliche Raum.

Der Begriff des leiblichen Raums ist in der Neuen Phänomenologie, das heißt im Wesentlichen in der Phänomenologie von Hermann Schmitz, entwickelt worden.[5] Als seine Vorläufer sind Graf Dürckheim, Otto Friedrich Bollnow und Elisabeth Ströker zu nennen.[6] Dabei zeichnet sich Schmitz' Einführung des Begriffs *leiblicher Raum* dadurch aus, dass er im Unterschied zu seinen Vorläufern eine diffuse Vermengung dieses Phänomens mit Vorstellungen vom objektiven beziehungsweise mathematischen Raum vermeidet. Denn wenn man statt vom leiblichen Raum vom erlebten oder gelebten Raum (Graf Dürckheim, Bollnow) spricht

3 Immanuel Kant, *Kritik der reinen Vernunft*, in: Ders., *Werke in sechs Bänden*, hg. v. Wilhelm Weischedel, Darmstadt 1956, Bd. II, § 10, A 23/B 38, S. 72.

4 Siehe Gernot Böhme, »Der Raum leiblicher Anwesenheit und der Raum als Medium von Darstellung«, in: Sybille Krämer (Hg.), *Performativität und Medialität*, München 2004, S. 129-140.

5 Siehe Hermann Schmitz, *System der Philosophie*, Bd. III.1: *Der leibliche Raum*, Bonn 1967.

6 Siehe Graf Karlfried von Dürckheim, »Untersuchungen zum gelebten Raum. Erlebniswirklichkeit und ihr Verständnis«, in: Felix Krüger (Hg.), *Neue psychologische Studien*, Bd. 6, 4. Heft, München 1932, S. 383-480; Otto Friedrich Bollnow, *Mensch und Raum*, Stuttgart [9]2000; Elisabeth Ströker, *Philosophische Untersuchungen zum Raum*, Frankfurt/M. [2]1977.

oder wie Minkowski vom *espace vécu*,[7] so wird dabei der objektive Raum vorausgesetzt – wie beispielsweise Bollnow mit dem Begriff des *erlebten Raumes*: Wenn etwas erlebt wird, ist das, was erlebt wird, schon vorausgesetzt. Andererseits versuchen merkwürdigerweise die genannten Autoren umgekehrt – quasi in Husserl'scher Manier – den Begriff des objektiven Raums in dem des leiblichen Raums fundiert zu sehen. Dieser Fundierungsabsicht folgt schließlich auch Schmitz.

Der leibliche Raum ist nach Hermann Schmitz quasi ein Produkt der sogenannten leiblichen Ökonomie. Diese besteht in den gespürten Tonusverhältnissen im Leib, nämlich der Beziehung von Engung und Weitung. Diese Beziehung kann sich je nach dem einen oder nach dem anderen Pol hin entwickeln, nämlich in Richtung Enge als Spannung und in Richtung Weite als Schwellung. Der Raum ist zunächst die Weite, in der der eigene Leib gespürt wird. Dabei kann das leibliche Spüren qua Weitung die Grenzen des körperlichen Leibes – also die Haut – überschreiten und als *privative Weitung* – also bei Schwinden der Engungstendenz – quasi ins Unendliche ausgreifen. Auf diesem Wege entsteht unter anderem das schon bei Descartes bekannte Phänomen, dass etwas ins leibliche Spüren einbezogen werden kann – der Blinde spürt den Kiesel, nach dem er tastet, am Ende des Stockes, nicht an seinen Fingern –, was man *embodiment* nennen könnte, aber bei Schmitz eine Form der leiblichen Kommunikation ist.

Der leibliche Raum ist danach nicht der objektive Raum, der subjektiv erlebt wird. Vielmehr wird der leibliche Raum von der Weitungstendenz leiblichen Spürens *aufgespannt*. Das festzuhalten, ist äußerst wichtig, weil nicht-dingliche und nicht-metrische Räume wie etwa der akustische Raum sich dann als Modifikationen leiblichen Spürens in die Weite verstehen lassen.

Nach dieser Einführung des leiblichen Raums können strukturelle Merkmale festgehalten werden, durch die sich der leibliche Raum deutlich vom objektiven beziehungsweise mathematischen Raum der Geometrie unterscheidet:

– Der geometrische Raum ist homogen, das heißt, alle Punkte in diesem Raum sind gleichberechtigt. Dagegen gibt es im Raum

7 Siehe Eugène Minkowski, *Le Temps vécu, etudes phénoménologiques et psychopathologiques*, Paris 1933.

leiblichen Spürens einen ausgezeichneten Ort, nämlich das Zentrum des *hier bin ich.* Er ist – im Gegensatz zur Weitung – durch die radikale Engung wie beispielsweise in Angst und Schmerz gegeben. Das *Hier* ist – wie Hermann Schmitz sagt – ein absoluter Ort. Während sonst Orte durch Abstände von Gegenständen angegeben werden beziehungsweise allgemeiner durch Koordinaten, wird im *Hier* ein Ort durch leibliches Spüren absolut gegeben.

– Der mathematische Raum der Geometrie ist isotrop, das heißt, keine Richtung in diesem Raum ist ausgezeichnet. Dagegen ist der leibliche Raum anisotrop, das heißt, im leiblichen Spüren in die Weite kennen wir den Unterschied von Oben und Unten, von Vorne und Hinten und Rechts und Links. Diese Richtungen sind im leiblichen Spüren gegebene Bewegungstendenzen.

– Schließlich ist im objektiven oder metrischen Raum die Beziehung einer Mannigfaltigkeit im Raum durch das Nebeneinander gegeben. Der leibliche Raum dagegen ist meine Form des Inseins und damit die Ausdehnung meiner leiblichen Anwesenheit. Soweit in der Sphäre meiner leiblichen Anwesenheit auch andere Menschen oder Dinge auftauchen, so ist deren Erfahrung nicht die Erfahrung eines Nebeneinanders, sondern eines Seins-bei... beziehungsweise ein geteiltes Miteinander, ein Zusammensein.

Damit haben wir, obgleich die genannten Charakteristika zur Unterscheidung des leiblichen Raums vom objektiven oder mathematischen Raum möglichst formal gehalten waren, doch zugleich angedeutet, dass der leibliche Raum jeweils *mein* Raum ist, dass ich in diesen Raum *involviert* bin. Wie oben bereits erwähnt, ist der Begriff *leiblicher Raum* deshalb im Sinne von Søren Kierkegaard ein Existenzbegriff, das heißt ein Begriff von etwas, das mich angeht. In diesem Sinne ist der leibliche Raum von der Art, dass jede Modifikation in affektiver Betroffenheit gespürt wird. Im leiblichen Spüren kann beispielsweise der Raum als bedrückend oder erhebend, als heiter oder als melancholisch, als hell oder dunkel erlebt werden – wir betreten das Feld der *Atmosphäre.*[8] Aus diesem Grunde kann über den Charakter des gespürten Raums beziehungsweise die Sachverhalte im leiblichen Raum nur derjenige Auskunft geben, der davon betroffen ist. Die Philosophy of Mind stellt deshalb fest, dass hier nur Aussagen in der ers-

8 Siehe Gernot Böhme, *Atmosphäre. Essays zur Neuen Ästhetik*, Berlin [7]2013.

ten Person möglich sind; Hermann Schmitz redet von *subjektiven Sachverhalten*.

Entsprechend den drei Charakteristika des leiblichen Raums, nämlich dass er:

– ein Richtungsraum ist, der sich als gefühlter Raum nach meinen Bewegungstendenzen richtet,

– ein anisotroper Raum ist, durch meine leibliche Gegenwart zentriert,

– ein Raum des Zusammen- oder Beieinanderseins ist, der Raum der leiblichen Kommunikation meines Seins-bei ..., ist er

– die *sphaera activitatis*, der *Handlungsraum*,

– der *Raum meiner leiblichen Anwesenheit*,

– der *Wahrnehmungsraum*.

Der leibliche Raum ist also erstens meine *sphaera activitatis*, das heißt der Spielraum für meine Handlungen und Bewegungsmöglichkeiten. Dabei wird dieser Raum durch das Ausgreifen meiner selbst auf Bewegungsziele hin, auf zu behandelnde Objekte oder Personen hin, nach Richtungen und Intentionen artikuliert. Dieses Ausgreifen stößt aber an Grenzen, an Wände und Gegenstände. Dadurch wird das leibliche Spüren des Raums durch die Gegebenheiten im objektiven Raum, insbesondere durch die Dinge determiniert. Auf diese Konfrontation ist weiter unten zurückzukommen.

Der Raum meiner leiblichen Anwesenheit wird zweitens durch das *Wie* meiner Befindlichkeit gespürt, beziehungsweise er ist die Ausdehnung meiner Befindlichkeiten selbst. Das kann sehr wohl bedeuten, dass eine innere Stimmung meine Erfahrung des Raums, in dem ich mich befinde, quasi einfärbt, also mir etwa die Welt als trüb oder heiter erscheinen lässt. Man spricht deshalb hier auch vom *gestimmten Raum* oder allgemeiner von der Atmosphäre, die ich spüre. Das heißt aber keineswegs, dass diese affektive Tönung des leiblichen Raums immer eine *projizierte* sein muss. Vielmehr wird sie sogar in der Regel erfahren als etwas, das mir entgegenkommt, das mich *anweht*. Das leibliche Hinausspüren ins Offene wird in der Regel durch die Gegebenheiten modifiziert, auf die dieses Hinausspüren trifft. Man spricht hier von den Erzeugern von Atmosphären. Das sind objektive Gegebenheiten, die dem gespürten Raum, dann Atmosphäre genannt, einen bestimmten Charakter verleihen, wie bedrückend oder erhebend, trüb oder heiter, gemütlich oder unbehaglich. Insofern kann man sagen, dass wir in unserer Befindlichkeit spüren, in welcher Art Raum (hier ist der objektive Raum gemeint) wir uns befinden.[9]

Der leibliche Raum ist schließlich der Raum des Seins-bei..., etwa des Seins bei den Dingen und den anderen Menschen. Da die Wahrnehmung die primäre Weise des Seins bei etwas ist, können wir den leiblichen Raum in dieser Hinsicht auch als den Wahrnehmungsraum bezeichnen. Wenn wir Wahrnehmung als Sein-bei... bestimmen, so ist wiederum das bereits von Descartes bekannte Beispiel des Blinden, der mit einem Stock nach einem Stein tastet, heranzuziehen. Dieses Beispiel verallgemeinernd kann man sagen, dass wir *bei* den Dingen sind, die wir sehen. Unser leibliches Spüren ihrer Anwesenheit vollzieht sich nicht im Auge, sondern dort, wo die Dinge sind. Sehen als Spüren der leiblichen Anwesenheit von Dingen (oder auch von anderen Menschen) – das klingt zunächst überraschend. Tatsächlich hat aber Hermann Schmitz mit guten Gründen das Sehen auch als eine leibliche Kommunikation – eben mit dem Gesehenen – bestimmt.[10] Das Sehen eines Dinges ist eben nicht einfach das konstatierende Gewahren eines Dinges an einem Ort. Vielmehr greift das Gesehene in meine leibliche Ökonomie ein. Das ist natürlich mehr oder weniger der Fall, aber das Verfolgen eines fliegenden Tennisballs oder das Bemerken eines heranfahrenden Autos bringt in mein Hinausspüren einen Konzentrationspunkt *da draußen*, der mich in meinem Hinblicken *fesselt*.

Es ist der leibliche Raum, um den es geht, wenn man nach der Räumlichkeit von Musik, von Tönen, von Schall und Geräuschen im Allgemeinen fragt. Man kann sogar behaupten, der akustische Raum *ist* der leibliche Raum.

Freilich gibt es auch eine Beziehung von akustischen Phänomenen und dem physischen Raum. Es geht hier um das, was man landläufig und im engeren Sinne *Akustik* nennt als einer architektonischen und bautechnischen Disziplin der Gestaltung von Innenräumen, um eine hohe Tonqualität zu erreichen. Darum geht es auch bei der Gestaltung von Studios zum Zweck von Tonaufnahmen: Es geht um die Echoqualität der Räume und um die

9 Siehe Gernot Böhme, *Für eine ökologische Naturästhetik*, Frankfurt/M. ³1999. Siehe auch das Kapitel »Umweltästhetik« in diesem Band.

10 Siehe Hermann Schmitz, *System der Philosophie*, Bd. V.3: *Die Wahrnehmung*, Bonn 1978.

Nachhalldauer von Ton in diesen Räumen. Durch die physische Gestaltung der Wände bleiben akustische Phänomene als Schwingungsvorgänge der Luft für eine mehr oder weniger lange Weile *im Raum* erhalten. Dieses Phänomen kann man in den sogenannten echolosen Räumen zum Zweck von Tonaufnahmen oder zu experimentellen Zwecken praktisch auf null herunterdrücken. Man bezeichnet in diesem Zusammenhang also als *Akustik* die Kunst, durch Gestaltung der Oberflächen eines Raums die Aufführung von Musik in diesem Raum in bester Qualität vollziehen zu können. Das kann so weit gehen, dass diese Oberflächen, wie etwa im Kultur und Kongresszentrum Luzern, je nach Musikstück verändert werden können. Das Umgekehrte dagegen ist selten: nämlich dass ein Komponist ein Stück für einen bestimmten existierenden Raum eigens gestaltet.[11] Das alles betrifft die Beziehung von physischem Raum und akustischen Phänomenen als Schwingungszuständen in diesem Raum. Ein anderes Thema ist dagegen die Beziehung von Raum und *gehörtem* Ton: Der Raum, um den es in diesem Zusammenhang geht, ist der leibliche Raum.

Das Grundphänomen, das man als den Beweis für diesen Unterschied anführen muss, ist die Tatsache, dass man, mit Kopfhörern hörend, das jeweilige Geräusch *räumlich* hört, obgleich es ja im physischen Raum nicht stattfindet. Vielleicht würde man oder wird man erst durch diese Tatsache darauf aufmerksam, dass Töne als solche eine räumliche Qualität haben, nämlich als Strukturierung des leiblichen Raums. Dem wollen wir uns jetzt zuwenden. Ein Geräusch oder ein Ton *füllt* den Raum, in dem man sich befindet, und gibt ihm eine gewisse emotionale Qualität, man kann auch sagen, er *tingiert* den Raum. Es handelt sich hier in jedem Fall um den Raum, in dem man sich befindet, den gefühlten Raum. Ein Ton oder Geräusche in diesem Raum machen diesen mehr oder weniger dicht oder, wenn es sich um eine Geräuschmannigfaltigkeit handelt, *löchrig* oder gebrochen. Wenn diese Töne oder Geräusche von einer erzeugenden Quelle ausgehen, so macht sich diese Quelle durch die akustische Füllung des Raums bemerkbar. Diese spürbare Anwesenheit im Raum kann man auch selbst als Quelle erzeugen, indem man etwa singt oder spricht. Der Philo-

11 Siehe Gernot Böhme, »Atmosphären: die Beziehung von Musik und Architektur jenseits physikalischer Vorstellungen«, in: Christoph Metzger (Hg.), *Musik und Architektur*, Saarbrücken 2003, S. 98-103.

soph Jakob Böhme hat deshalb Ton neben Geruch als eine Weise aufgeführt, durch die etwas anwesend ist.

Als weiteres Phänomen räumlicher Qualität von Tönen und Geräuschen hatte ich bereits erwähnt, dass sie den Raum *tingieren.* Damit erweist sich die Räumlichkeit von akustischen Phänomenen als ein Beispiel der Erzeugung von Atmosphären.[12] Atmosphären sind Räume mit einer Stimmung, und Töne und Geräusche sind eine Gattung der Erzeugenden von Atmosphären – neben etwa Licht und den Bewegungssuggestionen, die von Dingen ausgehen. Man setzt deshalb auch Töne und Geräusche neben Licht, Gegenständen und Symbolen in der Kunst des Bühnenbildes ein, um auf der Bühne eine bestimmte Atmosphäre zu inszenieren. Das Besondere der Gestaltung von Atmosphären durch Musik und Geräusche ist, dass sie den gefühlten Raum unmittelbar artikulieren. Das dürfte auch die Grundlage sein, von der her man die emotionale Bedeutung von Musik verstehen kann.

Neben der Formierung des leiblichen Raums im Ganzen haben nun aber auch gehörte Töne und Geräusche selbst räumliche Qualitäten. So können sie beispielsweise durch den Raum wandern, oder aber sie haben selbst räumliche Gestalt. Beispielsweise sind sie etwa spitz und scharf oder breit lagernd. Die alten Griechen haben in ihrer Musiktheorie diese räumlichen Qualitäten von Tönen auch benutzt, um Unterschiede, die wir als *hoch* und *tief* bezeichnen, zu artikulieren: Sie nannten die hohen Töne *oxys*, das heißt scharf, und die tiefen Töne *barys*, das heißt breit gelagert. Für uns dagegen sind die räumlichen Qualitäten von akustischen Phänomenen eigentlich erst wieder durch die modernen elektronischen Aufnahme- und Wiedergabetechniken deutlich geworden. Das hat zur Folge gehabt, dass man in der neuen Musik, und speziell in dem Bereich der *sound art*, sich eigens um diese räumlichen Qualitäten von Tönen kümmert. Diese Musik besteht also nicht mehr nur wie die große klassische Musik in der Gestaltung von Harmonien und zeitlichen Sequenzen, sondern auch oder vielleicht sogar besonders in der Gestaltung der Räumlichkeit von akustischen Phänomenen.

Einen starken Impuls hat diese Entwicklung erhalten durch die sogenannte *Soundscape*-Bewegung. Es war Murray Schafer, der in den 1970er Jahren anfing, durch Tonaufnahmen akustische Land-

12 Siehe Böhme, *Atmosphäre.*

schaften wie etwa das Hafengebiet von Vancouver zu dokumentieren. Das war in gewisser Weise die Entdeckung einer eigenen Welt, freilich der Welt, in der wir schon immer gelebt haben. Genauer gesagt ging es um die Entdeckung, dass unser leiblicher Raum, der gefühlte Raum, durch die akustischen Phänomene der Umwelt, in der wir uns befinden, immer schon geprägt ist.[13] Da die akustische Landschaft, in der wir uns befinden, sich historisch relativ stark verändert, haben die Produkte der Recherchen von Murray Schafer und seinen Mitarbeitern einerseits inzwischen den Charakter eines Archivs angenommen. Andererseits haben die Mitarbeiter des *Soundscape*-Projekts relativ bald angefangen, mit ihrem aufgenommenen Material zu komponieren, schon allein deshalb, weil sich für die Wiedergabe der dokumentierten akustischen Umwelt die 1:1-Reproduktion von Aufnahmen, sagen wir von 24 Stunden, nicht eignete. Um das Charakteristische einer akustischen Landschaft mitzuteilen, kam es darauf an, aus der sogenannten Tonalität, also den bleibenden Grundgeräuschen einer Gegend und den besonderen akustischen Ereignissen, so etwas wie ein Musikstück zu machen.

Das ist eine Quelle, wenn auch nicht die einzige, für die besondere musikalische Disziplin der *sound art*. In ihr geht es explizit um die akustische Gestalt von Räumen – freilich, das muss wieder betont werden, von Räumen, in denen wir uns als hörende Teilnehmer befinden. In gewisser Weise hat Musik in ihren Aufführungen immer schon Räume gestaltet, nur ist dabei die akustische Gestaltung des gefühlten Raums eher ein Nebenprodukt gewesen. Die musikalische Disziplin der *sound art* macht das dagegen eigens zu ihrem Thema. Sie gestaltet durch Installationen Räume und Orte so, dass sie als Räume gespürter Anwesenheit in bestimmter Weise wahrgenommen werden. Das kann durchaus so geschehen, dass akustische Phänomene, die ohnehin in den jeweiligen Umgebungen vorhanden sind, für die Besucher – etwa durch Resonanzrohre – eigens hervorgehoben werden und damit erst explizit hörbar werden, oder aber auch durch Erzeugung von akustischen Phänomenen mit besonderen Bewegungen und figürlicher Qualität durch im Raum verteilte Tonquellen. Schließlich kann – und das ist vielleicht sogar das älteste Beispiel von *sound art* – physisches Geschehen in der Um-

13 Siehe dazu meinen Aufsatz zu *Soundscape*: »Atmosphären. Ein Beitrag zur ökologischen Ästhetik«, in: Institut für neue Musik, Darmstadt (Hg.), *Klang und Wahrnehmung. Komponist – Interpret – Hörer*, Mainz 2001, S. 38-48.

gebung durch bestimmte Installationen überhaupt erst hörbar werden. Dazu gehören etwa die Äolsharfen und die Windpfeifen. Aber auch strömendes Wasser kann man zum *Klingen* bringen.[14] Zusammenfassend kann man sagen, dass die junge Disziplin der *sound art* sich durch akustische Modifikation und Artikulation des gefühlten Raums zu einer selbständigen Gattung der Musik entwickelt hat.

Zum Schluss dieses Kapitels ist noch einmal auf die Versuche zurückzukommen, die die Mehrzahl der Philosophen unternehmen, die sich mit dem leiblichen Raum beschäftigen, nämlich den leiblichen Raum und den Raum der Geometrie in ein Fundierungsverhältnis zu bringen: Man versucht zu zeigen, dass man durch eine bestimmte Modifikation des leiblichen Raums zum metrischen Raum übergeht. Ich verfolge hier nicht diese Linie, weil der leibliche Raum und der geometrische Raum auf verschiedenen kategorialen Ebenen liegen: nämlich auf der Ebene des Seins und der Ebene des Vorstellens. Gleichwohl sind diese Versuche interessant und zumindest in einigen Schritten plausibel.

So charakterisiert zum Beispiel Hermann Schmitz den leiblichen Raum im Unterschied zum metrischen Raum als einen Raum, der *flächenlos*[15] ist. Diese Beobachtung ist zwar richtig und trifft bei vielen Beispielen für leiblichen Raum zu, zum Beispiel dem akustischen Raum oder auch schon dem einfachen Weiteraum. Schmitz führt den Begriff der Flächenlosigkeit auch keineswegs als Charakterisierung des leiblichen Raums ein, sondern lediglich als ersten Schritt des Übergangs vom leiblichen Raum zum metrischen Raum. Nun muss zunächst festgehalten werden, dass auch der leibliche Raum nicht generell flächenlos ist. Nach Schmitz wird der Leib im leiblichen Spüren als Mannigfaltigkeit von Leibesinseln gegeben. Leibesinseln sind opake Volumina, die durch die jeweiligen Verhältnisse von Spannung und Schwellung spürbar gegeben sind. Nur, und das ist einer der wesentlichen Beiträge, die durch die geschlechtsbezogene Leibphänomenologie von Ute Gahlings[16]

14 Als ein Beispiel sei hier aus dem Werk von Sam Auinger die Strömungsharfe im Rhein bei Bonn genannt, siehe ⟨http://rheinau.hearingview.info/video.html⟩, letzter Zugriff 9. 8. 2018.

15 Siehe Hermann Schmitz, *Jenseits des Naturalismus*, Freiburg 2010, S. 139-144; Ders., *Gibt es die Welt?*, Freiburg 2014, S. 80-82.

16 Siehe Ute Gahlings, *Phänomenologie der weiblichen Leiberfahrungen*, Freiburg

eingeführt wurde, ist der Leib auch durchaus durch eine Mannigfaltigkeit von Hohlräumen gegeben. Es mag kein Zufall sein, dass diese Entdeckung spürbarer Leibeshöhlungen von einer Frau gemacht wurde. Denn die Erfahrung des Leibes als Hohlraum ist in der weiblichen Sexualität wie in der Schwangerschaft selbstverständlich. Aber auch der Mann wird entsprechende Erfahrungen von seinem Leib als Mannigfaltigkeit von Hohlräumen, etwa in Bezug auf Mund und Rachenraum, machen. Entscheidend ist nun, dass das Spüren leiblicher Hohlräume durch das Spüren der sie umgebenden Oberflächen gegeben ist – geradezu im Sinne des aristotelischen Toposbegriffs. Das Spüren dieser inneren Oberflächen mag durch etwas Berührendes, zum Beispiel durch die Luft beim Atmen, angeregt werden. Es kann auch sein, dass das Spüren leiblicher Hohlräume als Hohlräume für etwas erfahren wird. Entscheidend ist aber, dass man – gegen Schmitz – konstatieren muss: Es gibt ein leibliches Spüren von Flächen.

Für Schmitz nun ist die Erfahrung von Flächen im leiblichen Raum etwas Überraschendes, geradezu ein Geschenk,[17] das nicht dem leiblichen Spüren entstammt. Von da aus will er dann durch das Sich-Schneiden von Flächen zur Linie kommen und dann von der geraden Linie zum Abstand. Das ist ein plausibler Weg – er kehrt gewissermaßen den euklidischen Aufbau der Geometrie um: Dieser geht vom Punkt aus zur Linie, zur Fläche, zum Körper. Es muss jedoch festgestellt werden, dass das leibliche Spüren auch anderweitig auf Nichtleibliches stößt, nämlich auf die Dinge. Von dieser Erfahrung her kann man dann ebenfalls durch Bewegung eines starren Dinges – dann als Maßstab genommen – in den leiblich gespürten Raum eine Metrik einziehen. Was man da *draußen* spürt, erhält dadurch einen Ort, der durch die Abstände zu anderen Dingen und in seiner Entfernung von mir, dem Wahrnehmenden qua Körperding, bestimmt ist. Man sieht daraus, dass der metrische Ort von etwas durch Abstand von mir qua Ding bestimmt werden kann.

[2]2016, S. 182, 190, 226. Siehe dazu auch das Kapitel »Der Begriff des Leibes« in diesem Band.

17 Siehe Hermann Schmitz, *Phänomenologie der Zeit*, Freiburg 2014, S. 81: »Das Geschenk der leibfremden Fläche ist ein großer Gewinn für die personale Emanzipation […] des Menschen.«

II. Ethische Konsequenzen

Die Technik rückt uns auf den Leib: Invasive Technisierung

1. Einleitung

Wenn ich in mein Auto steige, weht mich immer wieder der Gedanke an, zu welcher Vollkommenheit doch dieses Gerät entwickelt wurde, während der Mensch als ephemeres, emotional geschütteltes Selbst und bei eingeschränkter Intelligenz doch immer derselbe geblieben ist. Dieser Eindruck drängt sich schon im Blick auf die eigene Lebensspanne auf. Er verstärkt sich aber noch durch den Vergleich von Technikgeschichte auf der einen Seite und kultureller, sozialer und politischer Geschichte auf der anderen Seite: Ein Fortschritt ist bei Letzteren nicht festzustellen, vielmehr Rückschritte, Wiederholungen, Zerstörungen. Die Technikgeschichte scheint als einzige Dimension menschlicher Entwicklung übrig zu bleiben, in Bezug auf die man mit Fug und Recht von Fortschritt reden kann.[1]

Folglich, so scheint es mir, muss man sich die Technikgeschichte zum Vorbild und Paradigma von Entwicklung für die anderen Dimensionen menschlicher Existenz nehmen – wie das ja gegenwärtig mit dem Begriff des *human enhancement* geschieht. Auf der anderen Seite darf man nicht übersehen, dass Technikgeschichte und die anderen Dimensionen menschlicher Entwicklung nicht unabhängige Parameter sind. Vielmehr ist, was an menschlichem Leben heute möglich ist, durch die Technik als Medium oder Rahmenbedingung bestimmt: Wir leben in der technischen Zivilisation. Was das für uns heute bedeutet, gilt es zu bestimmen. Zwar kann man die Geschichte des Menschen, soweit sie sich kulturgeschichtlich zurückverfolgen lässt, als die Geschichte des Homo Faber oder auch des werkzeuggebrauchenden Tieres beschreiben, doch ist in den letzten beiden Jahrhunderten eine Verschärfung in der Beziehung von Mensch und Technik eingetreten, nach der man die Technik nicht mehr nur als Werkzeug betrachten kann, vielmehr Anlass hat, von einer Technisierung des menschlichen

1 Gernot Böhme, *Am Ende des Baconschen Zeitalters. Studien zur Wissenschaftsentwicklung*, Frankfurt/M. 1993.

Lebens zu sprechen und im Blick auf die Medizintechnik genauer von invasiver Technisierung: Die Technik ist uns, sagt man, auf den Leib gerückt.

2. Begriffsbestimmung: Invasive Technisierung

Den Begriff der *invasiven Technisierung* habe ich ursprünglich bereits im Blick auf medizinische Technologie geprägt. So sind ein Fall von Herztransplantation und ein Fall von Tiefenstimulation im Gehirn in meinem gleichnamigen Buch[2] die Hauptbeispiele. Von der Wortgeschichte des Terminus *invasiv*, der auf das lateinische Wort *invadere* (= eindringen) zurückgeht und der im gegenwärtigen Verständnis durch die Konnotation zu *Invasion* ein gewalttätiges Eindringen bezeichnet, sind nichtinvasive Technologien in der Medizin solche, die weitgehend auf Schnitte und Eröffnungen des Leibes verzichten und die organischen Prozesse soweit wie möglich ungestört lassen. Im Verhältnis zu einer Bypass-Operation mit Öffnung des Brustkorbs, Freilegung des Herzens und gegebenenfalls vorübergehender Substitution des Herzens durch eine Herzlungenmaschine ist das Setzen eines Stents mithilfe eines Katheters natürlich *minimalinvasiv.* In Richtung solcher minimalinvasiven Verfahren geht die gegenwärtige Entwicklung medizinischer Technologien. Durch die fortschreitende Miniaturisierung der Geräte und Sonden, durch die bildgebenden Verfahren, durch die elektronische Datenverarbeitung und durch die mögliche Kontrolle des Geschehens am Monitor können mehr und mehr gewaltsame Eingriffe in den Organismus vermieden werden. Es klingt deshalb zunächst paradox, wenn ich die Entwicklung der Technologie in den letzten zweihundert Jahren in Bezug auf den Menschen als *invasive Technisierung* bezeichne. Offenbar ist in diesem Zusammenhang mit *invasiv* etwas anderes als das gewaltsame Eindringen gemeint.

Gleichwohl geht es um ein Eindringen. Ich habe bereits darauf hingewiesen, dass die anthropologische Bedeutung von Technik bis weitgehend im 19. Jahrhundert durch den Begriff des Homo Faber, des werkzeuggebrauchenden Menschen, gedacht wurde. Ein

2 Gernot Böhme, *Invasive Technisierung. Technikphilosophie und Technikkritik*, Kusterdingen 2008.

Werkzeug ist ein Gerät, mithilfe dessen menschliche Zwecke und Absichten leichter, genauer und effektiver erreicht werden. Dabei wird unterstellt, dass die menschlichen Lebensvollzüge und seine Absichten dem Gebrauch des technischen Werkzeugs vorausgehen und von diesem unabhängig sind: Ich trinke aus der hohlen Hand oder mithilfe einer Tasse; ich bewege mich von einem Ort zum andern, indem ich laufe oder das Fahrrad nehme. Es scheint, dass seit geraumer Zeit dieses Verständnis von Technik als Werkzeug unzureichend geworden ist. Wir können oder wir müssen von invasiver Technisierung sprechen, wenn das technische Gerät oder die technische Einrichtung die Lebensformen des Menschen und seine Absichten nicht mehr unberührt lassen. Vielmehr sind menschliche Lebensvollzüge und das, was er damit beabsichtigt, heute weitgehend durch die technischen Medien und die technischen Rahmenbedingungen des Lebens bestimmt. So ist beispielsweise menschliche Kommunikation, die sich in technischen Medien abspielt, nicht einfach eine verbesserte Face-to-Face-Kommunikation. Zunehmend wird, was Wahrnehmung ist, durch den Gebrauch technischer Instrumente und Medien bestimmt. Man kann sogar sagen, dass der Wandel bereits durch den Gebrauch von Brillen, Mikroskop und Teleskop eingeleitet wurde. Damit wurde nämlich das Scharfsehen zur bestimmenden Norm für das, was Sehen überhaupt ist. Sehr schön kann man diesen Übergang von Technik als Hilfsmittel zu Technik als Medium oder Dispositiv, also als das, was den menschlichen Lebensvollzug definiert, am Fall des Thermometers sehen. Wurde das Thermometer im 17. Jahrhundert als ein Hilfsmittel entworfen, mit dem man die menschliche Wärmeerfahrung genauer und objektiver erfassen wollte, so wird heute, was warm oder kalt ist, durch Thermometergrade bestimmt, und der menschliche Wärmesinn wurde dann als ein mehr oder weniger guter Zugang zu dem, was Wärme ist, verstanden.[3] In geradezu grotesker Form wird dieser Punkt artikuliert, wenn in Wettervorhersagen ein Unterschied angegeben wird zwischen der gemessenen Temperatur und der sogenannten gefühlten Temperatur.

3 Siehe Gernot Böhme, »Temperatur und Wärmemenge. Ein Fall alternativer Quantifizierungen eines lebensweltlich-technischen Begriffs«, in: Peter Eisenhardt u. a. (Hg.), *Der Weg der Wahrheit. Festgabe zum 60. Geburtstag von Walter G. Saltzer*, Hildesheim 1999, S. 217-226; auch in: Böhme, *Am Ende des Baconschen Zeitalters*, S. 82-91.

Das waren natürlich Beispiele, die historisch weit zurückliegen und deren Wirkung heute selbstverständlich ist. In beiden Beispielen ist die genannte Technologie doch noch im Wesentlichen Werkzeug. Das wird aber anders etwa seit der Entwicklung der Eisenbahn, also einer Struktur gesellschaftlicher Beziehungen, und es ist nun heute definitiv anders mit dem Internet. Das Internet mag ursprünglich auch einem bestimmten Zweck gedient haben, heute aber ist es einfach als ein Medium da, für das immer neue Zwecke gesucht und gefunden werden. So mag es ursprünglich dem Nachrichtenaustausch gedient haben, heute ist es ein Speicher für alles mögliche menschliche Wissen – freilich in Form von Information –, es ist ein Medium gesellschaftlichen Handelns, beispielsweise als »Öffentlichkeit«, aber eben auch ein Medium gesellschaftlicher Steuerung, und das umso mehr, als man heute jedermann zwingt, »ein Anschluss zu sein«, um überhaupt der Gesellschaft anzugehören.[4] Das bedeutet, dass bestimmte Technologien heute nicht mehr für vorausdefinierte Zwecke und Absichten entworfen werden, sondern umgekehrt als Medium den Rahmen dafür abgeben, überhaupt erst bestimmte Zwecke zu setzen und Absichten zu entwickeln. Mit dem Philosophen Michel Foucault kann man auch von Technik als einem *Dispositiv* sprechen:[5] Die Technik ermöglicht menschliche, und zwar durchaus auch neue Verhaltensweisen. Sie schränkt sie aber auf der anderen Seite auch ein, indem deren Ausbildung auf ebendiese Technik als Medium angewiesen bleibt.

In summa können wir sagen, dass Technologien heute nicht mehr nur Werkzeuge zur effizienteren Verrichtung menschlicher Verhaltensweisen sind, sondern in diese *eindringen* und sie in dem, was sie sind, bestimmen. Diese Verhältnisse müssen wir nun genauer mit einem Blick auf die medizinische Technologie beschreiben.

4 Was es bedeutet, »kein Anschluss zu sein«, führt der Film *I, Daniel Blake* von Ken Loach aus dem Jahr 2016 eindrucksvoll vor Augen.

5 Zu Technik als Dispositiv siehe Gernot Böhme, Alexandra Manzei (Hg.), *Kritische Theorie der Technik und der Natur*, München 2003.

3. Veränderung der Medizin durch Technisierung

(a) Reproduktionsmedizin

Ich habe in einer älteren Studie[6] gezeigt, wie sich das am Wissen um Geburtshilfe durch die Klinisierung der Geburt und die Unterordnung der Hebammen unter die Gynäkologen verändert hat. Damit war bereits eine Änderung der sozialen Stellung der Hebammen verbunden, aber auch ihres Wissenstyps und ihrer Ausbildung. War ursprünglich eine Hebamme eine ältere, erfahrene Frau – lange wurde sogar vorausgesetzt, dass sie selbst geboren haben müsse, ihr Wissen also Erfahrungswissen war und die Geburt für sie ein natürlicher Vorgang, der Arzt wurde nur im Fall einer Komplikation hinzugezogen –, war also das Hebammenwissen ursprünglich lebensweltliches Erfahrungswissen, so wurde die Hebamme Schritt für Schritt zu einer technischen Assistentin des Gynäkologen. Damit veränderte sich auch die Sicht auf den Geburtsvorgang selbst, er wurde nun als ein naturwissenschaftlich erkannter und steuerbarer Prozess gesehen. Diese Sicht hatte wohl verfrüht, aber damals auch an den Interessen der Frauen vorbei, zur Idee der *programmierten Geburt* geführt. Heute sehen wir diese Entwicklung durch den weltweiten Vormarsch der nichtindizierten Geburt durch Kaiserschnitt[7] wiederaufgenommen. Diese Sicht auf den Vorgang menschlicher Fortpflanzung ist treffend von Goethe in seinem *Faust* in der Szene, in der »ein Mensch gemacht« wird, vorweggenommen. Er lässt den Wissenschaftler Wagner sagen:

> Behüte Gott! Wie sonst das Zeugen Mode war,
> Erklären wir für eitel Possen. […]

6 Siehe Gernot Böhme, »Wissenschaftliches und lebensweltliches Wissen am Beispiel der Verwissenschaftlichung der Geburtshilfe«, in: *Kölner Zeitschrift für Soziologie* 22 (Sonderheft zum Thema »Wissenssoziologie«), Köln 1981, S. 445-463; auch in: Gernot Böhme, *Alternativen der Wissenschaft*, Frankfurt/M. [2]1993, S. 27-53.

7 In Deutschland 31,9 Prozent der Geburten im Jahr 2012, Tendenz steigend. Siehe ⟨http://de.wikipedia.org/wiki/Schnittentbindung#Statistische_Entwicklung_und_Gr.C3.BCnde⟩, letzter Zugriff 11.8.2018.

> So muß der Mensch mit seinen großen Gaben
> doch künftig höhern, höhern Ursprung haben.[8]
> (*Faust I*, 6839 f. und 6846 f.)

Entsprechend begegnet man der durch Lebensformen und biographische Entwicklung sinkenden Fertilität in der Bevölkerung durch Fertilisation in vitro.

Durch diese Entwicklung der Reproduktionsmedizin hat sich das Bild dessen, was die Fortpflanzung des Menschen eigentlich ist, in den Institutionen, aber auch in der Öffentlichkeit weitgehend verändert. Aber auch was dieser Vorgang für die einzelnen Frauen, also die Schwangeren und nachher die Gebärenden ist, wurde dadurch mit betroffen. Zwar sind sie auch heute noch weitgehend und immer überraschend, aber auch erschreckend mit ihrer eigenen Natürlichkeit konfrontiert, doch dies mehr und mehr in distanzierter Form. So hat die Medizinhistorikerin Barbara Duden in ihrem Buch *Der Frauenleib als öffentlicher Ort*[9] darauf hingewiesen, dass Frauen heute mit ihrem Kind nicht primär durch dessen Regungen, also durch das leibliche Spüren, bekannt werden, sondern schon früher und primär über das Sehen, nämlich vermittels des sonographisch produzierten Bildes des Kindes. Abschließend sollte man bei diesem Punkt erwähnen, dass die Reproduktionsmedizin insbesondere in der Form der pränatalen Diagnostik das Kinderbekommen immer mehr von einem Geschehen zu einem Machen werden lässt. Dasselbe gilt natürlich auch für die Zeugung auf »natürlichem Wege«, insofern sie sich in der Regel nur noch in der Lücke der Verhütung vollziehen kann.

(b) Technik als Dispositiv

Wir haben mit der Reproduktionsmedizin ein erstes Beispiel dafür, wie das wissenschaftliche Wissen in diesem Bereich und die daraus folgende Technologie und Praxis bestimmen, was dieser Bereich

8 Johann Wolfgang von Goethe, *Sämtliche Werke, Briefe, Tagebücher und Gespräche*. Frankfurter Ausgabe [FA] in 40 Bd., hg. v. Friedmar Apel u. a., Frankfurt/M., Berlin 1987-2013, I. Abt., Bd. 7.1: *Faust. Texte*, hg. v. Albrecht Schöne, Frankfurt/M. 1994, S. 279.

9 Barbara Duden, *Der Frauenleib als öffentlicher Ort. Vom Missbrauch des Begriffs Liebe*, Hamburg, Zürich 1991.

überhaupt ist. Menschliche Reproduktion vollzieht sich im Rahmen und unter den Einschränkungen, die durch die Reproduktionsmedizin gesetzt sind. Dies gilt auch für die Begegnung von Arzt und Patient.

Diese Begegnung findet immer schon in einem technischen Setting statt. Damit soll nicht nur gesagt sein, dass das Sprechzimmer zu einer Art Labor geworden ist, sondern mehr noch, dass das Allererste, was der Arzt beim Erscheinen des Patienten tut, ist, in seinen PC zu blicken. Das bedeutet nicht nur, dass wegen der Sogkraft des Bildschirms der Arzt häufig in der Sprechstunde den Patienten kaum direkt anschaut, sondern dass auch der Patient ihm weitgehend über seine medizinischen Daten erscheint. Natürlich ist der Arzt von den Versicherungen her gezwungen, die Befindlichkeiten des Patienten in abrechenbare Kategorien zu fassen,[10] wie er auch gezwungen ist – durchaus auch wegen der Erwartung des Patienten –, sein ärztliches Handeln in *Verschreibungen* zu fassen. Auch dazu muss er wieder in den PC blicken, um aus der jedes menschliche Maß übersteigenden Zahl von Medikamenten das, nach den von ihm festgelegten Kategorien, richtige durch Suchfunktionen zu finden. Man sieht auch hier, wie das, was sich zwischen Arzt und Patient abspielt, durch die technischen Rahmenbedingungen ihres Zusammentreffens bestimmt wird. Dass die Bedeutung des ärztlichen Erfahrungswissens dabei geringer wird und dass der Arzt seine intuitiven Fähigkeiten zur Diagnostik im persönlichen Gespräch mit dem Patienten verliert oder gar nicht erst entwickelt, ist zu vermuten. Kein Wunder, wenn heute ein Trend zur Telemedizin besteht und sogar mit Hinweisen auf die Ärzteknappheit gefördert wird.[11]

Wenn der Patient durch diese technischen Rahmenbedingungen der Sprechstunde mehr und mehr für den Arzt zum Datenbündel wird, so auch für sich selbst. Auch bei einer geringen hypochondrischen Veranlagung neigen Patienten heute dazu, sich Geräte anzuschaffen, durch die sie ihr *Befinden*, also genauer den Pegel verschiedener Parameter ihres Körpers, ständig kontrollieren.

10 Siehe Gernot Böhme, Michael von Engelhardt (Hg.), *Entfremdete Wissenschaft*, Frankfurt/M. 1979.

11 Siehe ⟨http://de.wikipedia.org/wiki/Telemedizin#Medizinische_Herausforderungen⟩ und ⟨http://www.e-health-com.eu/fileadmin/user_upload/dateien/Aus_den_Verbaenden/01_11_BMC.pdf⟩, letzter Zugriff 11.8.2018. Siehe dazu auch das Programm der CDU zur Bundestagswahl 2017.

Die Industrie für medizinische Geräte kommt dem entgegen, indem sie handliche, tragbare Messgeräte entwickelt, mithilfe derer der Patient seinen Zustand, sei es beim Spazierengehen, sei es beim Jogging oder bei einer Bergtour, ständig im Blick hat.

Dieses technisch vermittelte Biofeedback legt den Menschen nahe, das, was sie an Leistung und Produktivität etc. von sich erwarten können, in Abhängigkeit von dem Datensatz zu sehen, der ihnen ihren inneren Zustand in Abhängigkeit von ihrem Blutdruck, ihrem Hormonspiegel und dergleichen präsentiert. Das wiederum legt natürlich nahe, die mögliche Steigerung und Ausdauer ihrer Leistung nicht etwa durch Bewusstseinsübungen und Meditation anzustreben, sondern durch Produkte, die ihre Daten verbessern. Das ist ein Teil dessen, was man heute *enhancement* nennt – auch das ein Beispiel, wie sich auf der Basis der vorhandenen medizinischen Technologie und hier auch der Pharmakologie das menschliche Selbstverständnis und folglich auch das Verhalten zu sich selbst verändert.

(c) Invasive Technisierung

Ich komme nun zu den Beispielen invasiver Technisierung im engeren Sinne, nämlich durch medizinische Technologie, die in den Leib des Menschen eindringt und dann als ein Stück seines Körpers seine Lebensvollzüge verändert und auf Dauer bestimmt. Im weiteren Sinne spreche ich auch dort von invasiver Technisierung, wo die Technik in die menschlichen Verhaltensweisen, also sagen wir die Kommunikation oder, wie am Beispiel gezeigt, in den Fortpflanzungsprozess eindringt. Invasive Technisierung im engeren Sinne ist eine solche, wo die Technik dem Menschen »auf den Leib rückt«. Ein Beispiel dafür ist der Herzschrittmacher. Natürlich könnte man den auch einfach als Prothese ansehen wie etwa die künstliche Herzklappe. Bei den Prothesen hat man es im Grunde noch mit einer Technologie zu tun, die als Werkzeug zu verstehen ist. Der Technikphilosoph Ernst Kapp hatte ja Ende des 19. Jahrhunderts versucht, alle Technologien als »Organprojektionen« zu verstehen, nämlich mit der Behauptung, die Technik sei nichts weiter als eine Veräußerlichung von Funktionen des menschlichen Körpers.[12]

12 Siehe Ernst Kapp, *Grundlinien einer Philosophie der Technik. Zur Entstehungsgeschichte der Kultur aus neuen Gesichtspunkten*, Braunschweig 1877.

Von dieser Auffassung her legt sich ein Verständnis nahe, das darüber hinausgeht, aber trotzdem im Modell des Instruments bleibt, nämlich dass Technik Organverlängerung und schließlich Organersatz sei. Damit wären wir bei den Prothesen.

Was nun den Herzschrittmacher angeht, so kann ich das Besondere dieser Technologie durch eine Anekdote erläutern: Ich hatte Gelegenheit, den oder besser einen der Erfinder des Herzschrittmachers zu sprechen. Gegen dessen These, dass ein Herzschrittmacher nur eine Art Organersatz sei, wendete ich ein, dass die Herzfrequenz auch von den Emotionen abhänge. So schlage das Herz schneller, wenn man frisch verliebt sei. Darauf antwortete dieser Ingenieur, der übrigens den Titel *Treasure of Mankind* trug – und wohl auch verdiente –, man könne ja die vom Herzschrittmacher vorgegebene Frequenz auch von außen regeln – er arbeite daran. Technisch gesehen eine passende Antwort, aber menschlich gesehen paradox: Die Person, der der Herzschrittmacher implantiert ist, regelt ihre Organtätigkeit, nämlich die Herzfrequenz ganz *cool* so ein, dass sie ihrem emotionalen Zustand entspricht.

Das bringt mich zu einem zweiten Beispiel, nämlich einem Fall von Hirnstimulation zur Bewältigung von Parkinsonsymptomen. Ich brauche hier nicht ausführlich zu sein, weil der Fall genauer in meinem Buch *Invasive Technisierung*[13] beschrieben ist. In diesem Fall, dem Fall des Soziologen Helmut Dubiel, ist die Implantation und anschließende Gehirnstimulation nicht so günstig verlaufen, wie man das inzwischen von vielen Fällen kennt. Vielmehr stellte sich heraus, dass er, wenn die Parkinsonsymptome durch Gehirnstimulation unterdrückt wurden, nicht mehr sprechen konnte. Deshalb schlugen ihm die Ärzte vor, durch einen von außen zu betätigenden Schalter die Stimulation abzuschalten. In diesem Zustand konnte er sprechen und seine Tätigkeit als Vortragender oder lehrender Professor ausüben, nicht aber laufen oder stehen. Wenn er dann wieder den Hebel umlegte, konnte er stehen und gehen, nicht aber sprechen. Man fragt sich jedoch, wer dieses »er« überhaupt ist. Dubiel ist durch diese Möglichkeit des Umschaltens offenbar explizit zur rein intellektuellen oder geistigen Person geworden beziehungsweise sein Organismus zum so oder so funktionalen Körperding.[14]

13 Siehe Böhme, *Invasive Technisierung*.
14 Helmut Dubiel, *Tief im Hirn*, München 2006.

Der zweite Fall, den ich in meinem Buch bespreche, ist der des Philosophen Jean-Luc Nancy, der Fall einer Herztransplantation. Dieser Fall ist in zweierlei Hinsicht ein besonderer. Einerseits wegen der Tatsache, dass Nancy immer noch lebt, obgleich die Transplantation ja wohl Anfang der 1990er Jahre durchgeführt wurde. Diese erstaunliche Tatsache muss man daran messen, dass der Patient nach einer Herztransplantation durchschnittlich nur mit einer Überlebensdauer von fünf Jahren rechnen kann.[15] Besonders andererseits ist, dass Nancy über seine Leiden durch die Herztransplantation in einem Buch sehr aufrichtig berichtet hat, gleichzeitig aber das, was mit ihm geschehen ist, geradezu triumphierend als einen Fortschritt der Menschheit feiert.[16] Seine Leiden sind nicht bloß durch die Immunsuppressiva bestimmt und die daraus folgenden Sekundärkrankheiten, sondern vor allem durch eine tiefgehende Entfremdungserfahrung. Ich zitiere dafür nur ein einziges Zeugnis. Schon bei der Ankündigung der Transplantation wegen Herzmuskelschwäche notiert Nancy: »Mir war von diesem Herzen ganz schlecht, wie von einem ungeeigneten Nahrungsstück. Eine Art Ekel, aber sanft. Ein sanftes Gleiten trennte mich von mir selbst.«[17]

Nun das andere Zitat, in dem er quasi nietzscheanisch seinen Zustand als einen Vorläufer des Übermenschen ansieht: »Gemeinsam mit den immer zahlreicher werdenden ähnlich Betroffenen bin ich, sind wir tatsächlich die Anfänge einer Mutation. Der Mensch beginnt (erneut) damit, den Menschen unendlich zu übersteigen [...].«[18]

Man hat auch bei anderen Transplantationen, beispielsweise der Niere oder der Leber, psychosomatische Nebenwirkungen[19] dokumentieren können. Den Abstoßungsreaktionen des eigenen

15 Die Fünf-Jahres-Überlebensrate nach einer Herztransplantation lag 2008 bei 70-80 Prozent; siehe ⟨http://de.wikipedia.org/wiki/Herztransplantation#.C3.9Cberlebensrate⟩, letzter Zugriff 11. 8. 2018.

16 Jean-Luc Nancy, *Der Eindringling/L'intrus. Das fremde Herz*, Berlin 2000.

17 Ebd., S. 13; meine Übersetzung.

18 Ebd., S. 48; meine Übersetzung.

19 Siehe Oliver Decker, *Der Prothesengott. Subjektivität und Transplantationsmedizin*, Gießen 2004; das Buch von David Wagner, *Leben*, Reinbek bei Hamburg 2013, ist im Ergebnis ein durchaus positiver Bericht von seiner Lebertransplantation. Allerdings ist es ziemlich bald nach der Transplantation geschrieben und noch erfüllt von der Euphorie, ein neues Leben geschenkt bekommen zu haben, siehe z. B. S. 277.

Körpers gegenüber dem fremden Organ entsprechen offenbar auch Probleme in der seelischen oder sagen wir besser: in der leiblichen Akzeptanz. Diese vollzieht sich sichtlich nicht so einfach durch *embodiment*, wie etwa in Bezug auf ein Gebiss. Hier merkt der Patient nach einiger Weile nicht mehr, dass er mit *falschen Zähnen* kaut.

Den Berichten ist zu entnehmen, dass Organtransplantationen zu tiefgreifenden Entfremdungserfahrungen führen können. Durch den medizinisch-technischen Akt der Transplantation macht sich der Mensch selbst zum kartesischen Menschen, nämlich zu einer Zweiheit der Substanzen *res cogitans* und *res extensa*, einer Zweiheit von *ich denke* und *ich bin ein ausgedehnter Gegenstand*, eine Maschine. In der Selbsterfahrung lassen sich – zumindest in den zitierten Beispielen – die beiden Seiten nicht mehr zur leiblichen Einheit integrieren.

So kann man leben. Aber will man das? Damit haben wir eine Frage gestellt, die zu den ethischen Konsequenzen der invasiven Technisierung überleitet.

4. Ethische Konsequenzen

Hier sollen jetzt nicht die einzelnen Fälle invasiver Technisierung in Bezug auf ihre ethischen Konsequenzen durchgegangen werden, zumal dazu inzwischen genügend geschrieben worden ist. Es scheint mir wichtiger, grundsätzliche Unterscheidungen einzuführen, von denen her der bisherige Diskurs medizinethischer oder bioethischer Art unzureichend erscheint. Die wichtigste Unterscheidung, die gewöhnlich nicht gemacht wird, ergibt sich aus der Frage, ob man eigentlich eine Ethik für die Ärzte oder eine Ethik für die Patienten machen will. Dieser Unterschied ist gravierend. In der Ethik für Ärzte entwirft man Handlungsregeln nicht für die einzelne Person, also den einzelnen Arzt, sondern vielmehr für eine ganze Profession. Auf diesem Feld muss argumentiert werden, und einzuführende Handlungsregeln müssen von höheren Prinzipien her gerechtfertigt werden. Beim einzelnen Menschen geht es – im Unterschied zum kategorischen Imperativ – jedoch nicht um allgemeine Regeln, sondern vielmehr darum, dass der Einzelne für seine Entscheidung, also insbesondere in Ausübung seiner Rolle als mündiger Patient, herausfinden muss, was zu ihm passt.[20]

Zunächst zur Medizinethik als einem Regelsystem für die Profession der im medizinischen Bereich Tätigen. Ich habe gesagt, dass in der Auseinandersetzung über entsprechende Verhaltensregeln hier Argumentationen, das heißt also eine Diskursethik, notwendig sei. Das ist aber keineswegs generell der Fall. Vielmehr werden die meisten Entscheidungssituationen, vor die sich ein Arzt gestellt sieht, durch das *Übliche*, also den hippokratischen Eid und weitere medizinische Verhaltenskodizes und schließlich durch gesetzliche Regelungen, bestimmt. Daraus folgt, dass der einzelne Arzt in alltäglichen Situationen keineswegs sein Handeln ethisch begründen muss – das wäre auch sehr ineffektiv –, er tut einfach, was üblich ist. Wir haben eine ähnliche Situation beispielsweise bei Ingenieuren, deren Handeln im Alltag durch den ›Stand der Technik‹, durch DIN-Normen etc. bestimmt ist. Daraus folgt, dass im Bereich ärztlichen Handelns ethische Begründungen eher selten sind. Sie beziehen sich einerseits auf solche vor allem durch den Fortschritt der medizinischen Technologie bestimmten Situationen, die noch keine konsensuelle Regelung erfahren haben, und sie beziehen sich andererseits darauf, dass der einzelne Arzt sich gelegentlich dafür entscheidet, in seinem Handeln von dem Üblichen abzuweichen. Das sind Situationen, die ich im Unterschied zur Alltagsroutine als *ernst* bezeichnen würde und in denen es hier im engeren Sinne um Moral geht.[21] Ich möchte zur Verdeutlichung ein negatives und ein positives Beispiel bringen. Das negative entnehme ich einem Anschreiben eines Studenten an mich, der im Zuge seiner Magisterarbeit die Frage bearbeiten sollte, ob geklonten Menschen Menschenwürde zukomme. Ich habe diese Frage schlechthin abgewiesen, weil das Klonen von Menschen weltweit verboten ist. Leider sind solche Fragestellungen in der professionellen Ethik nicht selten. Man behandelt dort häufig ethische Fragen völlig außerhalb des sozialen, politischen und rechtlichen Kontextes. Das positive Beispiel ist das von Ärzten, die entgegen dem derzeit gültigen Konsens und der gegenwärtigen Rechtslage einzelnen Patienten ärztliche Hilfe bei ihrem Suizid haben zukommen lassen. Das ist natür-

20 Siehe das Kapitel »Der mündige Patient« in diesem Band.

21 Zu dieser Unterscheidung siehe Gernot Böhme, *Ethik im Kontext. Über den Umgang mit ernsten Fragen*, Frankfurt/M. ²1998.

lich genau genommen eine Straftat, doch wir können sagen, dass wir hier eine Situation haben, die aufgrund der Entwicklung medizinischer Technologie – insbesondere aufgrund der technischen Möglichkeiten der Lebensverlängerung – noch keine hinreichende Regelung erfahren hat. Entsprechend sind auch die meisten Ärzte, die in dieser Situation ihrer eigenen Moral folgen, freigesprochen oder es sind ihnen zumindest mildernde Umstände zugestanden worden, und sie haben eine Bewährungsstrafe erhalten. Zusammenfassend können wir also sagen, dass ärztliches Handeln in der Regel keiner moralischen Rechtfertigung bedarf. Insbesondere ist die informierte Zustimmung (*informed consent*) keine Legitimationsbasis für ärztliches Handeln. Vielmehr soll sie den einzelnen Arzt von möglichen Regressforderungen freihalten, wie sie sich im weitesten Sinne aus dem Grundrecht auf körperliche Unversehrtheit herleiten ließen.[22] Moralische Argumentationen sind also einerseits für den einzelnen Arzt notwendig, wenn er von dem in seiner Profession Üblichen abgewichen ist, und andererseits im Vorfeld der Einführung neuer Üblichkeiten beziehungsweise neuer Gesetze zur Regelung des medizinischen Handelns.

Eine Hauptschwäche der gegenwärtigen Medizinethik ist es, dass sie sich fast durchweg nur auf das ärztliche, also das professionelle Handeln kapriziert und die moralische Lage, in der sich der Patient befindet, übersieht oder zumindest nicht erwähnt, dass die entworfene Medizinethik keine Ethik für den Patienten, sondern für das medizinische Personal darstellt. Die ethische Situation, in der sich der Patient befindet, sieht vollständig anders aus als die ethische Situation, in der sich der Arzt befindet. Für ihn geht es

22 Karsten Witt, »Tiefe Hirnstimulation, personale Identität und informierte Einwilligung«, in: Florian Stieger (Hg.), *Medizin und Ethik. Risiken und Folgen technologischen Fortschritts*, S. 129-153. Neben dem Fehler, die informierte Einwilligung als Grundprinzip ärztlicher Ethik einzustufen, macht er sich auch noch unnütze Sorgen für den Fall der Tiefenhirnstimulation aufgrund der Überlegung, dass der Patient vor und nach dem Eingriff nicht mehr derselbe sein könnte. Es ist natürlich völlig abwegig, die Identität eines Menschen an die Konstanz seiner Hobbies oder seiner Mentalität zu knüpfen. Jeder Mensch ändert sich dauernd, auch ohne Hirnstimulation, und seine Identität ist nicht etwas Gegebenes, sondern wird konstituiert durch seinen Willen, gegebene Versprechen einzuhalten bzw. für seine Taten in der Vergangenheit gegenwärtig einzustehen. In diesem Sinne ist das Festhalten an seiner Zustimmung zur Operation im Anschluss daran etwas, das gerade seine personale Identität konstituiert.

nicht so sehr um moralische Argumentation, sondern vielmehr um Abwägung von Risiken und um die Entscheidung zwischen verschiedenen Therapiemöglichkeiten. Formaljuristisch wird diese Situation konkret, indem der Patient eine Einverständniserklärung für einen bestimmten Eingriff unterschreiben muss, wobei de facto unterstellt wird, dass der Patient hinreichend aufgeklärt wurde. Zu den Zumutungen an den Patienten, die damit verbunden sind, gehört auch die Forderung, er müsse ein mündiger Patient sein. Diese Forderung ist in einem freiheitlich-demokratischen Rechtsstaat durchaus angebracht. Freilich wird in keiner Weise berücksichtigt oder in den medizinethischen Debatten ausgeführt, was auf Seiten des Patienten vorausgesetzt werden muss, wenn er ein mündiger Patient sein soll. Und dabei geht es eben nicht nur um Information, die man allenfalls noch durch das ärztliche Aufklärungsgespräch oder die Vordrucke für den *informed consent* übermitteln könnte, sondern es geht um die Einschätzung, was die Alternativtherapien beziehungsweise die möglicherweise auftretenden Risiken für ihn, den Patienten, *bedeuten*. Den sachlichen Vergleich von alternativen Therapien und auch die Abschätzung der Risiken sind etwas, das der Arzt dem Patienten nach wie vor abnehmen kann beziehungsweise abnehmen muss. Doch welche Art von Risiken der Patient eingehen will und wie die alternativen Therapien sich für seine Lebensführung auswirken – dafür müsste sich der Patient kennen und die Frage beantworten können, wie er eigentlich leben will. Das heißt also, dass das, was der Medizinethiker in der Arbeit mit dem Patienten leisten müsste, keineswegs eine Spezifikation seiner ohnehin schon sophistifizierten ethischen Argumente ist, sondern vielmehr eine Unterstützung des Patienten im Prozess einer Selbstkultivierung. Dabei ginge es darum, dass der Patient in Vorbereitung seiner Entscheidung erst einmal sich selbst und seine gewünschte Lebensform kennenlernt. Das betrifft beispielsweise auch die Ausfüllung einer Patientenverfügung. Was hier der professionelle Helfer leisten kann, besteht darin, dem Patienten überhaupt erst einmal klarzumachen, was für Konsequenzen die eine oder andere Entscheidung für seine Lebensführung hat, aber auch – wie es die meisten Patientenverfügungen vorsehen – ihn darauf aufmerksam zu machen, dass er zur Realisierung seiner Verfügung im Fall, dass er nicht mehr »Herr seiner Sinne ist«, eine sehr vertraute Person braucht, von der er erwarten kann, dass sie dafür sorgt, dass die Patientenverfügung in seinem Sinn realisiert wird.[23] Für den sehr viel häufiger auftretenden Fall einer Therapieentscheidung, die mitzutragen einem »mündigen Patienten« zugemutet wird, muss der Patient aber überhaupt in der Lage sein, Entscheidungen zu treffen, und zwar Entscheidungen auch in Lebenssituationen, die für ihn durch Schmerzen und Ängste hoch belastet sind. Die Aufgabe der Medizinethik wäre also hier, Patienten zu einer persönlichen Reife und Entscheidungsfähigkeit hinzuführen. Das ist übrigens eine generelle Schwäche der professionellen Ethik, nämlich dass sie durch Analyse und Bereitstellung von Argumenten und Prinzipien zwar intellektuell Entscheidungen vorbereitet, aber nichts dafür tut, dass der betroffene Mensch überhaupt in der Lage ist, Entscheidungen zu treffen. So ist es nicht verwunderlich, dass häufig Patienten in eine Spirale von Therapien hineinrutschen, indem sie jeweils dem folgen, was das medizinische System suggeriert. Erstaunlich ist, um damit zu schließen, dass selbst bei Jean-Luc Nancy, immerhin einem Philosophen, sich die Frage nach dem Sinn seiner Herztransplantation vor der Operation nicht gestellt hat. Erst nachträglich ist ihm klar, dass es eigentlich nur auf eine Lebensverlängerung hinausläuft, so dass er sich dann immer wieder die Frage stellt, ist es der Mühe wert – »est ce qu'il vaut la peine?«.[24]

Doch es geht nicht nur um Entscheidungsfähigkeiten auf Seiten des Patienten. Es geht auch darum, dass er ein Gefühl dafür bekommt, worüber er entscheidet. Auch das war bei Jean-Luc Nancy nicht der Fall. Wenn er die haarsträubenden Entfremdungsphänomene, die die Herztransplantation bei ihm verursacht hat, schildert, so auf dem Hintergrund, dass er auch schon vor der Operation eine entfremdete Beziehung zu sich als Körper hatte. Und das dürfte bei vielen unserer Zeitgenossen nicht anders sein: Man versteht sich heute als Körpermaschine und praktiziert im normalen Umgang mit seinem Körper bereits ein kartesisches Selbstverständnis: Der Mensch ist das denkende und dann noch entscheidende Subjekt, und ihm steht der Körper als Objekt gegenüber. Eine kompetente Entscheidung über Eingriffe in die eigene Leiblichkeit würde aber

23 Das zeigte ich in drastischer Form in einer Übung zum Thema *Altern und Sterben*, die ich am Institut für Praxis der Philosophie e. V. (IPPh) durchführte: Die Hälfte der Teilnehmer konnte eine solche Vertrauensperson nicht benennen.

24 Nancy, *Der Eindringling*, S. 16, 18.

voraussetzen, dass man sie überhaupt erst als eigene erfahren hat, beispielsweise eben das Herz als das eigene Herz. Das setzt Übungen voraus, die einen dazu hinführen, überhaupt bei sich selbst im eigenen Leibe zu Hause zu sein. Wenn man hinzunimmt, dass *der Leib die Natur ist, die wir selbst sind*, so folgt daraus die Maxime für den Umgang mit sich selbst: die eigene Natürlichkeit, soweit es möglich ist, zu bewahren.

Der mündige Patient

1. Einleitung

Der *mündige Patient* ist in Deutschland schon seit Jahrzehnten ein fester Terminus, quasi eine Qualitätsmarke, die den Status des kranken Menschen im modernen Gesundheitssystem anzeigen und garantieren soll. Und wer möchte nicht ein mündiger Patient sein? Auch als Patient mündig zu sein, als mündig angesehen zu werden, ist quasi Ehrensache, eine Sache des Respekts, der einem im Krankheitsfalle entgegengebracht werden sollte. Freilich spürt man, dass diesen Status auch wirklich auszufüllen man vielleicht nicht in der Lage sein könnte, dass die Idee des mündigen Patienten einem etwas abverlangen könnte, was man gerade im leidenden Zustand nicht leisten kann.[1] Und so mag es viele Menschen geben, die lieber nicht ein mündiger Patient sein wollen, sondern es vielmehr vorziehen, im Krankheitsfalle sich den Anordnungen, der Pflege und der Fürsorge anderer, vornehmlich des Arztes, zu überlassen.

Wenn man nun in die Literatur schaut, ist man erstaunt, dass von diesem Problem eigentlich wenig die Rede ist. Vielmehr dominiert hier die Vorstellung vom mündigen Patienten als eines kompetenten Abnehmers von krankheitsbezogenen Angeboten, also Therapien, Medikamenten, Beratungs- und Informationsdienstleistungen. Es ist deshalb auch vielfach vom mündigen Patienten als mündigem *Konsumenten* die Rede. Diese eigentümliche Sichtweise verdankt sich natürlich zum Teil der sozialwissenschaftlichen Behandlung des Problems: Hier werden Patienten quasi von außen, nämlich in ihrem faktischen Verhalten betrachtet – und dieses wird dann nach Alter, Geschlecht, Bildung, Schichtzugehörigkeit statistisch erfasst. Die Innensicht des Patienten, seine ethische Situation, spielt für die Forschung keine Rolle. Das Verständnis des mündigen Patienten als mündigem Konsumenten verdankt sich zum anderen einer dominanten Betrachtung gesellschaftlicher Verhältnisse,

1 Siehe Farideh Akashe-Böhme, Gernot Böhme, *Mit Krankheit leben. Von der Kunst, mit Schmerz und Leid umzugehen*, München 2005, S. 34: »Diese Idee [vom mündigen Patienten, G. B.] ist in gewissem Sinne paradox, weil sie von einem Menschen gerade in dem Zustand, in dem er als Leidender quasi nicht Herr seiner selbst ist, verlangt, dennoch den Status der autonomen Persönlichkeit zu wahren«.

nämlich des Verhaltens des Einzelmenschen als Marktteilnehmer. Die Mündigkeit des Patienten erscheint in dieser Sichtweise als freie und kompetente Kaufentscheidung. Dabei wird ganz übersehen, dass der Gesundheitsmarkt oder spezieller der Pharmamarkt im Grunde gar kein Markt im üblichen Sinne ist, weil sich hier nämlich nicht Anbieter und Abnehmer in direkter und entscheidungsoffener Situation gegenüberstehen. Ihre Beziehung ist einerseits vermittelt durch die Krankenversicherungen, die als finanzielle Abnehmer von Pharmaka und Therapien auftreten und deren Verhalten durch die staatliche Gesundheitspolitik für den größten Teil der Bevölkerung – 90 Prozent sind bei gesetzlichen Krankenversicherungen versichert – aufs strengste reguliert und kontingentiert ist. Sie ist andererseits keine freie Konsumentenwahl insofern, als auch bei engagiertem Mitbestimmungswillen des Patienten Medikamente und Therapien in der Regel vom Arzt verschrieben werden müssen. Wenn es nun sicher nicht verfehlt ist, vom Pharma*markt* zu sprechen und das Gesundheitssystem dem Dienstleistungssektor der Gesellschaft zuzurechnen, so spielen auf diesem Markt jedoch nicht die Patienten als Einzelwesen eine Rolle, vielmehr stehen sich als Marktpartner die Pharmakonzerne, die Versicherungen und die Ärzteschaft gegenüber, und die Forderung des mündigen Patienten kann hier nur heißen, dass in dem *Bargaining* die Patientenorganisationen eine Stimme haben – und nicht nur der Staat als Regulierungsbehörde auftritt.

Die Mündigkeit des Einzelnen ist im Sinne der medizinsoziologischen Untersuchungen, auf die ich mich beziehe, also kein ethisches Problem, sondern vielmehr ein gesellschaftlicher Trend, der insbesondere zu einer Veränderung der klassischen Arzt-Patienten-Beziehung führt: »Im Zuge der Demokratisierung der Gesellschaft wollen Patienten nicht mehr als passives Objekt verstanden werden, sondern sich aktiv in die Behandlung einbringen [...].«[2] Diesen Trend gilt es, wie Einsichtige meinen, sogar unter ökonomischen Gesichtspunkten zu fördern: »Patientenbeteiligung und -souveränität [ist] kein humanitärer [...] Selbstzweck [...], sondern vor dem Hintergrund der ›Ressourcenknappheit‹ oder ›Kostenexplosion‹ zielgerichtet [einzusetzen], um das Gesundheitswesen im

2 Beatrix Dietz, *Patientenmündigkeit. Messung, Determinanten, Auswirkungen und Typologie mündiger Patienten*, Wiesbaden 2006, S. 19.

Sinne von Wirtschaftlichkeit, Qualität und Bedarfsgerechtigkeit rationaler, kostengünstiger und effizienter zu gestalten.«[3]

Wenngleich also für unseren Zusammenhang die medizinsoziologischen Untersuchungen zum mündigen Patienten als höchst fragwürdig erscheinen, so lohnt es sich doch, die dort entwickelte Definition des mündigen Patienten zu zitieren: »Ein mündiger Patient sucht intensiv nach Informationen [...], er verfügt über ein hohes Maß an Wissen über seine Krankheit und in einer Entscheidungssituation [...] über einen hohen Grad an Mitbestimmung.«[4]

Das ist jedoch nicht eigentlich eine Definition des mündigen Patienten, sondern vielmehr eine behavioristische Beschreibung seines Erscheinungsbildes. Für unsere Zwecke, nämlich für die Frage, was man als mündiger Patient im Sinne einer Selbstkultivierung sein sollte, lohnt es sich deshalb, auf ganz andere, nämlich auf philosophische Quellen zurückzugreifen.

Als Erstes möchte ich daran erinnern, dass Kant in seiner Aufklärungsschrift Mündigkeit primär als Selbstbestimmung jenseits der Abhängigkeit von Experten definiert. Das entscheidende Zitat ist folgendes: »Habe ich ein Buch, das für mich Verstand hat, einen Seelsorger, der für mich Gewissen hat, einen Arzt, der für mich die Diät beurteilt [...], so brauche ich mich ja nicht selbst zu bemühen.«[5] Kant nennt also als Grund von Unmündigkeit die Tendenz, sich in seiner Lebensführung Experten zu überlassen – in Gesundheitsdingen dem Arzt. Dabei muss für die modernen Leserinnen und Leser gesagt werden, dass mit *Diät* im 18. Jahrhundert noch die gesundheitsbezogene Lebensführung im Ganzen, nicht nur die Ernährung gemeint war. Mündigkeit bedeutet für Kant, sich in seiner Lebensweise nicht vom Arzt abhängig zu machen, sondern sie vielmehr selbst zu bestimmen. Wir werden noch sehen, welche konkrete Bedeutung diese Auffassung heute im Zusammenhang von Therapie-Entscheidungen annimmt.

Der zweite Philosoph, an den ich erinnern will, ist Platon. In

3 Marie-Luise Dierks u. a., »Patienten, Versicherte, Kunden: Eine neue Definition des Patienten?«, in: Dies. u. a., *Patientensouveränität: Der autonome Patient im Mittelpunkt*, Arbeitsbericht Nr. 195 der Akademie für Technikfolgenabschätzung in Baden-Württemberg, Stuttgart, August 2001, hier: S. 4-26.

4 Dietz, *Patientenmündigkeit*, S. 23.

5 Immanuel Kant, *Beantwortung der Frage: Was ist Aufklärung?*, in: Ders., *Werke in sechs Bänden*, hg. v. Wilhelm Weischedel, Darmstadt 1964, Bd. VI, S. 53.

seiner Schrift *Die Gesetze* unterscheidet er zwei Typen von Ärzten, die Ärzte für Sklaven einerseits und die Ärzte für freie Bürger andererseits. In dem anzuführenden Zitat beginnt er mit den Sklavenärzten in ihrer Tätigkeit, um dann davon die Tätigkeit und Verhaltensweise der Ärzte für die Freien abzusetzen:

> [...] kein einziger von solchen Ärzten pflegt auch nur irgendeine Begründung für die jeweilige Krankheit eines Sklaven zu geben oder sich geben zu lassen, sondern er verordnet ihm das, was ihm aufgrund seiner Erfahrung gut scheint, als wüßte er genau Bescheid, eigenmächtig wie ein Tyrann; dann springt er auf und begibt sich zu einem andern erkrankten Sklaven und erleichtert so seinem Herrn die Sorge für die Kranken. Der freie Arzt dagegen behandelt meistens die Krankheiten der Freien und beobachtet sie; und indem er sie von ihrem Entstehen an und ihrem Wesen nach erforscht, wobei er sich mit dem Kranken selbst und mit dessen Freunden bespricht, lernt er teils selbst manches von den Kranken, teils belehrt er auch, soweit er es vermag, den Patienten selbst und verordnet ihm nicht eher etwas, bis er ihn irgendwie davon überzeugt hat; dann erst versucht er, indem er durch Überredung den Kranken immer wieder beschwichtigt, ihn zur Gesundheit zu führen und damit Erfolg zu haben.[6]

Man sieht, wie nach Platons Vorstellung der Arzt für die Freien diese respektiert und auch im Krankheitszusammenhang frei sein lässt. Seine Beziehung zum Kranken ist keine Herrschaftsbeziehung, sondern vielmehr eine Kommunikation unter Gleichen. Es ist dabei von besonderem Interesse, dass dieser Typ Arzt nicht meint, ohne die Mitwirkung des Patienten das für ihn Richtige herauszufinden. Seine *Erfahrung*, wie es bei den Sklavenärzten heißt, die ihm eine gewisse Überlegenheit geben könnte, reicht dazu nicht aus. Außerdem betrachtet er offenbar das explizite Einverständnis des Patienten für den therapeutischen Prozess als notwendig. Interessant ist auch, dass die Heranziehung von Menschen, die dem Patienten nahestehen, für das Arztgespräch als notwendig erachtet wird.

2. *Informed consent*

Was Platon hier als selbstverständliche Praxis im Umgang mit freien Bürgern schildert, musste in der Moderne erst mühsam er-

6 Platon, *Nomoi IV*, 720c, d.

stritten werden: dass nämlich der Arzt erst nach Aufklärung des Patienten und dessen Einwilligung tätig wird. Deshalb muss man heute die Mündigkeit des Patienten als eine Abwehrposition gegenüber dem paternalistischen Verhalten von Ärzten ansehen. Das wird deutlich, wenn man sich klarmacht, dass die Voraussetzung einer *Einwilligung nach Aufklärung*, heute international als *informed consent* bezeichnet, aus den Debatten um fragwürdige Experimente am Menschen entstanden ist. Der Auslöser ist der sogenannte Fall Neisser um 1900. Der Dermatologe Albert Neisser hatte nach den Erfolgen der Serumimpfungen von Behring und Kitasato versucht, acht Klinik-Patientinnen – es handelte sich um Prostituierte – durch Injektion von zellfreiem Serum von Syphilispatienten immun zu machen. Vier dieser Frauen erkrankten in den folgenden vier Jahren an Syphilis. Das Vorgehen Neissers erregte öffentliches Ärgernis, er wurde angeklagt und verurteilt, weil er »acht weibliche Personen [...] geimpft hat, ohne sich der Zustimmung dieser Personen oder ihrer gesetzlichen Vertreter versichert zu haben«.[7] Als Konsequenz schickte das bayerische Kultusministerium an die Vorsteher von Kliniken eine Anweisung, nach der medizinische Eingriffe auszuschließen sind, wenn die betroffene Person nicht ihre Zustimmung erklärt hat und dieser Erklärung eine sachgemäße Belehrung über die aus dem Eingriff möglicherweise hervorgehenden nachteiligen Folgen vorausgegangen ist. Diese Anweisung ist insofern bemerkenswert und zukunftsweisend, als sie ausgehend vom Fall des medizinischen Experimentes die Einwilligung nach Aufklärung zur Voraussetzung jedes medizinischen Eingriffs macht. Am Rande soll erwähnt werden, dass die genannte Anweisung Eingriffe bei nicht einwilligungsfähigen Personen ausschließt. Es bedurfte freilich weiterer öffentlicher Debatten, die sich auch im Folgenden an Versuchen am Menschen beziehungsweise an Schutzimpfungen mit Todesfällen entzündeten, bis schließlich 1931 vom Reichsgesundheitsrat »Richtlinien für neuartige Heilbehandlung und für die Vornahme wissenschaftlicher Versuche am Menschen«[8]

7 Zit. n. Rolf Winau, »Versuche mit Menschen – historische Entwicklung und ethischer Diskurs«, in: Gernot Böhme u. a. (Hg.), *Fragwürdige Medizin. Unmoralische Forschung in Deutschland, Japan und den USA im 20. Jahrhundert*, Frankfurt/M., New York 2008, S. 39-51, hier: S. 43 f.

8 Heute nachlesbar in Alexander Mitscherlich, Fred Mielke, *Medizin ohne Menschlichkeit. Dokumente des Nürnberger Ärzteprozesses*, Frankfurt/M. 1960, S. 270-273.

beschlossen wurden. Sie haben freilich die massenweise Verletzung des Prinzips der *Einwilligung nach Aufklärung* im sogenannten Dritten Reich nicht verhindern können.

Für uns ist wichtig, dass das Prinzip des *informed consent*, das einen Eckpfeiler der Patientenmündigkeit darstellt, aus den Debatten um unmoralische Forschung in der Medizin stammt: Es ist ein Schutz- und Abwehrrecht des Patienten. Heute ist es allerdings zu einer Forderung verkehrt worden, die vielmehr den behandelnden Arzt vor möglichen Regressforderungen schützen soll. Nach deutschem Recht, genauer: nach dem Grundrecht auf »Leben und körperliche Unversehrtheit« (GG Art. 2.2) und dem § 823 des BGB bezüglich der Schadensersatzpflicht,[9] ist nämlich der Arzt gehalten, sich für jeden Eingriff der Einwilligung des Patienten zu versichern. Das gilt insbesondere bei Eingriffen, die ein Risiko enthalten: Deshalb gilt die Einwilligung des Patienten erst nach ausführlicher Darlegung auch der Risiken einer Behandlung. Der Patient muss also nicht nur der therapeutischen Maßnahme zustimmen, sondern ausdrücklich bereit sein, das damit verbundene Risiko einzugehen. Entsprechendes gilt selbstverständlich für die Einnahme von Pharmaka. Hier ist nicht nur der verschreibende Arzt, sondern auch der Pharmahersteller in Haftung. Die Folge ist, dass Patienten vor allen Operationen mit ausführlichen Aufklärungsblättern und Formularen zur Einwilligung der geplanten Maßnahme konfrontiert werden und bei der Anwendung von Medikamenten aller Art mit Packungsbeilagen, die umfänglich über »Risiken und Nebenwirkungen« unterrichten. Es ist selbstverständlich, dass hier gerade die schwersten möglichen Schädigungen mit vage angedeuteten Wahrscheinlichkeiten im Vordergrund stehen.

Aufgrund dieser Rechtslage ist die Mündigkeit des Patienten, die ursprünglich ein Ideal der Selbstbestimmung gewesen ist und – wie die entsprechenden Studien immer noch betonen – ein Fortschritt in der Demokratisierung der Gesellschaft, zu einer Pflicht geworden. Ein mündiger Patient *muss* man sein, ob man will oder nicht, und das heißt, es wird einem als Patienten die Mitverant-

9 § 823. [Schadensersatzpflicht] (1) Wer vorsätzlich oder fahrlässig das Leben, den Körper, die Gesundheit, die Freiheit, das Eigentum oder ein sonstiges Recht eines anderen widerrechtlich verletzt, ist dem anderen zum Ersatze des daraus entstehenden Schadens verpflichtet. Siehe dazu Helmut Narr, *Arzt – Patient – Krankenhaus. Rechte und Pflichten*, München 1987, S. 140.

wortung am Therapiegeschehen zugemutet. Damit wird Patientenmündigkeit zur Verpflichtung, sich zu informieren, und zur Last, schwerwiegende Entscheidungen in Bezug auf die eigene leibliche Existenz auf sich zu nehmen.

3. Wissen und Nichtwissen

Es soll nicht bestritten werden, dass ein mündiger Patient auch weiterhin ein bedeutendes Ziel der Selbstkultivierung ist, ein Persönlichkeitsideal, das nicht nur die gesellschaftliche Stellung eines Menschen – hier die Anerkennung durch den Arzt –, sondern auch den Grad seiner persönlichen Reife bezeichnet. Doch die Situation, in der dem Patienten der *informed consent* abverlangt wird, hat Voraussetzungen, denen man nicht einfach aufgrund der allgemeinen durchschnittlichen Persönlichkeitsentwicklung entsprechen kann: Voraussetzungen, die das Wissen betreffen, und Voraussetzungen bezüglich der Entscheidungsfähigkeit unter Risiko und äußeren Zwängen. Ich erläutere zunächst das Erstere.

Mündigkeit im Krankheitsfall verlangt ein hohes Maß an Wissen – und zwar allgemein, nicht nur, wenn es darum geht, Aufklärungsblätter und Einverständniserklärungen zu unterschreiben. In diesem Fall geht es, wie bei der Lektüre der Beipackzettel von Medikamenten, darum, zunächst einmal überhaupt den Text zu verstehen. Das ist heute ohne ein Mindestmaß an medizinischen Kenntnissen und Fachtermini nicht möglich. Ohne ein Gesundheitslexikon kann man heute kein kompetenter Patient mehr sein. Dieses Verstehen des Textes hat nun aber noch eine zweite, über das reine Sachverständnis hinausgehende Ebene: Man muss nämlich einerseits den Sinn der in diesen »Gebrauchsinformationen« enthaltenen Bedrohungsszenarien verstehen und ferner die in der Regel höchst vage angegebenen Wahrscheinlichkeiten,[10] mit denen man

10 Der Gesetzgeber hat inzwischen dafür gesorgt, dass die Wahrscheinlichkeiten als relative Häufigkeiten quantifiziert werden müssen. Etwa so:

Sehr häufig	Mehr als 1 von 10 Behandelten
Häufig	Mehr als 1 von 100 Behandelten
Gelegentlich	Mehr als 1 von 1000 Behandelten
Selten	Mehr als 1 von 10 000 Behandelten
Sehr selten	Weniger als 1 von 10 000 Behandelten einschließlich Einzelfälle

Quelle: ⟨https://de.wikipedia.org/wiki/Nebenwirkung⟩, letzter Zugriff 27. 8. 2018.

das Eintreffen einer Nebenwirkung zu erwarten hat. So ist es nicht leicht, die Warnung, die einem der Arzt oder der Hersteller bezüglich der Therapiemaßnahme beziehungsweise des Medikaments zukommen lassen will – also echte Aufklärung und Aufforderung zum Mittragen der Entscheidung –, von der aus Haftungsgründen bis ins äußerste explizierten Skala der Risiken zu unterscheiden. Ferner ist für den Durchschnittsmenschen – ich meine hier: den nicht speziell in Wahrscheinlichkeitsrechnung und Statistik trainierten Menschen – der Umgang mit Wahrscheinlichkeiten nicht einfach. So neigt der Durchschnittsmensch beispielsweise dazu, die Wahrscheinlichkeit einer Nebenwirkung als den Grad der Betroffenheit durch diese Nebenwirkung zu interpretieren – und nicht als die relative Häufigkeit der Fälle, in denen er selbst als Element eines Patientenensembles betroffen ist. Ferner meint der Durchschnittsmensch, dass nach einer Reihe von Anwendungen, in denen es gut gegangen ist, nun die Wahrscheinlichkeit größer sei, dass es schlecht geht, um nämlich die angegebene Wahrscheinlichkeit zu erfüllen (so wie man meint, dass nach der Geburt dreier Mädchen doch die Wahrscheinlichkeit der Geburt eines Jungen sehr hoch sein muss, weil die durchschnittliche Geburtenrate etwa 1:1 ist). Diese *reflexive* Ebene des Verstehens, also die Einschätzung der Angaben in den Informationsblättern auf ihre Funktion und auf ihre Wahrscheinlichkeit hin, verlangt schon ein erhebliches Maß an Distanz und Coolness. Und das in einer Situation, in der man als Patient in Not ist, vielleicht von Ängsten heimgesucht wird und in der man durch die äußeren Rahmenbedingungen zu einem raschen Ja oder Nein gezwungen ist.

Der Typ von Wissen, den wir bisher behandelt haben, ist derjenige, den die Rechtslage im Heilwesen und die Schulmedizin dem mündigen Patienten abverlangen. Im Grunde handelt es sich um elementares Wissen dieser Schulmedizin selbst. Interessant wird es aber eigentlich erst, wenn man an die Grenzen der Schulmedizin kommt, wenn die Mündigkeit gerade darin bestehen muss, sich für oder gegen schulmedizinische Vorgehensweisen zu entscheiden. Bevor ich mich jedoch der Frage nach alternativen Wissensformen[11] zuwende, muss noch ein anderer Typ von Wissen genannt

11 Siehe Gernot Böhme, »Alternative Formen des Wissens im Bereich der Medizin«, in: *Schweizerische Ärztezeitung* 66 (1985), S. 1569-1573.

werden, der gerade mit der herrschenden Institutionalisierung der Schulmedizin zu tun hat.

Es gibt eigentlich nur eine Situation beziehungsweise ein Lebensalter, in dem sich der Kranke einfach der pflegenden Fürsorge seiner Mitmenschen und des medizinischen Personals überlassen kann – und das ist die Kindheit. Das ist aber auch nur möglich, weil dem Kind von seinen Eltern die Auseinandersetzung mit dem medizinischen System abgenommen wird. Der Erwachsene ist dagegen im Krankheitsfall nicht nur mit seiner Krankheit konfrontiert, sondern zugleich mit einer Fülle von administrativen, bürokratischen und organisatorischen Problemen. Das geht von dem Kampf um Termine über den Kampf um die Zuwendung des Pflegepersonals in der Klinik bis zu dem Kampf um die Zeit und das Interesse des Arztes. Mündigkeit bedeutet in dieser Situation die paradoxe Kompetenz, gerade in Zeiten der Bedrängnis gelassen und umsichtig bis clever mit diesen Verhältnissen umzugehen. Der Patient muss in einer Situation, in der er zum passiven Objekt zu werden droht, sich als Person bewahren. Natürlich kann Mündigkeit hier auch darin bestehen, sich vieles von Freunden und Verwandten abnehmen zu lassen, ich würde dann von assistierter Mündigkeit sprechen.[12] In jedem Fall jedoch setzt ein mündiger Umgang mit dem Gesundheitssystem[13] voraus, dass man ein detailliertes Wissen von diesem System hat. Man muss sich im Spektrum der ärztlichen Spezialitäten auskennen, mit den Möglichkeiten und Alternativen der Versicherung sowie mit den Hierarchien im Krankenhaus – und vor allem muss man ein Wissen davon haben, wie das System von Diagnose, Therapie, Rehabilitation arbeitet. Sonst kann man in eine Eskalation von Diagnose und Gesundheitschecks hineingeraten, man kann sich in einer Kette von Medikation und Medikation der Nebenwirkungen von Medikamenten verlieren, ja man kann in seiner Lebensführung von einem System therapeutischer Maßnahmen abhängig werden. Der Punkt, an dem die Notwendigkeit für den Patienten, gegenüber der Verselbständigung des medizinischen Systems Stand zu halten, ins öffentliche Bewusstsein

12 Linus S. Geisler spricht in seinem Aufsatz »Patientenautonomie – eine kritische Begriffsbestimmung«, in: *Deutsche Medizinische Wochenschrift* 129 (2004), S. 453-456, von »gestützter Autonomie«.

13 Siehe dazu ausführlicher das Kapitel »Der Umgang mit dem medizinischen System«, in Akashe-Böhme/Böhme, *Mit Krankheit leben*, S. 33-53.

gedrungen ist, sind die lebensverlängernden Maßnahmen am Ende eines Lebens. Die Antwort darauf sind die sogenannten Patientenverfügungen. Sie haben im Wesentlichen den Sinn, dass der Patient sich dagegen verwahren kann, durch medizinisch-technische Maßnahmen am Leben erhalten zu werden, wenn für ihn nach seinem vorherigen Urteil die Bedingungen humaner Existenz nicht mehr gegeben sind. Die Erstellung einer Patientenverfügung muss heute als ein Grundakt von Mündigkeit im Angesicht von schwerster Beeinträchtigung und Tod angesehen werden. Sie kann aber auch als Übung dienen, sich allgemein vor dem Eintreten schwerer gesundheitlicher Beeinträchtigung darüber klarzuwerden, bis zu welcher Grenze man bereit ist, sich durch medizinisch-technische Eingriffe manipulieren zu lassen. Eine der hier zu stellenden ernsten Fragen ist die Frage nach der Transplantationsmedizin. Einen Standpunkt gegenüber den Möglichkeiten der Transplantationsmedizin zu gewinnen, ist für den mündigen Patienten unerlässlich, einerseits weil er wie alle mit dem moralischen Druck konfrontiert ist, als Organspender zur Verfügung zu stehen, andererseits weil er herausfinden muss, was er an seinem Körper essentiell als *mein Leib*[14] ansehen will. Es könnte ja sein, dass er gewisse Körperteile von sich so sehr als zu seinem Selbst gehörig empfindet, dass er lieber bereit ist hinzunehmen, was sie ihm an Leid verursachen, als sie auszutauschen.

Das führt uns schließlich zu einem Typ von Wissen, den man *existentielles Wissen* nennen kann, nämlich das Wissen um sich und seinen Leib. Bevor wir jedoch darauf näher eingehen, muss gesagt werden, dass die Fähigkeit des Patienten, bei Therapieentscheidungen kompetent mitzureden, noch einen weiteren Typ von Sachwissen verlangt, nämlich das Wissen um Alternativen. Auch die Ärzte der Schulmedizin werden in der Regel mehrere Methoden der Therapie in Erwägung ziehen, doch daran ist jetzt nicht vornehmlich zu denken. Vielmehr geht es um die Möglichkeiten der Alternativmedizin beziehungsweise auch um die Möglichkeit, gegebenenfalls von einer Therapie überhaupt abzusehen. Letztere Möglichkeit erscheint auf den ersten Blick absurd – warum sollte man, wenn es eine Therapie gibt, nicht von ihr Gebrauch machen? Doch eingedenk des klassischen Spruches *medicus curat, natura sanat* sollte man nicht vergessen, dass ein großer Teil der Krankheiten

14 Siehe dazu das Kapitel »Mein Körper – mein Leib«, in Gernot Böhme, *Ethik leiblicher Existenz*, Frankfurt/M. 2008, S. 150-164.

von selbst, also durch die Selbstheilungskräfte der Natur, überwunden wird beziehungsweise dass sie als Erscheinungsformen gerade der Prozess der Überwindung einer Irritation des Lebensablaufes sind. Bei Kinderkrankheiten hat inzwischen der Gedanke wieder an Boden gewonnen, dass es besser ist, die Kinder diese Krankheiten durchmachen zu lassen, anstatt sie schnell mit Antibiotika zu beenden. Auf der anderen Seite des Spektrums, also bei sehr schweren Krankheiten, stellt sich manchmal die Frage, ob der Patient es vorziehen könnte, die Krankheit selbst an Stelle der Nebenwirkungen der Therapien zu ertragen. So viel zur Möglichkeit, auf Therapien überhaupt zu verzichten. Sie stellt den Patienten in jedem Fall vor ernste, also moralische Fragen.

Die naturwissenschaftliche Medizin ist in unserer Kultur im Heilwesen in einem solchen Maß dominant, dass der Patient – auch mit den kleinsten Leiden – zunächst zum Arzt geht und in der Regel gar nicht die Frage stellt, ob es alternative Heilmethoden gibt. Doch für den mündigen Patienten ist jedenfalls zu fordern, dass er sich diese Frage stellt. Eine Entscheidung für eine Therapie ist nie eine echte Entscheidung, wenn sie nicht vor dem Hintergrund von Alternativen gefällt wurde. Doch die Entscheidung zwischen einem schulmedizinischen Vorgehen und Alternativen, sei es nun chinesische, ayurvedische, homöopathische Medizin oder die Konsultation eines Heilpraktikers, ist asymmetrisch. Während die Solidität von Schulmedizin im Allgemeinen unterstellt werden kann beziehungsweise wird, muss sich der Patient ein Urteil über die Alternativmedizin selbst bilden, er wird von seinem Arzt entsprechende Kenntnisse in den seltensten Fällen erwarten können. Ferner hat er den Eindruck, dass er bei einer Entscheidung für eine alternativmedizinische Praxis das Risiko selbst tragen muss beziehungsweise dass nicht von der Schulmedizin Gebrauch zu machen ein erhöhtes Risiko darstellt. Dabei sind in der Regel die alternativ-medizinischen Praktiken schonender. Der Eindruck kommt dadurch zustande, dass die Schulmedizin auch das Kassensystem beherrscht und dass deshalb die Methoden der Alternativmedizin von den Kassen häufig nicht anerkannt werden[15] – so dass der Patient die Kosten dafür selbst tragen muss. Diese Asymmetrie verlangt vom Patienten in jedem Fall ein erhöhtes Engagement, das heißt

15 Man findet jedoch bei den Privatkassen eine größere Bereitschaft, auch Akupunktur und die Tätigkeit des Heilpraktikers zu bezahlen.

die Bemühung um Wissen und Risikobereitschaft, wenn er sich für Alternativmedizin entscheidet. Eine solche Entscheidung kann in der Regel nur durchgestanden werden, wenn sie von einer technikkritischen Lebenshaltung gestützt ist.

Damit sind wir zurück bei dem von mir so genannten *existentiellen* Wissen. Hier handelt es sich darum, dass eine Therapieentscheidung vom Patienten in das, was man traditionell Weltanschauung nannte, eingebettet sein muss. Bei der Frage nach der Transplantationsmedizin sind wir entsprechend auf die Notwendigkeit eines Wissens von sich gestoßen. Wie wir gesehen haben, ist es für den Patienten, der mündig sein will, nötig, über ein gewisses Maß an Sachwissen zu verfügen beziehungsweise die Kompetenz, sich entsprechende Informationen zu verschaffen. Bei dem Wissen von sich – nach der philosophischen Tradition *Selbsterkenntnis* genannt – geht es jedoch nicht so sehr um Inhalte als vielmehr darum, dass man seiner selbst und seiner gewählten Lebensform sicher ist. Zu einem solchen Wissen gehören zwar auch Inhalte, also zum Beispiel die Kenntnis des eigenen Körpers und der eigenen Lebensgeschichte, doch es geht um diese Inhalte im subjektiven Sinne, nämlich insofern sie in mein Selbstverständnis involviert sind. Es sind solche Inhalte, von denen ich mich nicht ohne Schmerzen und Selbstverlust trennen kann. Ein solches Wissen von sich kann man deshalb auch nicht von einem anderen Menschen beziehen, und man kann darin auch durch niemanden vertreten werden. Gerade deshalb ist es Wissen dieses Typs, was der Patient in jede Therapieentscheidung einbringen muss. Es ist der entscheidende Anteil, der ihm nicht vom Arzt abgenommen werden kann.

Wir können das Thema Wissen nicht verlassen, ohne auf die *Wahrheit am Krankenbett* zu sprechen zu kommen. Es ist heute nahezu Konsens, dass sich der mündige Patient ein Wissen von seiner Krankheit verschafft beziehungsweise, wenn es nicht so ist, sich durch Patientenschulung bemüht, sich »zum Experten für seine Krankheit zu machen«.[16] Eine andere Frage ist es jedoch, ob der Patient weiß beziehungsweise wissen will, *wie es um ihn steht.* Noch vor nicht allzu langer Zeit galt es als angemessenes Verhalten dem Patienten gegenüber, ihn nicht mit der ganzen Wahrheit

16 Hans-Jürgen Seelos, *Patientensouveränität und Patentenführung. Medizinmanagement in Theorie und Praxis,* Wiesbaden 2008, S. 126.

zu konfrontieren, und das hieß häufig, ihn schon bezüglich der Diagnose, dann aber mit Misserfolgen der Therapie und schließlich mit der Prognose des bevorstehenden Todes zu verschonen. Über diese Themen gab es dann Gespräche mit den Angehörigen hinter verschlossener Tür. Diese Situation hat sich inzwischen entscheidend geändert: Es besteht eine ärztliche Aufklärungspflicht – über die Diagnose, die geplante Therapie, über Alternativen und Risiken der Eingriffe wie der anzuwendenden Medikamente und schließlich über die Prognose. Die damit eingeführte rigorose Wahrheitspflicht wird allerdings gemildert durch einen Rest paternalistischen Denkens: Wenn der Arzt glaubt, die Wahrheit könne dem Patienten schaden, wirkt das *therapeutische Privileg.* »Unter dieser Bezeichnung wird die Befugnis des Arztes verstanden, dem Patienten zu seiner eigenen Schonung schwerwiegende Mitteilungen über seinen Gesundheitszustand zu verschweigen, um den Heilungsverlauf und den Heilungswillen nicht zu schwächen oder gar zu untergraben.«[17] Wenn man bedenkt, dass es für keinen Arzt angenehm ist, wenn ein Patient in seiner Praxis in Tränen ausbricht, so kann man annehmen, dass Ärzte leicht dazu neigen, das therapeutische Privileg fast immer als gegeben anzusehen. Schließlich wollen viele Patienten die nackte Wahrheit über sich auch gar nicht wissen. Doch das dürfte anders sein für den Patienten, den man als mündig ansehen wird. Eine ernste Auseinandersetzung mit seiner Krankheit ist ja nur möglich, wenn er weiß, wie es um ihn steht, und wenn seine relevanten Bezugspartner, insbesondere sein Arzt, zu einem aufrichtigen Gespräch bereit sind. Um diese Chance sollte man ihn nicht bringen.

4. Die Beziehung zu Ärzten

Man hat immer wieder darauf hingewiesen, dass die Patientenmündigkeit von der Ärzteschaft nicht eben gefördert wird. Es ist klar, dass ihre Tätigkeit leichter ist, wenn sie im Rahmen einer Beziehung von Experte und Laie definiert wird. Der Arzt kann sich dann auf seine Sachkompetenz zurückziehen, während – wie wir schon von Platon hörten – die Tätigkeit des freien Arztes komplexe

17 Narr, *Arzt – Patient – Krankenhaus*, S. 143.

menschliche, insbesondere kommunikative Kompetenzen verlangt. Dafür wird der Arzt in der Regel auch nicht ausgebildet. Im Übrigen weiß der Arzt natürlich, dass ein großer Teil seiner Wirkung gerade auf seiner Stellung als Autorität basiert. Sie ist häufig Suggestion – wie beim Placeboeffekt. Für den Patienten, der mündig sein will, ist auf der anderen Seite die Beziehung zum Arzt stets prekär. Die Frage nach Alternativen zu äußern, Kritik oder gar ein Nein zur vorgeschlagenen Therapie, verlangt ein hohes Maß an Selbstüberwindung: Er will ja nicht das Vertrauensverhältnis untergraben und das Wohlwollen des Arztes verlieren. Es ist schwer für ihn, zwischen seinen Rollen als hilfesuchender Patient und als mitentscheidender Partner zu balancieren. Dafür wäre eine Art Knigge für den Umgang mit Ärzten nötig.

Dabei gibt es eigentlich eine klare Einstiegsstelle, an der der Patient seine Subjektivität zur Geltung bringen kann. Auch der Schulmediziner wird in der Regel nicht nur *eine* Möglichkeit der Therapie sehen, ja es gibt sogar einen gewissen Konsens darüber, dass aus rein medizinischen Gründen zwischen Therapiemöglichkeiten keine eindeutige Wahl möglich ist. So heißt es in dem schon zitierten Buch von Beatrix Dietz über Patientenmündigkeit: »Des Weiteren wird heute kein Anspruch mehr darauf erhoben, dass es aus Expertensicht nur eine optimale Therapie für einen Patienten gibt.«[18] Was aus Expertensicht fehlt und fehlen muss, ist die Einbettung der Alternativen in die Lebensform und Lebenssicht des Patienten. Denn die verschiedenen Therapien unterscheiden sich für den Patienten nämlich nicht nur sachlich, sondern durch die Art, wie sie zu seiner Lebensform und seiner ethischen Grundhaltung passen. Das gilt nicht nur für die Durchführung der Therapie selbst, sondern auch, und vielleicht mehr noch, für die Folgen der Therapie. Es wird bei der Darstellung von Therapiealternativen in der Regel übersehen, dass sie für den Patienten auch Alternativen in Bezug auf die Weise, wie er sein Leben führen kann, bedeuten. Ein charakteristisches Beispiel ist der Unterschied von Dialyse und Nierentransplantation. Solche Unterschiede ergeben sich jedoch auch bei weniger gravierenden Leiden als Niereninsuffizienz. Sie werden jedoch besonders deutlich – wie wir schon gesehen haben –, wenn man schulmedizinische und alternative Heilpraktiken

18 Dietz, *Patientenmündigkeit*, S. 30.

gegeneinander stellt. Man denke an den Unterschied, mit Kopfschmerzen durch Tabletten oder durch Meditation fertigzuwerden oder mit Rückschmerzen durch Operation oder Yogaübungen.

5. Schluss: Leiblichkeit und Lebensform

Zum Schluss will ich auf den letzten Punkt noch etwas genauer eingehen, nämlich darauf, dass man als mündiger Mensch nicht nur einzelne Therapieentscheidungen mitträgt, sondern sich selbst definiert, also bestimmt, was für ein Mensch man ist. Insofern sind Therapiefragen für den Patienten ernste – und damit moralische Fragen.[19]

Man kann Therapiefragen natürlich auch pragmatisch, das heißt utilitaristisch entscheiden. Dann ginge es nur um die Abwägung von Nutzen und Schaden, von beabsichtigten Wirkungen und Nebenwirkungen. Ein charakteristisches Beispiel dafür haben wir in dem bereits genannten Buch des Philosophen Jean-Luc Nancy, der sich ein Herz hat transplantieren lassen. Angesichts der erheblichen Leiden, die er damit auf sich genommen hat, fragt er sich immer wieder: »Ist es der Mühe wert?«[20] Oder er fragt sich, ob der Gewinn an Lebensverlängerung nicht zerstört wird durch den Verlust an Lebensqualität. Das sind noch keine moralischen Fragen, sondern Fragen nach der Zweckmäßigkeit einer Entscheidung. Doch wir hatten ja schon gehört, dass auch aus der Sicht der Experten Therapiefragen nicht nach reinen Zweckmäßigkeitsgründen entschieden werden können, sondern erst unter Einbeziehung dessen, was aus Expertensicht die *Wünsche* des Patienten sind, aus dessen Sicht jedoch eine Wahl von Lebensform und Lebensbedingungen. Jetzt sehen wir, dass die Frage dadurch auf eine andere Ebene gehoben wird, nämlich dass sie von einer reinen Zweckmäßigkeitsfrage zu einer moralischen Frage wird. Der Patient nimmt die Therapiefrage erst wirklich ernst in dem Moment, in dem er erkennt, dass er durch ihre Entscheidung zugleich mitentscheidet, was er für ein Mensch ist. Mündigkeit heißt also hier, dass man Entscheidungen im therapeutischen Prozess auch als moralische Fragen ansieht.

19 Zu der in dieser Aussage enthaltenen Auffassung von Moral siehe Gernot Böhme, *Ethik im Kontext. Über den Umgang mit ernsten Fragen*, Frankfurt/M. ²1998.

20 Jean-Luc Nancy, *Der Eindringling/L'intrus. Das fremde Herz*, Berlin 2000.

Schon in der Entscheidungssituation expliziert also der Patient seine Weise, Mensch zu sein. Er könnte darin nämlich sich selbst oder genauer: was an ihm Natur ist, einfach distanziert als kartesische Maschine, als reines Körperding betrachten. Oder er könnte diese Natur als zu seinem Selbst gehörig, als Leib, als sein Eigenstes betrachten, also aus seiner innigen Vertrautheit mit sich entscheiden. Natürlich wird man gerade im Leiden seinen Körper als den eigenen nicht los, doch macht es einen Unterschied, ob man ihn quasi als Instrument und Vehikel des Selbst betrachtet oder ob er einem qua Leib dieses Selbst selbst ist und man deshalb die Frage ernst nehmen muss, bis zu welchem Grad man sich durch medizinische Eingriffe manipulieren lassen will.

Weil man im gewöhnlichen, das heißt störungsfreien Leben häufig dahingestellt sein lassen kann, was man für ein Mensch ist, beziehungsweise weil es in der Routine der Üblichkeiten nicht zur Debatte steht, kann der Krankheitsfall quasi zum *experimentum crucis* werden, an dem man expliziert, was man eigentlich ist. Doch umgekehrt definiert man sich durch die Therapiewahl – jedenfalls in gravierenden Fällen – erst in seiner *condition humaine*. So entfremdet etwa man seinen Leib zum Körperding, oder aber man eignet sich ihn gerade durch Schmerz und Leid erst eigentlich an. Allgemeiner gesehen kann man das Krankheitsgeschehen entweder als lästige Störung in der Leistungsexistenz auffassen und sich in dessen Bewältigung als Leistungs-Ich bewähren, oder man kann die Krankheit auch als Chance sehen, sich selbst in seiner betroffenen Selbstgegebenheit – und damit in seiner pathischen Existenz, die letztlich unausweichlich zum Menschsein gehört, zu finden.

Noch deutlicher wird diese Differenz, wenn man die Folgen einer Therapieentscheidung für das künftige Leben betrachtet. Denn was man so als Risiken und Nebenfolgen bezeichnet, betrifft ja häufig nicht nur den Zeitpunkt des Eingriffs oder der Therapie. Vielmehr sind mit Therapien häufig bleibende Folgen verbunden, durch die die Randbedingungen der dann noch möglichen Lebensform definiert sind. So ist, was man bei Krebstherapie traditionell als die Alternative *Stahl oder Strahl* bezeichnet, nicht nur eine Frage des Risikos, vielmehr bestimmt ja bei Frauen die Brustamputation und bei Männern die Prostatasektion, was für die Betroffenen dann in der Zukunft als Sexualität gelebt werden kann. Entsprechend gilt bei Transplantationen: Wer einen solchen Eingriff wählt, entscheidet sich zugleich für ein Leben, das wegen der notwendigen Unterdrückung des Immunsystems von weiteren Medikationen abhängig wird und durch Meidungsstrategien, etwa durch Vermeidung der Teilnahme am öffentlichen Leben, geprägt ist.

Ich habe um der Deutlichkeit willen drastische Beispiele gewählt. Doch man sollte sich nicht darüber täuschen, dass man auch durch alltägliche Entscheidungen, wie man mit seinen Krankheiten und Unpässlichkeiten umgeht, beständig sich selbst in seinem Verhältnis zum Leib bestimmt und Schritt für Schritt die Lebensform definiert, die man als die eigene ansieht.

Embodiment, Leib und der mündige Patient

1. Vorbemerkung

Dies ist ein Beitrag zur Ethik medizinischer Technologie, die auf das Gehirn angewandt wird. Ich werde mich dabei auf *Deep Brain Stimulation* (DBS) konzentrieren, mit einem gelegentlichen Seitenblick auf *Transcranial Magnetic Stimulation* (TMS). Diese beiden Typen von Hirnstimulation unterscheiden sich nicht nur technisch, sondern ethisch erheblich: Bei DBS handelt es sich um eine bleibende Implantation im Gehirn, bei TMS um eine vorübergehende, wenn auch wiederholte therapeutische Behandlung; DBS ist invasiv in dem Sinne, dass über Gehirnchirurgie Sonden im Gehirn implantiert werden, TMS ist nicht invasiv, insofern es sich um eine Stimulation handelt, die von außerhalb des Kopfes angebrachten Elektroden ausgeht; DBS wird – zumindest heute – im Wesentlichen bei Bewegungsstörungen, insbesondere bei Parkinson, angewandt, während TMS eine Therapie ist, die heute bei psychiatrischen Störungen, insbesondere bei schwerer Depression (*Mayor Depressive Disorder*, MDD), zum Einsatz kommt; schließlich ist DBS eine in Bezug auf bestimmte Hirnregionen gezielte Stimulation, während TMS zwar auch auf eine bestimmte Region zielt, zudem aber, weil sie von außerhalb der Hirnschale kommt, einen Teil oder trichterförmigen Bereich von der Hirnschale bis zu dem gewünschten Areal erfasst.

2. Ethische Fragen

Charakteristisch für die Behandlung ethischer Fragen in Bezug auf Hirnstimulation ist, dass der Schwerpunkt fast durchweg auf der Ethik der Ärzte liegt und dort nun wieder auf dem Bereich des *informed consent.*[1] Was das Letztere angeht, so sind die Ausführungen

1 Siehe dazu Paul B. Fitzgerald, Zafiris J. Daskalakis, »A Practical Guide to the Use of Repetitive Transcranial Magnetic Stimulation in the Treatment of Depression«, in: *Brain Stimulation* 5 (2012), S. 287-96; Emily Bell u. a., »Preparing the Ethical Future of Deep Brain Stimulation«, in: *Surgical Neurology* 72 (2009), S. 577-586; Björn Schmitz-Luhn u. a., »Law and Ethics of Deep Brain Stimulation«, in: *Inter-*

ziemlich unspezifisch, weil sie nach Art. 2 Abs. 2 des Grundgesetzes, nämlich dem Recht auf Leben und körperliche Unversehrtheit, praktisch alle medizinischen Eingriffe betreffen. Bei Gehirnstimulation kommt allenfalls noch hinzu, dass man im Sinne des *Embodiment*-Ansatzes das Gehirn als Sitz des Selbst betrachten muss, so dass man mit dem Prinzip des *informed consent* in diesem Fall dem Patienten quasi eine Selbstaussetzung abverlangt: Er stimmt nicht nur dem Eingriff in etwas *an* ihm zu, sondern einem Eingriff, der quasi auf ihn selbst gerichtet ist. Dass der Ernst dieser Entscheidung in der Regel nicht gesehen wird, liegt auch daran, dass das Prinzip des *informed consent,* das zwar – insbesondere in Reaktion auf die unmoralischen medizinischen Experimente an und mit Menschen im Naziregime[2] – ursprünglich dem Schutz des Patienten dienen sollte, heute aber vorwiegend eine Absicherung der Ärzte gegenüber Haftungsansprüchen darstellt. Das hat zur Folge, dass die Informationen, die dem Patienten bezüglich des geplanten Eingriffs vorgelegt werden, in der Regel nur ein Abwägen von Nutzen und Schaden ermöglichen – was der Patient in der Regel geneigt ist dem Arzt zu überlassen. Freilich muss der Patient auch den möglicherweise eintretenden langfristigen Folgen des Eingriffs zustimmen. Das heißt, der Patient muss darüber entscheiden, wie er in Zukunft, also nach dem Eingriff, leben will. Darauf ist weiter unten unter dem Stichwort des *mündigen Patienten* einzugehen.[3] Jedenfalls wird in der Literatur bereits das Problem behandelt, dass der Patient gegebenenfalls mehr als Information braucht, nämlich Beratung[4] – und damit die Frage, ob der beratende Arzt nun wiederum für die Folgen seiner Beratung haftbar gemacht werden kann.

national Journal of Law and Psychiatry 35 (2012), S. 130-136; Ryan A. Grant u. a., »Ethical Considerations in Deep Brain Stimulation for Psychiatric Illness«, in: *Journal of Clinical Neuroscience* 21 (2014), S. 1-5; Eine gute Auswertung der vorgetragenen ethischen Argumente findet sich in Dieter Sturma, Dirk Lanzerath (Hg.), *Tiefe Hirnstimulation. Neurologische, psychiatrische und philosophische Aspekte*, Freiburg 2016.

2 Siehe Andreas Frewer, »Moralische Probleme medizinischer Forschung – Argumentationsprofile in der Zeitschrift *Ethik* und ihr Kontext« und Rolf Winau, »Versuche mit Menschen – historische Entwicklung«, beide in: Gernot Böhme u. a. (Hg.), *Fragwürdige Medizin. Unmoralische Forschung in Deutschland, Japan und den USA im 20. Jahrhundert*, Frankfurt/M. 2008, S. 39-51 und S. 52-79.

3 Siehe dazu auch das Kapitel »Der mündige Patient« in diesem Band.

4 Siehe Schmitz-Luhn u. a., »Law and Ethics of Deep Brain Stimulation«, S. 134.

In der Literatur wird auch das Problem behandelt, das auch bei anderen Krankheitsfällen auftreten kann, nämlich dass der Patient gerade in dem Moment, in dem ihm ein *informed consent* abverlangt wird, aufgrund seines Krankheitszustandes nicht im vollen Sinne entscheidungsfähig ist.

Die Forderung des *informed consent* wie auch die in der Literatur erwähnte Bedingung des *Vorgehens nach dem Stand der medizinischen Forschung* beziehungsweise *der Technik* dürften allgemeingültig sein.[5] Spezielle Probleme kann – oder kann in Zukunft – die Forderung der *Indikation des Eingriffs* mit sich bringen. Gerade die Technologie der Gehirnstimulation könnte auch ohne medizinische Indikation, nämlich als Verfahren des Gehirn-*enhancement*, angewandt werden. Stimulation bestimmter Bereiche im Gehirn könnten gegebenenfalls zur Leistungssteigerung des Gehirns erwünscht sein – ein entsprechendes Hirndoping und die entsprechenden ethischen Probleme kennt man schon aus dem Bereich der Psychopharmaka, insbesondere des Ritalin. Mag das bei DBS bisher noch eine sich nur in der Zukunft abzeichnende Möglichkeit sein, so ist sie jedoch aktuell bereits bei einem anderen – nun für DBS spezifischen – Problem, nämlich der bei manchen Patienten gegebenen beziehungsweise notwendigen ›Umschaltmöglichkeit‹. Diese hat durch den oben geschilderten Fall Helmut Dubiel[6] eine gewisse Publizität erlangt: Es handelt sich um einen Fall, bei dem die Nebenfolgen der durch Parkinson indizierten Hirnstimulation derart sind, dass der Patient zeitweise eine Unterbrechung der Stimulation wünscht und durch die Betätigung eines Umschaltmechanismus diese auch aussetzen kann, um die durch die Stimulation ausgefallene Fähigkeit – es handelt sich um die Sprechfähigkeit – wiederzuerlangen. Hier haben wir erstmalig mit einer Entscheidung zu tun, die nicht nur im allgemeinen Sinn als ethisch, sondern im engeren Sinn als moralisch zu bezeichnen ist,[7] insofern hier der Pa-

5 Siehe ebd., S. 131: » [The] rules of professional conduct«; siehe für den Bereich Technik: DIN Deutsches Institut für Normung e.V. (Hg.), *Regeln und Normen in Wissenschaft und Technik*, Berlin 1984.

6 Helmut Dubiel, *Tief im Hirn*, München 2006. Siehe dazu auch den Abschnitt (c) »Invasive Technisierung« im Kapitel »Die Technik rückt uns auf den Leib: Invasive Technisierung« in diesem Band.

7 Siehe Gernot Böhme, *Ethik im Kontext. Über den Umgang mit ernsten Fragen*, Frankfurt/M. ²1998, und ders., *Ethik leiblicher Existenz*, Frankfurt/M. 2008.

tient durch den medizinisch-technischen Eingriff die Möglichkeit erhält, momentan zwischen zwei Grundzuständen seiner Konstitution und leiblich bedingten Fähigkeiten zu wählen, wobei er sich als Wählender zu einer rein intellektuellen Instanz macht[8] – also alles andere als ein *embodied mind* ist.

Besondere Aufmerksamkeit wird in der ethischen Literatur zur Gehirnstimulation der Patientenauswahl gewidmet. Hier handelt es sich insbesondere um die Gefahr, dass Gehirnstimulation Symptome oder Krankheitsanlagen aktivieren könnte, die gerade mit der Hyperaktivität des Gehirns, wie bei epileptischen Anfällen, oder mit unausgeglichenen Schwankungen von Überaktivität und Unteraktivität, wie bei manischen Zuständen, zusammenhängen.[9] Neues in die Diskussion wurde durch das Konzept der Bewegungsfreiheit (*motor freedom*) auf dem Freiburger Symposion »Mechanized Brains, Embodied Technologies, Restored Movements« im Januar 2017 von Julia S. Voigt eingeführt. Das Konzept des *embodied mind* wird darin besonders ernst genommen: Nicht die Freiheit, aber das Freiheitsgefühl eines Menschen wird fundamental als Bewegungsfreiheit erfahren. Hieraus können sich starke ethische Motive für Eingriffe ergeben, die Einschränkungen der Bewegungsfreiheit beheben. Dies ist ein Teilaspekt, und zwar ein positiver, für die Tatsache, dass Gehirnstimulation allgemein eine Modifikation des Selbst eines Menschen im Sinne des *embodied mind* darstellt. Darauf wird in der entsprechenden Literatur zwar hingewiesen, doch werden die damit verbundenen Probleme nicht ausgeführt, vermutlich weil ein Konzept des Selbst als *embodied mind* dafür nicht ausreicht.

8 Siehe Platon, *Alkibiades I.* Sokrates führt hier im Gespräch mit Alkibiades den Unterschied zwischen dem Gebrauchenden und dem, was er gebraucht, ein. Daraus folgert er, dass das Selbst als die gebrauchende Instanz gänzlich vom Körper (*soma*) verschieden ist.

9 Siehe Fitzgerald/Daskalakis, »A Practical Guide to the Use of Repetitive Transcranial Magnetic Stimulation in the Treatment of Depression«, S. 292.

Damit haben wir zwei Punkte berührt, die die Grenzen des *embodiment*-Konzepts betreffen:

(a) Durch das Mittragen einer Therapieentscheidung entscheidet der Patient sich zugleich dafür, eine möglicherweise daraus folgende Änderung seiner Lebensweise, und das heißt seiner leiblichen Existenzform hinzunehmen. Das Konzept des *embodiment* ist aber von Merleau-Ponty her – und weiter zurückgreifend von Jean-Paul Sartre her – durch das Konzept von Leben als Handeln bestimmt. *Embodiment* bedeutet, dass ein Selbst – das als solches unkörperlich ist – sich handelnd im Körper realisiert. Man nennt das *enacting*. Dagegen hat schon Nietzsche gesagt »Dein Leib ist dein Selbst«.[10] Damit weist er auf die Tatsache, dass man sich selbst *gegeben* ist: Man erfährt, was man selbst ist, vom Leib her. Es fehlt also im Konzept des *embodiment* die Seite des Pathischen.

(b) Die Thematisierung der Bewegungsfreiheit zeigt, dass das Freiheitsgefühl auf dem leiblichen Spüren von Freiheit beruht. Nach dem *embodiment*-Konzept wäre Bewegungsfreiheit nur die körperliche Realisierung einer intellektuellen Entscheidungsfreiheit – so wie sie beispielsweise durch die Umschaltmechanismen bei DBS-Implantationen gegeben ist. Ein analoger Fall dazu ist die Substitution von Körpergefühl in der Bewegung durch optisch geleitete und kontrollierte Bewegungsimpulse.[11] So verdienstvoll das Konzept des *embodiment* ist,[12] so muss es doch durch das Konzept des Leibes zumindest ergänzt werden, wie es in der Neuen Phänomenologie durch Hermann Schmitz[13] eingeführt wurde. Zwar hätte man das Thema Leib durchaus auch in direkter Nachfolge von Merleau-Ponty entwickeln können, so wie es ja auch in dem grundlegenden Buch von Varela, Thompson und Rosch in der

10 Friedrich Nietzsche, »Von den Verächtern des Leibes«, in: Ders., *Werke in drei Bänden*, hg. v. Karl Schlechta, Bd. 2: *Also sprach Zarathustra*, München 1954, S. 300-302.

11 Die Einschränkung der Bewegungsfreiheit bei Parkinson ist so *ernst* zu nehmen – nicht etwa, weil es dem Patienten an Möglichkeiten mangelte, seine Entscheidungen zu realisieren, sondern weil sein Freiheitsbewusstsein seiner Basis im leiblich gespürten Freiheitsgefühl beraubt ist.

12 Siehe dazu Francisco J. Varela u. a., *The Embodied Mind. Cognitive Science and Human Experience*, Cambridge ²1992, S. 175.

13 Hermann Schmitz, *System der Philosophie*, Bd. II.1: *Der Leib*, Bonn 1966.

Einleitung heißt, es sei »für die westliche wissenschaftliche Kultur notwendig, dass wir unsere Körper sowohl als physische Strukturen als auch als gelebte und erfahrene Strukturen begreifen«.[14] Nur ist man bis zu Schmitz hin nicht der Frage gefolgt, worin eigentlich der erfahrene Körper – Schmitz würde sagen, der gespürte Körper – besteht, so dass im *embodiment*-Konzept der Körper auch weiterhin als der Gegenstand objektiver Forschung verstanden werden kann, so zum Beispiel das Gehirn als *embodied mind*. Die Einführung des *embodiment*-Konzepts durch das genannte Buch von Varela et. al. wird als eine Ergänzung beziehungsweise eine Erweiterung der *Cognitive Science* verstanden. Das hat zur Folge, dass weiterhin, so wie der *body* als der physische Körper, das Selbst als das intellektuelle Selbst aufgefasst wird.

Dagegen ist der Leib als räumlich ausgedehntes Spüren im Sinne von Hermann Schmitz eine subjektive Tatsache, das heißt, man kann über leibliche Zustände beziehungsweise Regungen nur in der ersten Person sprechen. Ferner ist der Leib das Hauptbeispiel *betroffener Selbstgegebenheit* (also des Pathischen).[15] Es ist das Selbst, das uns als Mannigfaltigkeit von Beständen und Regungen *gegeben* ist – und nicht etwa als mehr oder weniger widerständiges und nützliches Instrument eines handelnden Subjektes entdeckt wird.

Die Neue Phänomenologie hat durch Analyse des leiblichen Spürens eine Reihe von strukturellen Zusammenhängen entdeckt, durch die sich der gespürte Leib deutlich formal von dem objektiv erforschbaren Körper unterscheidet. So ist der Körper in Bezug auf die Orte und Plätze homogen, der Leib dagegen nicht. Im Körper sind Teile durch Abstände von anderen zu bestimmen, im Leib dagegen gibt es ein absolutes *Hier*. Ferner: Der Körper ist isotrop, das heißt, qua Körper sind in ihm keine Richtungen ausgezeichnet. Dagegen enthält der gespürte Leib ausgezeichnete Richtungen wie beispielsweise nach oben, nach unten, nach rechts, nach links, nach vorne, nach hinten. Ferner: Der Körper ist durch seine Haut begrenzt und steht mit einer Umgebung in einer Stoffwechselbeziehung. Der Leib dagegen, das heißt das ausgedehnte leibliche Spüren, ist unbegrenzt und kann je nach Stimmung mehr oder weniger über die körperlichen Grenzen hinausgreifen. Ferner: Der Körper

14 Varela u.a., *The Embodied Mind*, S. XV; meine Übersetzung.

15 Siehe zur Einführung dieses Begriffs Gernot Böhme, *Gut Mensch sein. Anthropologie als Proto-Ethik*, Zug 2016.

gliedert sich in Organe, deren Wechselwirkung und System seine Ganzheit ausmachen. Dagegen ist der gespürte Leib durch Leibesinseln bestimmt, das heißt durch räumlich gespürte Gegenden, die mehr oder weniger je nach Stimmungslage und Praxis des Spürens ineinander übergehen können und gegebenenfalls – wie im autogenen Training – zu einem ganzleiblichen Spüren führen können. Ferner ist der Leib aber auch gegeben durch eine Mannigfaltigkeit von Höhlungen, die durch ein Oberflächengespür gegeben sind. Dieses Gespür kann durch Füllungen wie durch die Luft beim Atmen oder durch das wachsende Kind in der Schwangerschaft angeregt werden.[16]

3. Ethische Konsequenzen

Wir konzentrieren uns im Folgenden auf die ethischen Konsequenzen für den Patienten. Zusammengefasst: Er soll ein mündiger Patient sein. Doch was heißt das?

Allgemein gilt, was auch sonst von Mündigkeit zu erwarten ist, nämlich dass der Patient eine handlungsfähige und verantwortliche Person ist. Doch im Fall medizinischer Eingriffe, insbesondere bei DBS, ist er in seiner leiblichen Existenz[17] betroffen. In dieser ethischen Situation muss der Mensch berücksichtigen, dass er leiblich sich selbst gegeben ist. Er muss also achtsam[18] mit seiner Leiblichkeit umgehen. Daraus folgt, dass er die durchschnittliche Handlungs- und Herstellungshaltung überwinden muss. Es geht für den Patienten nicht an, einem Verhalten zuzustimmen, das einen funktionalen Umgang mit seiner Leiblichkeit bedeuten würde. Doch ist ihm klar, dass der Arzt den Eingriff genau so sehen muss. Daraus folgt, dass sein Anteil, also der Anteil des Patienten im Entscheidungsprozess, genau dieses ist, nämlich das Einbringen der leiblichen Perspektive. Das ist vor allem dann relevant, wenn die Therapieentscheidung eine Entscheidung zwischen möglichen alternativen Therapien oder aber, wie beim DBS, zwischen Alternativen des chirurgischen Vorgehens ist.

16 Siehe Ute Gahlings, *Phänomenologie der weiblichen Leiberfahrungen*, Freiburg ²2016.

17 Siehe Böhme, *Ethik leiblicher Existenz.*

18 Siehe die entsprechenden Kapitel in Böhme, *Gut Mensch sein.*

Die wichtigste Alternative, die sich gegenwärtig durch den Fortschritt der chirurgischen Techniken abzeichnet, ist die Wahl zwischen dem Einbringen der Sonde und der erkundenden Stimulationen während dieses Einbringens unter Vollnarkose oder aber bei bloß örtlicher Betäubung, wobei der Patient bei vollem Bewusstsein Rückmeldungen darüber geben kann, wie er die erkundenden Stimulationen erfährt. Um sich überhaupt auf diese Entscheidungsalternative einzulassen, ist vom Patienten ein Minimum an Schmerzbereitschaft zu erwarten.

Ferner muss der Patient in diese Entscheidungssituation das Bewusstsein einbringen, dass es *um ihn selbst geht*, dass er qua Leib subjektiv betroffen ist. Es ist genau dieses Moment der subjektiven Betroffenheit, das er in den Entscheidungsprozess einbringen muss. Alles was die naturwissenschaftlichen Rahmenbedingungen und die medizinische Indikation angeht, kann der Arzt ohnehin besser beurteilen, und der unreife oder träge Patient möchte es in der Regel am liebsten dabei belassen. Man muss dann mit Kant von »selbstverschuldeter Unmündigkeit« sprechen. Es ist daran zu erinnern, dass Kant genau hierin die selbstverschuldete Unmündigkeit sieht, nämlich dass man die Sorge für sich dem Experten überlässt: »Habe ich ein Buch, das für mich Verstand hat, einen Seelsorger, der für mich Gewissen hat, einen Arzt, der für mich die Diät beurteilt [...], so brauche ich mich ja nicht selbst zu bemühen.«[19] Um diese subjektive Beurteilung der Situation einzubringen, muss der Patient eine Klarheit darüber besitzen, was zu ihm passt, und – insbesondere für die zu erfahrenden Operationsfolgen – wissen, was seine bevorzugte Lebensweise ist.

Soll der Patient mündig sein, so darf er also bei Therapieentscheidungen die Alternativen nicht einfach wie bei Kaufentscheidungen – was ist das beste Angebot? – beurteilen. Er muss vielmehr herausfinden, wie er das vom Arzt angebotene Vorgehen in sein Selbstverständnis integrieren kann, er muss herausfinden, ob es beziehungsweise welche Alternative zu seiner leiblichen Existenz passt. Man kann das auch so formulieren: Er muss herausfinden, wie er sich bei dieser oder jener Alternative *fühlt.* Ein mögliches

19 Immanuel Kant, *Beantwortung der Frage: Was ist Aufklärung?*, in: Ders., *Werke in 6 Bänden*, hg. v. Wilhelm Weischedel, Darmstadt 1964, Bd. VI, S. 53; der Ausdruck »Diät« wird bei Kant noch wie bei Galen im Sinne von »Lebensführung« verwendet.

Vorgehen dabei wurde von Gendlin als die Methode des *Focusing* vorgeschlagen: Bei einer anstehenden Entscheidung versenkt man sich probeweise mit Phantasie und Meditation in die eine und andere Alternative, um zu spüren, wie man jeweils sich dabei fühlt.[20]

Das führt uns zu der Frage, welche Voraussetzungen geschaffen werden müssen, damit jemand zu einem *mündigen Patienten*[21] wird. Diesen Teil der ethischen Konsequenzen aus der Perspektive leiblicher Existenz können wir als Selbstsorge bezeichnen.[22] Es geht um die Frage, wie man sich vorbereiten muss, um im Ernstfall, also auch unter Bedrängnis, sich als mündiger Mensch verhalten zu können.

Selbstverständlich gehört zu einer solchen Vorbereitung auch Information: Man muss sich über therapeutische Alternativen informieren. Diese Information kann in der Regel dem Patienten bei aller Bemühung um Aufklärung nicht hinreichend gegeben werden, weil jeder Arzt selbstverständlich seiner medizinischen Disziplin verpflichtet ist und es nicht zu seiner Profession gehört, Alternativen zu seinem Vorgehen im Detail zu kennen. Schon eher kann er den Patienten darüber informieren, was er zu gewärtigen hat, wenn er sich überhaupt *gegen* einen therapeutischen Eingriff entscheidet. In jedem Fall aber muss der Patient sich auch aus eigener Initiative informieren. Ferner muss er ein Selbstbewusstsein entwickeln, das ihm auch gegenüber dem Experten, hier speziell dem Arzt, ein gewisses *Standing* ermöglicht. Das ist keineswegs einfach, insbesondere weil das Arzt-Patienten-Verhältnis bei uns noch immer paternalistisch strukturiert ist und der Patient als Leidender nur allzu gern sich der Fürsorge eines anderen überlässt. Doch man kann, was hier verlangt wird, nämlich die Bewahrung der Autonomie im sonstigen Leben, das heißt wo es nicht gerade um Therapieentscheidungen geht, im Umgang mit anderen Experten durchaus einüben.

Dies sind die allgemeinen Voraussetzungen für ein Verhalten als mündiger Patient: Kenntnisse von alternativen Therapiemög-

20 Siehe Eugene T. Gendlin, *Focusing: Selbsthilfe bei der Lösung persönlicher Probleme*, Reinbek bei Hamburg [11]2012.

21 Siehe das entsprechende Kapitel in diesem Buch.

22 Diesen Begriff habe ich in den medizin-ethischen Zusammenhang eingeführt in meinem Aufsatz »Die Sorge um sich – Prävention als Lebenspraxis«, in: Siegfried Höfling, Otto Gieseke (Hg.), *Gesundheit im Alltag*, München 2003, S. 148-161.

lichkeiten und ein selbstbewusstes Auftreten gegenüber dem Arzt. Jeder Mensch muss aber in der Sorge um sich weitere Voraussetzungen schaffen, die es ihm ermöglichen werden, im Ernstfall als mündiger Patient zu entscheiden. So wurde bisher einfach vorausgesetzt, dass es in einer solchen Entscheidung für den Patienten relevant ist, dass er von dieser Entscheidung leiblich betroffen ist, dass es um ihn in seiner leiblichen Existenz geht. Doch unsere durchschnittliche Lebensweise in der technischen Zivilisation der Leistungs- und Konsumgesellschaft hat in den meisten Menschen eine Haltung einsozialisiert, in der sie sich in ihrer leiblichen Existenz kaum kennengelernt haben. Sie verstehen sich in ihrer Natur als Körper, der allenfalls wichtig ist als Träger und als Grund ihrer Existenz als Person.[23] Daraus folgt, dass zur Ausbildung der Mündigkeit leibliche Übungen gehören, durch die ein Mensch sich in dieses Gefühl einübt: Dies ist mein Leib. Er muss lernen, sich in seiner eigenen Natur zu Hause zu fühlen. Mögliche Übungen in dieser Hinsicht sind beispielsweise das autogene Training oder auch das Verfahren der »Einfühlung«, wie es von Ingrid Moser[24] in Hart bei Graz entwickelt wurde.

Ferner geht es um das Kennenlernen und Ernstnehmen leiblicher Regungen. Sie werden nur allzu leicht einfach als Symptome eines objektiven Sachverhaltes genommen. Der Mensch muss lernen, das in jeder leiblichen Regung implizierte Gefühl der Betroffenheit wahrzunehmen und ernst zu nehmen. Auch hier wieder ist eine gewisse Schmerzbereitschaft Voraussetzung. Der Mensch, der ein mündiger Patient werden will, muss lernen, leibliche Regungen und auch Schmerzen nicht nur als Beeinträchtigung seiner Kondition und Störungen in seinen Leistungsmöglichkeiten zu verstehen, sondern als Vergewisserung in seiner leiblichen Existenz und in Erinnerung daran, dass *es jetzt um mich geht*. Um das durch die Analogie deutlich zu machen: Heidegger hat darauf hingewiesen, dass ein Werkzeug, wenn es gut und intakt ist, im Gebrauch quasi in der Unauffälligkeit verschwindet. Nur wenn etwas stört,

23 Genauso sieht Kant »Pflichten gegen sich selbst«. Man muss sich um den eigenen Körper kümmern, weil er Träger und Ermöglichungsgrund der bewussten Person ist. Siehe dazu meinen Aufsatz »Pflichten gegen sich selbst«, in: Böhme, *Ethik leiblicher Existenz*, S. 59-67.

24 Siehe Ingrid Maria Moser, *Spirituelle Einfühlung. Ein Weg zur Ganzheit*, Hart bei Graz 2010.

wenn etwas defekt ist, wird es in seiner Vorhandenheit auffällig. Entsprechend gilt beim Menschen im Verhältnis zu seiner Natur: Er erfährt *den Leib als die Natur, die er selbst ist*, insbesondere dann, wenn der Leib sich durch eine Regung wie den Schmerz meldet.

Abschließend noch eine Bemerkung zur Leib-Biographie. In der Leib-Philosophie hat insbesondere Ute Gahlings herausgearbeitet, dass der Leib als die Natur, die wir selbst sind, nicht einen festen Bestand darstellt, dass sich vielmehr im Lauf des Lebens das leibliche Spüren wandelt. Das betrifft sehr wohl das, was man sonst Reifen und Altern nennt, aber eben auch die geschlechtsspezifischen Einschnitte beziehungsweise die dadurch definierten Lebensphasen, die populär etwa unter Stichworten wie *Pubertät* oder *Wechseljahre* bekannt sind. Das leibliche Spüren hat also selbst seine biographische Entwicklung. Daraus folgt für den Patienten, dass, was er als Krankheits- oder auch Therapiefolgen zu gewärtigen hat, nicht bloß als Störung oder Beeinträchtigung seines Selbstgefühls verstanden werden darf, vielmehr muss er lernen, sie als Wandel in seine leibliche Selbsterfahrung zu integrieren. Auch darum muss man sich eigens kümmern, sonst läuft man Gefahr, sich nur noch als behindert wahrzunehmen, wenn man an einem starren Selbstverständnis einer habitualisierten Lebensform festhält. Beispiele dafür sind Krankheits- beziehungsweise Therapiefolgen, die eine Änderung in der Ernährungsweise verlangen oder eine *Einschränkung* sexueller Praktiken mit sich bringen. Die ethische Situation bei mündigen Therapieentscheidungen kann also nicht einfach zum Inhalt haben, ob ein Eingriff mir erlaubt, meine bisherige Lebenspraxis beizubehalten, sondern muss auch die Bereitschaft enthalten, die Lebenspraxis zu ändern. Das setzt aber voraus, dass man sich als Mensch in seiner leiblichen Existenz als ständig oder zumindest periodisch in Entwicklung begreift. Krankheit und therapeutischer Eingriff können als Krise verstanden werden in dem Sinne, dass sie einen Entwicklungsschritt in der Leib-Biographie erzwingen oder aber, positiv formuliert: ermöglichen.

Über Hoffnung im Leben mit Krankheit

1. Philosophie der Hoffnung

Hoffnung wird in der Philosophie seit der Antike als ein höchst ambivalentes Gut betrachtet. Textgeschichtlich geht diese Skepsis auf die bei Hesiod überlieferte Sage von Pandora zurück. Zeus schickt die schön gebildete Pandora zu den Menschen, um sich für den von Prometheus verübten Raub des Feuers zu rächen. Prometheus schenkte den Menschen das Feuer, eine Gabe, die paradigmatisch für alle Technologien steht, durch die sie sich von ihrer Naturabhängigkeit Schritt für Schritt versuchen zu befreien. Die schöne Pandora nun bringt als Geschenk des Zeus den Menschen eine Dose voller Übel, durch die sie in ihre Abhängigkeiten von der Natur, also letztlich von den Göttern, zurückgezwungen werden sollen – als da sind Krankheit, Hungersnöte, Naturkatastrophen. Als die Büchse der Pandora durch Unvorsichtigkeit oder Neugier geöffnet wird, verbreiten sich diese Übel überallhin. Voller Schrecken schließt Pandora die Büchse schnell, und es bleibt ein einziges Übel zurück, die Hoffnung.

Die Hoffnung ein Übel? Das ist schwer verständlich und erscheint zumindest paradox. Nietzsche gibt auf diese Frage in seiner Schrift *Menschliches, Allzumenschliches* eine Antwort: »Zeus wollte nämlich, dass der Mensch, auch noch so sehr durch die anderen Übel gequält, doch das Leben nicht wegwerfe, sondern fortfahre, sich immer von Neuem quälen zu lassen. Dazu gibt er dem Menschen die Hoffnung: Sie ist in Wahrheit das Übelste der Übel, weil sie die Qual der Menschen verlängert.«[1] So böse diese Auslegung Nietzsches klingt, hat sie wohl doch das Wahre: Hoffnung ist dasjenige, was die Menschen *trotz allem* veranlasst, *weiterzumachen*.

Doch mit dieser Skepsis haben sich sehr viele, auch viele Philo-

1 Friedrich Nietzsche, *Menschliches, Allzumenschliches*, in: Ders., *Werke in drei Bänden*, hg. v. Karl Schlechta. Bd. 1, München 1954, Aphorismus 71, S. 495. Eine neuere Version dieser kritischen Sicht findet sich in Thomas Manns Roman *Lotte in Weimar*, Berlin 1982, S. 311: »Aber zur Seite schritten in Ketten zwei edle Frauengestalten, deren Bedeutung der Herold amtsgemäß zu entfalten hätte, denn es sind Furcht und Hoffnung, in Ketten gelegt von der Klugheit, welche sie beide dem Publico als arge Menschenfeinde dar- und bloßstellen müßte.«

sophen, nicht abfinden wollen, und so hat schon der römische Fabeldichter Darius im 1. oder 2. Jahrhundert nach Christus eine andere Version der Pandora-Geschichte geliefert: Nach ihm enthielt die Büchse der Pandora keineswegs Übel, sondern menschliche Glücksgüter, und die Hoffnung sei das Letzte und Größte unter ihnen. Dieser Version hat der Philosoph eindeutig den Vorzug gegeben, der dem Thema Hoffnung das bedeutendste Werk der Philosophiegeschichte gewidmet hat, nämlich Ernst Bloch in seinem Werk *Das Prinzip Hoffnung*.[2] Für ihn ist Hoffnung weit mehr als eine Stimmungslage oder Emotion, nämlich eine anthropologische Kategorie, die das Sein des Menschen als ein lebendiges und damit zeitliches Wesen charakterisiert. Hoffnung ist die Offenheit des Menschen gegenüber Kommendem, das Ausgerichtetsein des Menschen auf Zukünftiges, eine anthropologische Dimension, die wesentlich seine besondere Existenzweise ermöglicht. Der traditionelle Gegenspieler der Hoffnung, nämlich die Furcht, ist dagegen eher der defiziente Modus der Hoffnung. Auch sie greift auf die Zukunft aus, aber verschließt dem Menschen eher die Lebensmöglichkeiten und lässt ihn erstarren. Hoffnung hat nach Bloch ihre Wirklichkeit in Tagträumen, Wünschen, Antizipationen. Bloch will damit in Analogie zu Sigmund Freud das noch nicht Bewusste als eine wesentliche Dimension des Menschen rehabilitieren. Freilich darf man nicht übersehen, dass diese anthropologischen Absichten Blochs eingebettet waren in eine *progressive* Gesellschaftstheorie, die im Gewande des Marxismus die Utopie einer sozialistischen oder kommunistischen Gesellschaft als die Erlösung von allen Übeln konzipierte. So gesehen muss Blochs großangelegte Positivierung der Hoffnung als ein historischer Spätling betrachtet werden, der alsbald durch die Einsicht der ungeheuren Unkosten utopischen Denkens im Faschismus und Stalinismus wiederum der Skepsis weichen musste.

2. Leben mit Krankheit

Es mag sein, dass das Buch *Mit Krankheit leben*,[3] das ich gemeinsam mit meiner Frau Farideh Akashe-Böhme geschrieben habe,

2 Siehe Ernst Bloch, *Das Prinzip Hoffnung* [1938-1947], Frankfurt/M. 1989.

3 Farideh Akashe-Böhme, Gernot Böhme, *Mit Krankheit leben. Von der Kunst, mit Schmerzen und Leid umzugehen*, München 2005.

von dieser Skepsis gezeichnet ist. Jedenfalls scheint mir rückblickend, dass wir dem Thema Hoffnung zu wenig Aufmerksamkeit gewidmet haben – was ich in diesem Beitrag nachholen möchte. Das mag aber auch damit zusammenhängen, dass uns in diesem Buch Sterben und Tod nicht Thema geworden sind. Vielmehr ging es ja um die Frage, wie Krankheit selbst als Lebensvollzug zu leben sei. Wenn man aber unsere These, dass Krankheit nicht eine Unterbrechung oder auch nur Störung oder ein Einwand gegen das Leben ist, sondern eben zum Leben gehört, so könnte man auch sagen, dass ebenso Sterben genuin zum menschlichen Leben gehört.

Die Grundthese unseres Buches war, dass Krankheit und Gesundheit keine sich ausschließenden Gegensätze seien. Gesundheit sei keineswegs, wie nach der Definition der World Health Organisation, als »physisches, psychisches und soziales Wohlbefinden«, als Abwesenheit von Krankheit und Schmerz zu sehen. Vielmehr bestehe die eigentliche Gesundheit in der Fähigkeit, mit Krankheit fertig zu werden. Es ist klar, dass dieses Denken hauptsächlich sein Anwendungsfeld bei den – im Übrigen quantitativ häufigsten – chronischen Krankheiten, bei Behinderung und bleibenden Folgen von akuten Krankheiten hat. Wenn deshalb unser Buch den Untertitel »Von der Kunst, mit Schmerz und Leid umzugehen« trägt, so geht es damit um das Leben-Können, nicht um das Sterben-Können.

Die Hoffnung nun hat innerhalb dieses Buches seinen genuinen Ort in dem Kapitel »Die Mobilisierung der inneren Kräfte«. Hier geht es darum, was durch die Lebenshaltung eines Menschen, seine Gestimmtheit, seine Gedanken und Einstellungen für die Bewältigung von Krankheit geleistet wird. Dabei diskutieren wir auch das sogenannte positive Denken, das ja heute landläufig als heilsame Selbstsuggestion empfohlen wird und auch in der Salutogenese seinen Platz hat. Freilich sind wir auch hier skeptisch. »Man muss bei der Mobilisierung der inneren Kräfte an eine bereits vorhandene Einstellung, an eine Motivation, an eine Lebenspraxis anknüpfen können. Es wird wenig nützen, einem Patienten, der im Zusammenhang mit seiner Krankheit in eine tiefe Depression gefallen ist, zu raten, nun doch *positiv zu denken.*«[4] Hoffnung wird gar nicht erwähnt. Das hat denselben Grund, den wir gegen den Rat, »po-

4 Ebd., S. 78 f.

sitiv zu denken«, angeführt haben. Der Rat nützt wenig, wenn er nicht bereits an eine durch die Grundkonstitution gegebene oder durch die Lebenspraxis erworbene Grundhaltung des Menschen anknüpft, also an ein Potential, das in seiner psychischen und leiblichen Konstitution bereits gegeben ist. Es geht deshalb bei der Mobilisierung der inneren Kräfte zur Bewältigung der Krankheit nicht darum, dass man vom Bewusstsein her seiner Natur mächtig wird, sondern vielmehr darum, dass man sich auf das Vertrauen in die eigene Natur einlässt. Wir zitieren deshalb auch in diesem Zusammenhang das traditionelle *medicus curat, natura sanat*.

Wir sprechen also lieber von Vertrauen als von Hoffnung.

Das hat auch mit dem zweiten Grund zu tun. Man denkt Hoffnung gewöhnlich als Antizipation des Guten, so wie Furcht als Antizipation des Übels. Man muss nicht unbedingt so denken. Faktisch aber wird Hoffnung in der Regel nicht als eine Dimension des Gegenwärtigseins verstanden, sondern gerade als ein Herausspringen aus der Gegenwart in eine *erhoffte* Zukunft. Das impliziert auch, dass das erhoffte Gut gerade nicht aus der eigenen inneren Entwicklung, sondern von außen erwartet wird – sei es durch einen Zufall oder ein Gottesgeschenk – oder aber im Krankheitsfall als eine Wirkung von Therapien, Medikamenten und letztlich von neuen wissenschaftlichen Erkenntnissen. So gesehen ist Hoffnung überhaupt nicht eine Form der Mobilisierung innerer Kräfte, sondern im Gegenteil die Erwartung, dass irgendwelche äußeren Ereignisse und Mächte es richten werden. So erweist sich Hoffnung im Krankheitsfall als Fluchttendenz, die von anderen Menschen suggerierte Hoffnung als Versuch, den Kranken daran zu hindern, sich über seine Lage klarzuwerden, also als illusionistische Strategie.

3. Suggerierte Hoffnung und die Eskalation von Therapie

Damit nähern wir uns dem eigentlich ernsten Thema *Hoffnung*, nämlich dem Einsatz von Hoffnung dafür, den Patienten in der Folge ärztlicher Therapiemaßnahmen *bei der Stange* zu halten. Von Seiten der Ärzte ist eine Eskalation der Therapiemaßnahmen in einer Situation, in der sich das Ende eines Lebens abzeichnet, durch den Hippokratischen Eid nahegelegt, wenn nicht gar geboten. Für den Patienten bedeutet das aber, dass ab einer bestimmten, schwer zu bestimmenden Grenze nur noch das Aushalten der jeweiligen Therapie bleibt. So etwas geschieht beispielsweise häufig im Verlauf einer Krebserkrankung, bei der man etwa nach einer Operation dann, wie suggeriert wird, prophylaktische Chemotherapie und Bestrahlung anwendet und schließlich bei Rezidiven und dem Auftreten von Metastasen seine Zuflucht in immunsuppressiven Mitteln zur Unterdrückung oder Verlangsamung von Zellteilung sucht und in der Verabreichung von Antikörpern und schließlich zu erneuten Bestrahlungen schreitet, die dem Patienten zwar noch als Therapien vorgestellt werden, faktisch aber schon palliativ, also schmerzlindernd eingesetzt werden. Oder um einen anderen, besonderen Fall zu erwähnen: Ein Patient, nahe 80, sicher schon geschwächt durch Knieprobleme und Herzkrankheit, stürzt im Badezimmer. Untersuchungen ergeben keinen Bruch, keine Gehirnerschütterung, doch es treten in den nächsten Tagen epilepsieähnliche Krämpfe auf. Der Patient wird ruhiggestellt durch künstliches Koma, liegt auf der Intensivstation. Es folgen Intubation, künstliche Beatmung, dann kommt ein externer Herzschrittmacher dazu, der Patient holt sich auf der Intensivstation eine Lungenentzündung; ein Luftröhrenschnitt wird nötig. Der Patient wird langsam in den Wachzustand zurückgeführt, lernt Schritt für Schritt, wieder selbst zu atmen, kann aber naturgemäß nicht sprechen, nicht schlucken, künstliche Ernährung ist nötig.

Was hier nötig gewesen wäre, ist natürlich eine Patientenverfügung. Doch bekanntlich ist schwer zu sagen, ob ein Wille des Patienten, den er im Vollbesitz seiner Kräfte formuliert hat, auch seinen Wünschen entspricht, die er dann am Rand des Leben-Könnens haben mag. In dem geschilderten Fall ist, wie man so sagt, der Zug abgefahren, das heißt also, auch bei Wiederkehr des Bewusstseins des Patienten wäre eine Willensäußerung zu spät, nachdem er bereits in das System der Intensivmedizin geraten ist. Vorher hätte er im Blick auf den Schrecken einer solchen Existenz vielleicht den Tod vorgezogen. Doch nun hofft er, Schritt für Schritt sich selbst zurückzugewinnen. Und die Umstehenden bestärken ihn in dieser Hoffnung, weil sie sich scheuen, ihm anzuraten, sich auf dasjenige vorzubereiten, was letzten Endes doch unvermeidlich sein wird.

Wir müssen im Blick auf diesen *therapeutischen* Einsatz von Hoffnung schließlich auf die Frage nach der *Wahrheit am Krankenbett* zu sprechen kommen. Rechtlich gesehen hat jeder Patient

Anspruch, über seinen Zustand vom behandelnden Arzt voll aufgeklärt zu werden. Dieses Recht gründet unter anderem in dem grundgesetzlich verankerten Recht auf informationelle Selbstbestimmung, spezieller aber auch auf dem Prinzip des *informed consent*, nämlich der Forderung, dass die informierte Zustimmung des Patienten für jegliche therapeutische Maßnahme von Seiten des Arztes Voraussetzung ist – und das gründet wiederum in dem grundgesetzlich verankerten Grundrecht auf Unverletzlichkeit des Körpers. Der Patient muss also über seinen Zustand, die Diagnose und die Prognose und die alternativen Möglichkeiten und Risiken einer geplanten Therapie voll informiert werden. Aber, und dieses Aber ist leider für die Praxis entscheidend, es gibt das sogenannte *therapeutische Privileg*.[5] Mit dieser etwas enigmatischen Formel wird das Recht des Arztes formuliert, die Offenheit gegenüber dem Patienten einzuschränken, wenn er meint, die volle Wahrheit könnte den therapeutischen Erfolg gefährden. Tatsächlich kann aufkommende Furcht und Beunruhigung den Patienten desorganisieren und schwächen – *kann,* denn man weiß ja nicht, ob vielleicht gerade die Wahrheit besser als die suggerierte Hoffnung geeignet ist, die inneren Kräfte des Patienten zu mobilisieren. Faktisch aber ist es so, dass Ärzte vom therapeutischen Privileg extensiven Gebrauch machen, weil sie sich scheuen, schlimme Wahrheiten auszusprechen, oder vielleicht auch Angst vor emotionalen Ausbrüchen, und seien es auch nur Tränen, beim Patienten haben. Für das, was emotional bei einem offenen Aussprechen von schlimmen Prognosen geschehen mag, fühlen sie sich nicht zuständig – und in der Tat sind sie ja auch nicht ausgebildet, existentielle Gespräche zu führen. Die Regel ist: Sie ziehen es vor, auch bei schlimmster Prognose Hoffnungen zu suggerieren, und fühlen sich in ihrem Element, wenn sie die Therapiemaßnahmen einleiten können, die sie gelernt haben.

Damit zeigt die Hoffnung jenes Gesicht, das ihr Nietzsche in seinem bösen Aphorismus zugesprochen hat, nämlich dass sie eingesetzt wird, um die Qual des Menschen zu verlängern.[6] Sie deckt

5 Siehe Helmut Narr, *Arzt – Patient – Krankenhaus. Rechte und Pflichten,* München 1987, S. 143: »Unter dieser Bezeichnung wird die Befugnis des Arztes verstanden, dem Patienten zu seiner eigenen Schonung schwerwiegende Mitteilungen über seinen Gesundheitszustand zu verschweigen, um den Heilungsverlauf und den Heilungswillen nicht zu schwächen oder gar zu untergraben.«

6 Siehe Nietzsche, *Menschliches, Allzumenschliches*, Bd. 1, Aphorismus 71, S. 495.

die Eskalation von Therapiemaßnahmen, auch wenn *der Fall hoffnungslos* ist. Und leider muss man sagen, dass sie häufig eher den Angehörigen und dem Arzt nützt als dem Patienten. Letzterer wird – auch in einfacheren Fällen, nicht erst an der Schwelle des Todes – durch die Hoffnungssuggestionen der Umstehenden um die Chance betrogen, seine Krankheit ernst zu nehmen, und das hieße nämlich bereits in einfacheren Fällen: die Krankheit als ein Stück seiner Biographie zu leben und nicht zu versuchen, sie schnell und mit allen Mitteln hinter sich zu bringen, um dann jenseits der Krankheit die eigentliche Existenzform zu erhoffen. Am Ende des Lebens kann die Hoffnung den betroffenen Patienten darum bringen, seinen bevorstehenden Tod ernst zu nehmen. Sie kann bei ihm sogar das Bewusstsein verdrängen, oder besser gesagt: nicht aufkommen lassen, dass er in Wahrheit stirbt. Aber wer weiß, vielleicht spürt er es im Unterbewusstsein doch, so dass die bewusste Aufrechterhaltung der Hoffnung, der von den Angehörigen wie dem Arzt immer wieder suggerierten Hoffnung, ihn daran hindern kann, von seinen Angehörigen Abschied zu nehmen. Er wird dadurch um die Möglichkeit betrogen, sich wenigstens dort ernst zu nehmen, wo es endgültig ernst wird. Der Arzt und die Angehörigen, die es gut meinen, indem sie bis zuletzt die Hoffnung aufrechterhalten, stoßen ihn damit in die »Einsamkeit der Sterbenden«.[7]

7 Norbert Elias, *Über die Einsamkeit der Sterbenden in unseren Tagen*, Frankfurt/M. 1982.

III. Ästhetische Konsequenzen

Phänomenologie der Natur

1. Einleitung

Die ästhetischen Konsequenzen einer Naturerfahrung als Leiberfahrung ausgehend von Goethes Naturwissenschaft darzustellen, bietet sich an: Denn Goethes Zugang zur Natur war explizit im Gegensatz zu der sich entwickelnden neuzeitlichen Naturwissenschaft konzipiert als leiblich-sinnlicher: Die Natur, um die es Goethe ging, war das in der Erfahrung der menschlichen Sinne Gegebene. Damit war, was er im Zuge einer *anderen* Naturwissenschaft unternahm, faktisch eine Ausführung dessen, was Alexander Gottlieb Baumgarten in seiner *Ästhetik*[1] etwa um die Zeit von Goethes Geburt gefordert hatte: sinnliche Erkenntnis.

Goethe war sehr an der Entwicklung der zeitgenössischen Wissenschaft interessiert und hat sich auch verschiedentlich dazu geäußert. Nicht als Fremder, sondern als jemand, der zur *scientific community* gehören wollte, zum gemeinsamen naturwissenschaftlichen Wissen etwas beitragen wollte – und mehr noch: der es überhaupt erst auf die richtige Bahn bringen wollte. Dieser Anspruch Goethes war sicher hypertroph, doch er erscheint *uns* eher so, als er es in der Goethe-Zeit war. Denn zwar waren durch die Arbeiten Pascals in der Pneumatologie und Newtons in der allgemeinen Mechanik der Körper und der Optik Paradigmen gesetzt worden, die einen starken Druck in Richtung zur Entwicklung einer mathematischen Naturwissenschaft in allen Bereichen der Naturforschung erzeugten, doch aufs Ganze gesehen war das noch im 18. Jahrhundert nur ein kleiner Teil der Bemühungen um Naturerkenntnis. Naturforschung war zum großen Teil noch Amateurforschung und – wie im Fall von Elektrizität und Magnetismus – die Inszenierung von Jahrmarktseffekten. Die Alchemie kam erst durch die Arbeiten von Lavoisier (1743-1794) um 1800 an ihr Ende und musste einer quantitativen Chemie das Feld räumen. Ähnlich erging es der Wärmelehre: Zwar hatte man seit etwa 1700 mit dem Thermometer ein Instrument zur quantitativen Bestimmung von Wärmegraden,[2]

1 Alexander Gottlieb Baumgarten, *Aesthetica*, 2 Bde., [Frankfurt/Oder 1750/1758] Hildesheim u. a. ³1986.

2 Siehe meine Darstellung der Thermometer-Entwicklung in dem Aufsatz »Quan-

aber erst durch die Arbeiten von Carnot (1796-1832) Anfang des 19. Jahrhunders und durch die Einführung von Wärme als einer Quantität, nämlich der Wärmemenge, wurde die Thermodynamik begründet. Vor allem aber hatten die Naturwissenschaften in der klassischen Universität mit ihren Fakultäten Philosophie, Medizin, Rechtswissenschaft und Theologie noch keinen eigenen Platz. Die ersten Lehrstühle für Physik wurden erst zur Goethe-Zeit gegründet; Lichtenberg (1742-1799) in Göttingen war einer der ersten Professoren für Physik. Wir müssen also davon ausgehen, dass Goethe mit seinen Bemühungen um Naturwissen keineswegs eine Stimme war, mit der er sich von außen in die schon wohl etablierte Naturwissenschaft einmischen wollte. Seine Stimme war vielmehr eine unter vielen in dem noch recht gemischten Chor der Naturforschung. Er wollte ihn auf seine Weise orchestrieren.

So viel zur historischen Einordnung. Wir müssen Goethes naturwissenschaftliche Arbeiten als eine wichtige Abteilung seiner Werke ernst nehmen. Dieses Unternehmen muss sich mit dem Vorurteil auseinandersetzen, dass Goethe eigentlich ein Dichter sei, der nebenher auch im Bereich der Naturwissenschaft dilettiert habe. Für diese Auffassung lohnt es sich, eine Formulierung aus einem Vortrag von Rudolf Virchow, den er 1861 hielt, zu zitieren. Er bezeichnet Goethe als einen »Mann, den man vielleicht als Laien oder Dilettanten bezeichnen möchte«.[3] Diese Einschätzung ist noch heute, selbst unter Goethe-Freunden, vorherrschend. Hiergegen spricht nicht nur der Umfang von Goethes Arbeiten zur Naturwissenschaft – er übertrifft deutlich den Umfang seiner belletristischen Arbeiten –, sondern vor allem auch Goethes Selbsteinschätzung. Er glaubte, mit seinen naturwissenschaftlichen Arbeiten etwas viel Bedeutenderes geleistet zu haben als mit seinen literarischen. Goethes Arbeiten ernst zu nehmen, bedeutet also zugleich, den Versuch zu machen, diese Selbsteinschätzung zu verstehen, und das heißt, sie

tifizierung und Instrumentenentwicklung. Zur Beziehung der Entwicklung wissenschaftlicher Begriffsbildung und Meßtechnik«, in: *Technikgeschichte* 43 (1976), S. 307-313. Wiederabgedruckt in: Gernot Böhme, *Am Ende des Baconschen Zeitalters. Studien zur Wissenschaftsentwicklung*, Frankfurt/M. 1993, S. 82-91.

3 Rudolf Virchow, *Goethe als Naturforscher und in besonderer Beziehung zu Schiller. Eine Rede von Rudolf Virchow*, Berlin 1861, S. 49. (Von dieser Ausgabe wurde von der Ernst Merck AG Darmstadt mit einem Nachwort von Dr. med. Fritz Ebner 1962 ein Nachdruck besorgt.)

als etwas Grundsätzliches und als etwas Bedeutsames in der Naturforschung zu erkennen.

Dazu zunächst eine Übersicht über die Goethe'schen Arbeiten zur Naturwissenschaft. Den Hauptanteil und den am meisten bekannten und umstrittenen Teil macht die Farbenlehre aus. Dazu kommt als zweiter wichtiger Bereich die Morphologie, zu der die Metamorphose der Pflanzen wie auch die Osteologie, insbesondere Goethes Arbeit zum Zwischenkieferknochen beim Menschen, gehören. Goethes Arbeiten sind hier weniger umstritten, weil sie sich in die zu seiner Zeit beziehungsweise nach ihm erst sich ausbildende Entwicklungslehre im Bereich der Ontogenese, insbesondere die Embryologie, und im Bereich der Phylogenese in die Evolutionslehre einfügte.[4] Ferner sind als Arbeitsbereiche Goethe'scher Naturwissenschaft die Meteorologie und die Mineralogie oder allgemeiner die Geologie zu nennen. Beide Bereiche scheinen mir die typische Goethe'sche Naturwissenschaft nicht so konsequent zu enthalten, insbesondere weil Goethe hier nicht vor spekulativen, man könnte auch sagen: metaphysischen Erwägungen zur Erdentwicklung zurückschreckt. Die Witterungsverhältnisse glaubte er ebenso wie den Wechsel von Ebbe und Flut verstehen zu können, indem er die Erde im Ganzen als ein großes Lebewesen ansah. In Bezug auf die Formation der Erdoberfläche stand er auf Seiten der Neptunisten: Im Gegensatz zu den Vulkanisten glaubte er, dass die Erdoberfläche im Wesentlichen durch Meeresbewegungen entstanden sei.

Goethe war von der Aufnahme seiner Arbeiten durch andere Naturwissenschaftler recht enttäuscht. Diese Enttäuschung kann man nur verstehen, wenn man wiederum ernst nimmt, dass Goethe nicht nur einen *Beitrag* leisten wollte, sondern einen Paradigmenwechsel in der Naturforschung überhaupt herbeiführen wollte. Das wird deutlich, wenn man sich die tabellarische Übersicht über *fachwissenschaftliche Reaktionen auf die Physik in Goethes Farbenlehre (1810-1832)* ansieht, wie sie sich im Anhang des Buches von Olaf

4 Zu Letzterem siehe die Arbeiten von Wolfgang Schad, »Zeitgestalten der Natur. Goethe und die Evolutionsbiologie«, in: Peter Matussek (Hg.), *Goethe und die Verzeitlichung der Natur*, München 1998; Ders., *Goethe als Evolutionist*, in: Dušan Pleštil, Wolfgang Schad (Hg.), *Naturwissenshaft heute im Ansatz Goethes. Symposion an der Karls-Universität Prag 24.-26.9.2004*, Stuttgart, Berlin 2008.

Müller findet.[5] Nach dieser Übersicht standen 18 positive und 11 ambivalente Reaktionen 25 negativen gegenüber.

Man kann sagen, dass diese *moderate* Ablehnung von Goethes Farbenlehre sich bis in die jüngste Vergangenheit gehalten hat, wobei – wie wir schon bei Virchow gesehen haben – das Moderate dieser Ablehnung in der Regel durch die Hochachtung, die man Goethe als Dichter entgegenbrachte, zustande kam. Dafür wollen wir uns nur zwei Beispiele vor Augen führen, nämlich einerseits die Äußerung von Carl Friedrich von Weizsäcker und andererseits die von Werner Heisenberg. Weizsäckers Äußerung hat ein besonderes Gewicht, weil sie als Nachwort im Band 13 der Hamburger Ausgabe, also zu den naturwissenschaftlichen Schriften Goethes, enthalten ist und von dem Herausgeber der Hamburger Ausgabe, Erich Trunz, quasi kanonisiert wurde.[6] Weizsäcker sagt angesichts des gegen Newton gerichteten polemischen Teils in der Farbenlehre: »Wie konnte ein so großer, so umfassender Geist so irren?«[7] Natürlich kann man sich fragen, warum Goethe sein Werk durch einen so umfangreichen polemischen Teil belastete. Die Antwort ist klar: weil er das durch Newton gestiftete Paradigma der Naturwissenschaft stürzen und ein anderes an seine Stelle setzen wollte. Für Weizsäcker, der als Naturwissenschaftler ohne Zweifel dem Newton'schen Paradigma folgt, ist Goethes Vorgehen nichts als blanker Irrtum. In Bezug auf die Morphologie redet Weizsäcker entsprechend von einer bloßen Verwechslung. Goethe habe Begriff und Gestalt verwechselt.[8] In dem berühmten Gespräch mit Schiller, über das Goethe unter dem Titel »Glückliches Ereignis«[9] berichtet, hatte Schiller auf Goethes Vorstellung der Urpflanze gesagt: »›Das ist keine Erfahrung, das ist eine Idee.‹« Und Goethe antwortete: »›Das kann mir sehr lieb sein, daß ich Ideen habe ohne es zu wissen, und sie sogar mit Augen sehe.‹«[10] Weizsäcker meint, dass

5 Siehe Olaf L. Müller, *Mehr Licht. Goethe im Streit mit Newton um die Farben*, Frankfurt/M. 2015, S. 441-451.

6 Siehe Johann Wolfgang von Goethe, *Werke*, Hamburger Ausgabe [HA] in 14 Bänden, hg. v. Erich Trunz, München 1998, Bd. 13: *Naturwissenschaftliche Schriften I*, S. 539-555.

7 Ebd., S. 539.

8 Siehe ebd., S. 542.

9 Abgedruckt in HA 10: *Autobiographische Schriften II*, S. 538-542.

10 Ebd., S. 540-541.

das, was Goethe als Künstler vermag, nämlich dass er das Wesen der Pflanze in der einzelnen Pflanze erblickt, als »Ur-Intuition der Naturwissenschaft Goethes«[11] logisch oder naturwissenschaftlich eine Verwechslung sei.

Bei Weizsäcker finden wir also nur die Bereitschaft, Irrtum und Verwechslung in der Naturwissenschaft dem großen Dichter zuzugestehen. Bei Werner Heisenberg dagegen deutet sich eine Wende in der Beurteilung von Goethes Naturwissenschaft an, indem er nahelegt, dass sie von einer anderen Wirklichkeit als die neuzeitliche Naturwissenschaft handele, nämlich – wie ich sagen würde – von der Natur *für uns*: »Dieser objektiven Wirklichkeit, die nach festen Gesetzen abläuft und die uns auch dort bindet, wo sie sinnloser Zufall scheint, steht nun die andere Wirklichkeit gegenüber, die wichtig ist, die etwas für uns bedeutet.«[12]

Nach Analyse von Jost Schieren ist die Wende darauf zurückzuführen, dass »ein zunehmend kritisches Verhalten zur Naturwissenschaft und den Folgen, die diese zeitigt, [...] den Blick für andere Betrachtungsweisen öffnet«.[13]

Es sind also die zerstörerischen Folgen der objektiven Naturwissenschaft und der mit ihr wesentlich verbundenen Technik im Krieg und in Bezug auf die Umwelt, die seit den 70er Jahren des letzten Jahrhunderts dazu gezwungen haben, nach einem anderen Umgang mit der Natur und deshalb auch nach einem anderen wissenschaftlichen Zugang zur Natur zu fragen. Dabei hat sich angeboten, Goethes Naturwissenschaft als eine Phänomenologie der Natur zu sehen.[14] Das bot sich an, weil die von Edmund Husserl

11 HA 13: *Zur Farbenlehre*, S. 544.

12 Werner Heisenberg, »Die goethesche und newtonsche Farbenlehre im Lichte der modernen Physik«, in: Karl Robert Mandelkow, *Goethe in Deutschland. Rezeptionsgeschichte eines Klassikers*, München 1980, Bd. 4, S. 238.

13 Jost Schieren, *Anschauende Urteilskraft. Methodische und philosophische Grundlagen von Goethes naturwissenschaftlichem Erkennen*, Düsseldorf, Bonn 1998, S. 16.

14 Siehe dazu Gernot Böhme, Gregor Schieman (Hg.), *Phänomenologie der Natur*, Frankfurt/M. 1997; David Seamon, Arthur Zajonc (Hg.), *Goethe's Way of Sciences: A Phenomenology of Nature*, New York 1968, und ferner die von Lutz-Helmut Schön und Johannes Grebe-Ellis herausgegebene Reihe *Phänomenologie in der Naturwissenschaft*, Berlin, siehe darin Bd. 1: Johannes Grebe-Ellis, Florian Theilmann (Hg.), *open eyes 2005. Ansätze und Perspektiven der phänomenologischen Optik – eine Arbeitstagung vom 5. bis 8. September 2005 in Berlin*, Berlin 2006.

begründete Phänomenologie inzwischen eine weltweit anerkannte philosophische Disziplin ist. Doch kann man an Husserl eigentlich nicht anknüpfen, weil seine Phänomenologie als transzendentaler Idealismus letztlich auf Wesensschau hinausläuft, also gerade nicht wie Goethes Naturwissenschaft sinnliche Erkenntnis ist.[15] Deshalb musste, was phänomenologische Wissenschaft ist, Hand in Hand mit einer neuen Bewertung von Goethes naturwissenschaftlichen Schriften gehen und an ihnen erst erarbeitet werden. Dazu eignet sich als philosophischer Hintergrund vielmehr die Phänomenologie von Hermann Schmitz, weil in ihr der menschliche Leib und damit das sinnliche Spüren im Vordergrund stehen.

2. Goethes Phänomenologie der Natur: Die Farbenlehre

Goethes entschiedenes Bekenntnis zur Phänomenologie ist in der methodischen Maxime ausgedrückt: »Man suche nur nichts hinter den Phänomenen; sie selbst sind die Lehre.«[16] Freilich muss man genauer sagen, was hier, das heißt, was mit Goethe hier unter Phänomenen zu verstehen ist, denn so wie der Satz dasteht, könnte er auch von Newton formuliert worden sein. Schließlich verlangt er ja, in der Erforschung der Phänomene keine nicht-phänomenalen Entitäten heranzuziehen. Das spricht sehr für Newtons Maxime für *hypotheses non fingo* – ich erdichte keine Hypothesen. Zwar hat Newton durchaus mit der Möglichkeit von Licht-Korpuskeln gespielt, doch das geschieht nicht im Haupttext der *Optik*, in der er seine Ergebnisse darlegt, sondern in den sogenannten *Queries*, den Fragen. Außerdem war ihm klar, dass mit einer Korpuskel-Theorie die von ihm entdeckten Farben dünner Blättchen nicht zu erklären waren. Hier entstehen, würden wir heute sagen, die Farben durch Interferenzen, sie können also nur mit einer Wellen-Theorie des Lichts erklärt werden. Im Übrigen hat Newton die

15 Die Forderung nach einer sinnlichen Erkenntnis im Gegensatz zur rationalen ist in Goethes Zeit von Baumgarten in seiner *Aesthetica* geäußert worden.

16 Johann Wolfgang von Goethe, *Betrachtungen und Aphorismen*, in: Ders., *Sämtliche Werke, Briefe, Tagebücher und Gespräche*. Frankfurter Ausgabe [FA] in 40 Bd., hg. v. Hendrik Birus u. a., Frankfurt/M., Berlin 1987-2013, Abt. I, Bd. 25: *Schriften zur allgemeinen Naturlehre, Geologie und Mineralogie*, hg. v. Wolf von Engelhardt u. Manfred Wenzel, S. 114.

von ihm, wie man sagt, *entdeckte* Schwerkraft, also die Gravitation, nicht als erklärende Entität *hinter den Phänomenen* angesehen, sondern lediglich als ein Verrechnungsprinzip zwischen phänomenalen Erscheinungen. Also: In diesem Sinn war auch Newton ein Phänomenologe. Doch was war für Newton ein Phänomen, und was ist für Goethe ein Phänomen? Für Newton ist ein Phänomen eine Tatsache, die, letztlich als Datum, im Prinzip fixiert werden könnte oder als eine Anzeige an einem Apparat erscheint. Ein Phänomen ist also nach Newton nicht davon abhängig, ob ein Mensch hinblickt oder nicht. Für Goethe ist das anders. Phänomen ist nur, was dem Menschen aktual sinnlich gegeben ist. So lautet ja auch seine Definition der Farben: »[D]ie gesetzmäßige Natur in bezug auf den Sinn des Auges.«[17] Aus diesem Grund sind bei Goethe gerade die physiologischen Farben entscheidend, nämlich Nachbilder oder farbige Schatten oder Kontrastfarben, die am Rand farblich intensiver Flächen erscheinen. Diese physiologischen Farben sind es, die die Bilder von Marc Rothko bei längerer Betrachtung *beleben*. – Ferner gehört der Bezug zum Auge nach der Definition wesentlich zum Farbphänomen.[18] So gesehen ist Newtons Optik überhaupt keine Farbtheorie,[19] sondern eine Theorie der diversen Refrangibilität, also der unterschiedlichen Brechbarkeit von Lichtstrahlen. Nur an einer Stelle versucht Newton so eine Art Weber-Fechner'sches Gesetz, nämlich den Zusammenhang der Reizung durch Licht unterschiedlicher Refrangibilität und der Empfindung, nämlich der dann gesehenen Farbe, herzustellen.[20] Für Goethe müssen wir also sagen, dass Phänomene Erscheinungen der Natur in Bezug auf *uns* sind. Das heißt also, als das empfangene Subjekt kommt nicht der Mensch als rationale Erkenntnisinstanz ins Spiel, sondern der Mensch in seiner Leiblichkeit. Farben sind immer das Licht, das wir sehen. Diesen Phänomenbegriff kann man natürlich auch in anderen Sinnesbereichen zur Anwendung bringen. So sind beispielsweise Wärmephänomene die leibliche Erfahrung von warm

17 HA 13, S. 324.

18 Es ist wichtig, dass Goethe vom Sinn des Auges redet, nicht vom Organ Auge. Er bezieht sich also auf den Leib, nämlich auf unsere Natur – insofern wir sie an uns selbst erfahren –, nicht auf den Körper, zu dem das Organ Auge gehört. Dieses ist in Fremderfahrung, also Anatomie, zugänglich.

19 Wie sie Müller in seinem Buch *Mehr Licht* unterstellt.

20 Siehe Isaac Newton, *Opticks*, New York 1952, Book I, Part II, Prop. VI, Prob. II.

und kalt.[21] Die Leibbezogenheit des Phänomenbegriffs bei Goethe hat die Konsequenz, dass Phänomene sich nicht hinreichend schriftlich oder durch mathematische Symbole darstellen lassen. Deshalb ist bei Goethe der Teil in der Farbenlehre, der eigentlich die Theorie oder die Lehre enthält, mit »Didaktik« überschrieben. Da sich der Inhalt der Lehre nicht hinreichend schriftlich mitteilen lässt, gibt Goethe Anleitungen für den Leser, die entsprechenden Erfahrungen selbst zu machen. Sie lassen sich nicht als Tatsachen fixieren, sondern haben als Phänomene ephemeren Charakter.

Dass die Phänomene im Sinne Goethes *Natur für uns* sind, zeigt sich nicht nur in ihrem Leibbezug, sondern darin, dass sie uns etwas bedeuten – auch in diesem Sinne sind Farben, die wir sehen, nicht einfach *Tatsachen*. Farben rühren uns an, und durch die Farben nehmen wir an dem, was wir sehen, teil. Diese Erfahrung betrifft nicht nur Erfahrungen in der Natur oder aus der Natur, also in der Landschaft, im Garten, sondern auch die Farben, die wir Menschen Gemachtem verleihen, wie Kleidern und Häusern. Goethe spricht hier von der *sinnlich-sittlichen Wirkung* der Farben und widmet der damit bezeichneten Bedeutsamkeit von Farben ein ganzes Buch seiner Farbenlehre. Der Ausdruck *sittlich* in dieser Formulierung mag – zumindest für unsere Ohren – nicht geschickt gewählt sein, weil er eigentlich nichts mit dem Sittlichen, also dem Ethischen zu tun hat. Goethe mag damit auf Konvention und Gewohnheit hindeuten, aber auch auf Eigenart. Jedenfalls geht es in der sinnlich-sittlichen Wirkung von Farben um die Anmutung, die wir durch sie erfahren, das heißt um die Tönung unserer Stimmung. So, wie uns Gelb zum Heiteren stimmt, Blau eher zum Kühlen oder Sanft-Melancholischen.

Wenn Goethe fordert, nichts *hinter* den Phänomenen zu suchen, so heißt das, dass seine Wissenschaft sich nicht um Ursachen der Farberscheinungen kümmert. Dagegen hatte er ein großes Interesse an den Bedingungen ihres Hervortretens. In seinen Experimenten geht es wesentlich um die Variation solcher Bedingungen, durch die die Farbphänomene in geordneter Reihung in Erscheinung treten. Der allgemeine Begriff solcher Bedingungen ist durch *Licht, Finsternis* und *Trübe* benannt. Ihre jeweilige Konstellation lässt Far-

21 Siehe dazu Martin Basfeld, *Wärme: Ur-Materie und Ich-Leib: Beiträge zur Anthropologie und Kosmologie*, Stuttgart 1998.

be hervortreten. Sei es nun, dass man ein Waldstück durch einen Frühnebel beleuchtet blau sieht oder einen schwarzen Strich auf weißem Papier durch ein Prisma betrachtet mit farbigen Rändern. Da Farbe jeweils die Erscheinung einer Konstellation von Licht, Finsternis und Trübe ist, nennt er diese auch das Urphänomen Farbe. Damit ist das erste Moment genannt, das Goethes Farbenlehre zur Theorie macht. Man könnte, weil Farbe die jeweilige Erscheinung des Urphänomens ist, die Goethe'sche Farbenlehre auch eine strukturalistische Phänomenologie nennen. Dabei ist *Struktur* gemeint in dem Sinne, den Claude Lévi-Strauss in die Ethnologie eingeführt hat.

Schließlich ist zu fragen, wodurch Goethe die Maxime *man suche nur nichts hinter den Phänomenen, sie selbst sind die Lehre* in der Farbenlehre erfüllt. Es geschieht letztlich dadurch, dass er durch Variationen der Bedingungen des Erscheinens geordnete Reihen von Phänomenen, wir nennen sie hier Spektren, hervorbringt.

Das zweite Moment der *Lehre*, wie sie in Goethes Maxime gefordert ist, ist die Ordnung der Phänomene in der Phänomenreihe. Hier gibt es nicht nur die Ordnung des Nacheinander-Hervortretens, wie man sie etwa mit dem Prisma demonstrieren kann, sondern auch die Ordnung der Entsprechung von Farbenpaaren. Diese kann Goethe durch den genialen Einfall des Farbenkreises darstellen. Es ist gewissermaßen das zum Kreis gebogene Spektrum, wobei, je nachdem wie man ihn liest, es sich um das Goethe- oder das Newtonspektrum handelt.[22] Gegenüberstehen und Nachbarschaft der Farben stellen dar, was man als Komplementarität und als Kontrast oder als Mischung erfährt. Durch diese Beziehungen ist das Feld der Farben in sich geordnet. Dabei ist darauf hinzuweisen, dass diese Ordnung der Phänomene, wie sie der Farbenkreis darstellt, die Ordnung der gesehenen Farben ist, nicht eine Ordnung der Farbstoffe, also der Farben, die Goethe als chemische bezeichnet. Die Relation der Farben zueinander wird dabei dadurch charakterisiert, wie sie auf einen Betrachter *wirken*. Man könnte sie deshalb auch zur sinnlich-sittlichen Wirkung der Farben rechnen, was Goethe im Übrigen auch tut.[23]

Damit haben wir die Goethe'sche Phänomenologie anhand der Farbenlehre bereits charakterisiert. Zu ihr gehört,

22 Siehe dazu die Farbtafeln 8 und 28 in Müller, *Mehr Licht*.

23 Siehe § 803 f. der *Farbenlehre* in FA I/23.1, S. 257.

(a) dass das Phänomen auf leibliche Disposition bezogen ist,
(b) dass es bedeutsam ist,
(c) dass die Phänomenologie als Theorie die Bedingung des Hervortretens der Phänomene bestimmt,
(d) dass die Phänomenologie als Theorie eine Ordnung der Phänomene eines Bereiches ausmacht.

3. Schluss

Die anderen Goethe'schen Naturwissenschaften lassen sich nicht so ohne weiteres als Phänomenologie der Natur bestimmen. Zwar enthält etwa die Witterungslehre in der Luke-Howard'schen Wolkenordnung ein Stück Phänomenologie,[24] aber in der Mineralogie ist Goethe über eine Sammlung von Gesteinsproben kaum hinausgekommen. Hier deutet sich allenfalls an, was der Reihe der Phänomene, hier der Gesteinsproben, eine Ordnung geben könnte, nämlich die erdgeschichtliche Gesteinsbildung, also der Entwicklungsgedanke.

Dieser ist es nun, der für die Mannigfaltigkeit der Erscheinungen im Pflanzen- und Tierreich die Reihe der Erscheinungen zu einem Ganzen macht. Wenn man die Goethe'schen Forschungen hier als Morphologie zusammenfasst, so sind sie besser unter dem Titel der *Metamorphosenlehre*, nämlich des Gestaltwandels, zu charakterisieren. Dabei hat er weniger die phylogenetische Entwicklung vor Augen, also den historischen Gestaltwandel in der Abfolge der Spezies,[25] als die ontogenetische Entwicklung des Einzelwesens, also des einzelnen Tiers oder der einzelnen Pflanze. Goethe versteht Leben überhaupt als Gestaltwandel. Dieser betrifft in der Tat das ganze Leben eines Lebewesens und so explizit bei den Pflanzen. Bei den Tieren allerdings handelt es sich eher um die Entwicklung vom Embryo zum ausgewachsenen Tier. Dort beschränkt sich Goethe allerdings auf die Entwicklung des Skelettes. Deshalb ist seine Morphologie der Tiere im Wesentlichen Osteologie, Knochenlehre. Für beide Phänomenbereiche, also die Metamorphose der Pflanzen als auch die der Tiere in ihrer osteologischen Entwicklung, nennt

24 Siehe das folgende Kapitel »Wolken und Wetter«.

25 Siehe hier aber erneut die Arbeiten von Schad, *Zeitgestalten der Natur* und *Goethe als Evolutionist*.

Goethe ein Grundelement oder besser ein Grundphänomen, dessen Gestaltwandel dann das Leben des Ganzen ausmacht. Bei der Pflanze ist es das Blatt, das vom Keimblatt über die verschiedenen Formen der gewachsenen Pflanze bis hin zu den Blüten- und Kelchblättern sich entwickelt. Bei den Tieren ist es der Wirbel, aus dem sich nicht nur die verschiedenen Formen der Wirbelsäule, sondern auch die anderen Knochen, vor allem aber die des Kopfes entwickeln. Wir haben also das Prinzip der Metamorphosen, das Pflanzen und Tiere in ihrem Aufbau durch den Lebensprozess als Gestaltwandel entstehen lässt. Darüber hinaus suchte Goethe aber für den Bereich der Pflanzen und später auch für den Bereich der Tiere eine zusammenfassende Idee, also eine Urpflanze oder ein Urtier, die die Mannigfaltigkeit der Spezies als Ausformung, und zwar, wie Wolfgang Schad meint, auch als phylogenetische Entwicklung einer Grundgestalt hätte erkennen lassen.

Es ist bemerkenswert, um damit zu schließen, dass Goethe in diesen – verglichen mit der Farbenlehre – nur rudimentär entwickelten Ansätzen einer Phänomenologie der Lebensformen viel mehr Einfluss und Akzeptanz in den Fachwissenschaften erhalten hat als mit der Farbenlehre. Doch das liegt wohl daran, dass sich Goethe hier, nicht wie in seiner Polemik gegen Newton, an einer wohletablierten Disziplin abarbeitete, sondern durch seine Beiträge Mitbegründer von neuen Disziplinen wie der Embryologie oder der Evolutionstheorie der Arten sein konnte.

Wolken und Wetter: Zu Goethes Meteorologie als Anfang einer Phänomenologie des Wetters

1. Goethes Witterungslehre

Obgleich Goethes Naturwissenschaft heute als ein beachtlicher Gegenentwurf zur neuzeitlichen Naturwissenschaft anerkannt ist, obgleich Teile seiner Naturwissenschaft sogar in den Mainstream der neuzeitlichen Naturwissenschaft eingegangen sind – wie beispielsweise seine Morphologie –, ist ausgerechnet seine Meteorologie nur noch als historisches Kuriosum anzusehen. Dabei verspricht ihr Name *Witterungslehre* ebenso wie seine Farbenlehre die Behandlung ihres Phänomengebietes in einer Weise, wie sie dem sinnlich erfahrenden Menschen entspricht. Doch nur allzu schnell hat Goethe nach einem phänomenologischen Ansatz die sinnliche Erfahrung und die Suche nach dem Gesetz von Phänomenreihen verlassen, um sich nur noch auf Apparate – das Thermometer und das Barometer – zu verlassen und dann schließlich das Wetter aus einer hochspekulativen Theorie zu erklären: Es sei das Produkt eines Gegensatzes von Wärme und Schwere und sei in seinem Gange durch die Atmungsbewegungen des Lebewesens *Erde* bestimmt.

Der phänomenologische Ansatz bestand in der Wolkenlehre, die Goethe von dem englischen Admiral Luke Howard übernommen hatte. Dabei handelt es sich um eine Typologisierung der Wolkenbildungen durch ihre Erscheinungsformen im Zusammenhang ihrer Höhenanordnung. Howard unterschied im Wesentlichen vier Wolkenformationen: *stratus*, *cumulus*, *cirrus* und *nimbus*. Dem fügte Goethe noch *paries*, die Wolkenwand, hinzu. Gerade diese Hinzufügung ist im Laufe der Entwicklung der Meteorologie nicht beibehalten worden, während die Howard'sche Typologie noch immer das Gerüst der Wolkenklassifikation und -beschreibung bildet.

2. Genauere Analyse der Goethe'schen Wolkenlehre

Nach diesen Feststellungen wäre es kaum gerechtfertigt, Goethe in der Behandlung von Wolkenformationen noch zu nennen oder überhaupt von einer Howard-Goethe'schen Wolkenlehre zu sprechen. Genauer besehen handelt es aber gar nicht darum, dass Goethe etwa die Howard'sche Wolkenlehre bloß übernommen und vielleicht weiter ausgebaut, also zum Beispiel dynamisiert hätte. Vielmehr hat er die Howard'sche Typologie von vornherein unter den Auspizien seiner besonderen Weise der Naturbetrachtung aufgefasst. In seinem Text *Wolkengestalt nach Howard* von 1820 gibt er von seiner ersten Bekanntschaft mit der Howard'schen Lehre Rechenschaft und teilt mit, wie er sie unmittelbar aufgefasst habe. Nachdem er sagt, dass es ihm in diesem Gebiet der Naturforschung bis dato unmöglich gewesen sei, »auf irgendeine Weise teilzunehmen«, und zwar gerade weil sie gewöhnlich »tabellarisch durch Zahlen und Zeichen« dargestellt würde, fährt er fort: »[...] ich freute mich daher einen integrierenden Teil derselben meiner Neigung und Lebensweise angemessen zu finden, und weil in diesem unendlichen All alles in ewiger, sicherer Beziehung steht, eins das andere hervorbringt oder wechselweise hervorgebracht wird, so schärfte ich meinen Blick auf das dem Sinne der Augen Erfaßliche [...].«[1]

Goethe hat also von vornherein die Wolkenbestimmungen durch Howard nicht als Typologie oder gar als Klassifikation aufgefasst, sondern als Markierung von Haltepunkten in einer Entwicklung. In einem zwei Jahre später geschriebenen Text, in dem er die inzwischen empfangene biographische Skizze von Luke Howard mitteilt, wird er in dieser Hinsicht noch deutlicher: »Wie sehr mir die Formung des Formlosen, ein gesetzlicher Gestalten-Wechsel des Unbegrenzten erwünscht sein mußte folgt aus meinem ganzen Bestreben in Wissenschaft und Kunst.«[2]

Für ihn bleibt also das Dynamische, die Gestaltveränderung, das Grundlegende, und er freut sich, dass man mit Howard dabei

1 Johann Wolfgang von Goethe, *Sämtliche Werke, Briefe, Tagebücher und Gespräche.* Frankfurter Ausgabe [FA] in 40 Bd., hg. v. Hendrik Birus u.a., Frankfurt/M., Berlin 1987-2013, Abt. I, Bd. 25: *Schriften zur allgemeinen Naturlehre, Geologie und Mineralogie*, hg. v. Wolf von Engelhardt und Manfred Wenzel, Frankfurt/M. 1989, S. 215.

2 Ebd., S. 235.

wenigstens überhaupt wiedererkennbare Formen benennen und sie in eine gesetzliche Ordnung bringen kann. Tatsächlich ist das ja auch das Erstaunliche – und gerade dies ist, meines Wissens, in der heutigen Meteorologie nicht mehr Thema, obgleich man die Howard'sche Terminologie weiterverwendet.

Goethes Auffassung der Howard'schen Lehre erinnert sehr stark an seine Farbenlehre. Auch die Farben sind für Goethe nur Entwicklungsstadien in einem Prozess der Polarisierung und Steigerung, dessen Ordnung im Ganzen im Farbkreis gegeben ist. Diese Analogie war Goethe höchst willkommen, sie ist ihm aber nicht zum Leitfaden einer weiteren Untersuchung der Wolken als Bestandteil der Witterung geworden. Was man vor allem vermisst, ist ein Pendant zur Lehre von der sinnlich-sittlichen Wirkung der Farben. Goethe sieht in seiner Witterungslehre die Wolken zwar als Erscheinungen der Witterung an und versucht, sie gelegentlich als Indikatoren für Wetterentwicklungen heranzuziehen, er fragt aber nicht danach, was die Wolken für das ausmachen, was wir als Wetter erfahren, also für eine subjektbezogene Witterungslehre. In dieser Hinsicht findet sich bei Goethe lediglich eine Art Wolkensymbolik.

3. Goethes Wolkentheologie

Der große Goetheforscher Albrecht Schöne hat Goethes Farbenlehre im Ganzen als Farbentheologie bezeichnet.[3] Schwang in dieser Formulierung schon ein kritischer Unterton mit, so wird in Günther Martins Aufsatz »Goethes Wolkentheologie«[4] diese Redeweise endgültig zum Pejorativ. Nun ist es zwar wahr, dass Goethe die Wolkenlehre an entscheidenden Stellen zum Ausdruck religiöser Vorstellungen benutzt, doch beide Autoren verkennen die Legitimität solchen religiösen Denkens in naturalen Formen. Goethe war Pantheist, und wenn man mit Spinoza die Formel *deus sive natura* teilt, dann muss man geradezu in der Natur religiöse Einsichten aufsuchen. Die Natur wird dann zum Symbol des Göttlichen.

3 Albrecht Schöne, *Goethes Farbentheologie*, München 1987.

4 Günther Martin, »Goethes Wolkentheologie«, in: *Zeitschrift für Deutsche Philologie* 114 (1995), S. 182-198.

Die Wolken werden Goethe so durchaus zu *Gegenbildern* des Seelischen, wie Werner Keller in seiner wichtigen Studie feststellt.[5] Das kann etwa in der trivialen Form geschehen, in der jeder Mensch in die sich verändernden Wolkenformen Bekanntes hineinsieht. So erblickt Faust in der Wolke, mit der er aus Arkadien zurückgekehrt ist, am Anfang des viertens Aktes des *Faust* Juno, Leda, Helena und in dem aufsteigenden Nebelstreif sogar noch Gretchen. Es kann aber auch von weitreichender Bedeutung sein, so wenn Goethe die ganze Schlussszene des *Faust*, »Bergschluchten, Wald, Fels«, nach dem Modell geschichteter Wolkenformen konzipiert.[6] Am gewichtigsten ist in dieser Hinsicht Goethes pantheistische Deutung von Erlösung als Auflösung durch Aufsteigen in höhere Sphären. So heißt es am Ende der Strophe *Cirrus* in Goethes Gedicht »Howard's Ehrengedächtnis«:

> So fließt zuletzt was unten leicht entstand
> Dem Vater oben still in Schoß und Hand.[7]

Danach wäre Fausts Erlösung geradezu als Eingang ins Nirwana zu verstehen.[8]

Die Wolken können also für den Menschen bedeutsam werden, indem sie, als Gegenbilder gelesen, Grundsätzliches zu verstehen geben. Das heißt aber nicht, dass Goethe sie als stimmungsträchtige Elemente der Umgebung, in der sich der Mensch findet, zum Thema machte. Damit vergibt er sich nicht nur die Chance zu einer phänomenologischen Witterungslehre, sondern auch die Möglichkeit, zur Funktion von Wolken in der Landschaftsmalerei etwas zu sagen.

5 Werner Keller, »›Die antwortenden Gegenbilder‹. Eine Studie zu Goethes Wolkendichtung«, in: *Jahrbuch des Freien Deutschen Hochstifts*, Tübingen 1968, S. 191-236.

6 Siehe dazu den Faustkommentar Albrecht Schönes in FA I/7.2, S. 793.

7 FA I/2, S. 504.

8 Zu dieser Deutung siehe FA I/7.2, S. 791-795. Schöne greift dazu auf eine Läuterungslehre des Origines zurück, die Goethe zumindest indirekt durch Gottfried Arnolds *Kirchen- und Ketzer-Historie* gekannt haben muss.

4. Wolken als Erzeugende von Wetter-Stimmungen

Der Sinn einer subjektiven Witterungslehre, also einer Bestimmung von Wettercharakteren unter dem Gesichtspunkt, wie man sich dabei fühlt, ist heute im Prinzip anerkannt. Das zeigt sich am deutlichsten durch die Versuche, eine subjektive Temperatur zu definieren. Bekanntlich fühlt man sich anders, je nachdem, ob ein bestimmter Temperaturgrad bei trockenem oder feuchtem Wetter gemessen wird. Trockene Hitze zum Beispiel ist leichter zu ertragen als feuchte. Das sind natürlich erst minimale Ansätze zu einer subjektiven Witterungslehre, und sie sind zudem verfehlt, insofern man versucht, subjektive Wettercharaktere durch Korrekturfaktoren aus der objektiven Wetterbestimmung zu konstruieren. Eigentlich ginge es jedoch um eine phänomenologische Witterungslehre, für die die Goethe'sche Wolkenlehre als ein erster, aber nicht ausgeführter Schritt anzusehen ist.[9] Eine Phänomenologie des Wetters hätte Wettercharaktere im Hinblick auf die Frage, wie wir uns bei solchem Wetter fühlen, zu bestimmen.

Eine solche Phänomenologie der Natur wäre zugleich als Ästhetik der Natur anzusehen.[10] Die Brücke zwischen beiden stellt der Entwurf der Ästhetik als Theorie sinnlicher Erkenntnis bei Alexander Gottlieb Baumgarten (1750) dar. Danach ist ein Kunstwerk eine Darstellung vollendeter sinnlicher Erkenntnis. Unter diesem Gesichtspunkt müssen wir Wolkendarstellungen auf Landschaftsgemälden als Erzeugende von Witterungsstimmungen verstehen.

Dazu muss man sich allerdings zunächst darüber verständigen, was die Wolken zu unserer wetterbestimmten Befindlichkeit beitragen. Ich kann das hier nur skizzieren und tue es, indem ich zugleich auf Gemälde als Veranschaulichungen Bezug nehme.

Am bekanntesten ist wohl die Rolle der Wolken in der Gewitterstimmung. Ein heranrückendes Gewitter wirkt durch eine schwarze Wolkenwand bedrohlich. Ein beginnendes Gewitter meldet sich gewöhnlich durch Sturmböen und einzelne Schauer. Die

9 Zu einer entsprechenden Kritik seines Textes *Versuch einer Witterungslehre* von 1825 siehe meinen Aufsatz »Das Wetter und die Gefühle. Für eine Phänomenologie des Wetters«, in: Bernd Busch (Red.) *Luft*. Bonn 2003, S. 148-161.

10 Für diese Beziehung siehe allgemein meinen Aufsatz »Phänomenologie oder Ästhetik der Natur?«, in: Wolfram Hogrebe (Hg.), *Grenzen und Grenzüberschreitungen. XIX. Deutscher Kongress für Philosophie*, Berlin 2004, S. 445-450.

Abb. 1: Georges Michel (1763-1843), *Gewitter. Landschaft in der Umgebung von Montmartre.* Um 1830. Musée des Beaux-Arts, Strasbourg.

zugehörigen Wolken tragen zu der Stimmung der Unruhe und Aufgeregtheit bei: Es sind teils dunkle Wolken, teils aufgerissene Wolkenränder, die diese Stimmung fördern. So in Georges Michels Bild *Gewitter. Landschaft in der Umgebung von Montmartre*[11] (Abb. 1). Die starken Kontraste von hell und dunkel vermitteln manchmal geradezu eine Stimmung des Unheimlichen. Dafür ist der *Galgenberg bei Gewitterstimmung*[12] von Carl Blechen (Abb. 2) ein gutes Beispiel. Blechen hat die Atmosphäre des Unheimlichen zusätzlich durch den Topos Galgenberg evoziert. Derselbe Effekt wird auf vielen Seestücken durch die entsprechende Wolkenkonstellation erreicht, obgleich es sich dann nicht notwendig um ein Gewitter handelt. Das Wechselspiel der drohend bewegten Wolken mit den aufgewühlten Wellen kann dann eine tiefe Erregtheit und – selbst vom Bilde ausgehend – einen Anflug von Furcht vermitteln. Ludolf Backhuysen verstärkt diesen Eindruck noch dadurch,

11 Siehe dazu den Katalog von Stephan Kunz u. a. (Hg.), *Wolkenbilder. Die Erfindung des Himmels*, München 2005, S. 26, Nr. 1.

12 Ebd., S. 27.

Abb. 2: Carl Blechen (1798-1840), *Galgenberg bei Gewitterstimmung.* Um 1837. Staatliche Kunstsammlungen Dresden, Gemäldegalerie Neue Meister.

Abb. 3: Ludolf Backhuysen (1631-1708), *Stürmische See an bergiger Küste,* o. J. Staatliche Museen zu Berlin, Gemäldegalerie.

Abb. 4: John Constable (1776-1837), *Der Heuwagen*, 1821. National Gallery, London.

Abb. 5: John Constable (1776-1837), *Die Mühle bei Stradford*, 1820. National Gallery, London.

Abb. 6: Christoffer Wilhelm Eckersberg (1783-1853), *Blick von der Festung Trekroner auf Kopenhagen in der Ferne*, 1836. Den Hirschsprungske Samling, Kopenhagen.

dass er die Menschen am Land in leiblicher Ergriffenheit zeigt. Nur einer sitzt in quasi Friedrich'scher Beobachtungsruhe und kann so die Erhabenheit des Schauspiels, die die Szene *Stürmische See an bergiger Küste* (Abb. 3)[13] für den Unbetroffenen hat, dem Betrachter des Bildes vermitteln.

Ganz anders wirken die sogenannten Schäfchenwolken, bei Howard-Goethe ein Teil der Cirrusformationen, und die Cumulus-Wolken. Man redet auch von Schönwetter-Wolken. Wetter als schön zu bezeichnen, ist ja nur möglich als Wettercharakteristik im subjektiven Sinne. Schönes Wetter ist in jedem Fall sonnig, wenngleich der blaue Himmel und der helle Sonnenschein auch durch Wolkengruppen prägnanter werden können. Ja, durch die nicht eintrübende Anwesenheit von Wolken wird das schöne Wetter erst als solches wahrgenommen: Die Wolken markieren gewissermaßen, dass es auch anders sein kann. Bei den Cumulus-Wolken kommt noch hinzu, dass sie in unseren Breiten gewöhnlich eine

13 Ebd., S. 26, Nr. 2.

Antwort auf richtig warmes, das heißt noch leicht feuchtes Wetter sind. Ihre Anwesenheit gibt einem deshalb, solange sie sich noch nicht zu Gewitterwolken verdichtet haben, das angenehme Gefühl intensiven Sommerwetters. Beispiele dafür sind etwa John Constables Bilder *Der Heuwagen*[14] und *Die Mühle bei Stratford*[15] (Abb. 4 und 5). Beide Bilder zeigen durch die sehr ruhigen Beschäftigungen der Menschen auf dem Bild zugleich an, dass wir eine Landschaft sehen zur Zeit einer Witterung, die eine ungezwungene, ja wohlige Anwesenheit der Menschen im Freien ermöglicht: Es ist die Zeit des reifen Sommers. Beide Bilder vermitteln übrigens auch die Atmosphäre des Heiteren. Es sind vor allem die Schäfchenwolken, die uns Wetter als heiter erfahren lassen. Das hat sicher mit ihrer leichten Gestalt zu tun, aber auch damit, dass sie erfahrungsgemäß nicht Regen bedeuten, eher sogar einen Fortbestand guten Wetters anzeigen. Dieser Effekt lässt sich besonders an Christoffer Wilhelm Eckersbergs Bild *Blick von der Festung Trekroner auf Kopenhagen in der Ferne*[16] (Abb. 6) studieren, und zwar umso mehr, als die Heiterkeit der Szene auf der linken Seite des Bildes durch eine Eintrübung vermittels einer Stratus-Wolke von rechts her artikuliert wird.

Bei Howard wie bei Goethe wird, weil sie mehr an der Form der einzelnen Wolke interessiert waren, die geschlossene Wolkendecke vernachlässigt. Für die Wettererfahrung ist sie umso wichtiger. Sie kann einen Tag trüb und düster machen, sie kann gedrückte bis melancholische Stimmungen erzeugen. Unter den Malern finden wir ein Interesse an der geschlossenen Wolkendecke gerade bei denen, deren Anliegen nun ausdrücklich auf landschaftliche Atmosphären gerichtet ist, so bei Friedrich, bei Dahl und natürlich bei Turner. So hat Johan Christian Dahl in seinem Bild *Flachlandschaft*[17] einen durch eine geschlossene Wolkendecke bestimmten trüben Tag festgehalten. Dieses Bild zeigt übrigens noch die Wirkung eines anderen Wolkentyps auf die Stimmung, der bei Howard und Goethe unter dem Stichwort *Nimbus* genannt wird. Es handelt sich aber eigentlich nicht um eine Wolke, die man sieht, sondern um eine Wolke, in der man ist. Diese Differenz ist zwar nicht für eine Typologie der Wolken, umso mehr aber für eine Phänomeno-

14 Ebd., S. 29, Nr. 1.
15 Ebd., Nr. 2.
16 Ebd., S. 30, Nr. 1.
17 Ebd., S. 30, Nr. 2.

Abb. 7: Emil Nolde (1867-1956), *Lichte Meerstimmung*, 1901. © Stiftung Seebüll Ada und Emil Nolde.

logie des Wetters wichtig. Denn für die Witterungsstimmung ist es ein großer Unterschied, ob man etwa an einem Berghang einen Nebelstreif sieht oder von Nebel und Dunst umgeben ist. In Dahls Bild ist die düstere Stimmung eher sogar durch den einhüllenden Dunst als durch die lastende Wolkendecke bestimmt. Letztere gibt durch die helleren Konturen in der Höhe sogar eine gewisse Entlastung. Eine gänzlich geschlossene Wolkendecke wird man auf Bildern selten finden – erst in jüngster Zeit experimentieren Fotografen, insbesondere aus Japan, mit entsprechenden Bildern des Nichts. Auf einem Gemälde würde das in der Regel zum Verlust von Raumtiefe führen, insbesondere aber die Wolkenschicht kaum als solche erkennen lassen. Deshalb haben die geschlossenen Wolkendecken auf Gemälden in der Regel eine Akzentuierung durch ein Wolkenloch, etwa eine Stelle, an der die Wolkendecke aufreißt, oder durch Streifen- und Schichtbildung. Für Letzteres ist Emil Noldes Bild *Lichte Meerstimmung*[18] (Abb. 7) ein gutes Beispiel. Es

18 Ebd., S. 31.

zeigt zugleich, dass eine geschlossene Wolkendecke keineswegs immer bedrückend sein muss. Sie ist es zum Beispiel nicht, wenn die Wolkendecke sehr hoch ist, so dass sich in der Mitte ein heller Dom bildet. Bei Nolde haben wir es wegen der streifigen Aufhellungen dagegen eher mit einer zauberischen Stimmung zu tun, die mit dem Angebot, sich in ihr orientierungslos zu verlieren, auch etwas Unheimliches hat.

5. Schluss

Damit sind nur ein paar Andeutungen zu einer Phänomenologie des Wetters gemacht, in der die Wolken als Erzeugende von Witterungsstimmungen erfahren werden. Zugleich hat sich gezeigt, dass eine Bildbetrachtung, die nur auf die Gestalt und den kompositorischen Wert von Wolken auf einem Bild achtet, zu kurz greift. Sie sind vielmehr auf ihre atmosphärische Ausstrahlung hin zu betrachten. Nicht als Wolkendinge, die sich neben anderen Dingen auf dem Bild finden, sind sie für die Malerei bedeutsam, sondern als Bedingungen des ephemeren Erscheinens des Sujets – sei das nun eine Landschaft, sei es eine Stadtszene, sei es eine Genreszene. Wolken sind, wie Beleuchtungen oder Insignien der Jahreszeiten, Momente der vorübergehenden Welt. Sie tragen – auch auf den Bildern – dazu bei, dass die Dinge in ihrem Hier und Jetzt erfahren werden.

Das Wetter in der Sprache der Gefühle mit besonderer Berücksichtigung Goethes

1. Über die Verwandtschaft von Wetter und Gefühl

Dieses Kapitel wird sich paradigmatisch mit zwei Ausdrücken befassen, die man als Wettermetaphern in der Sprache der Gefühle bezeichnen kann, nämlich mit *Atmosphäre* und mit *Schauer*. Dass diese Ausdrücke ursprünglich der Rede übers Wetter entstammen, steht außer Zweifel. Doch man wird die nahe Verwandtschaft von Wetter und Gefühl, die sich darin kundtut, nicht fassen, solange man diese Redeweisen als bloß metaphorisch versteht: *Eine Wolke von Wohlwollen strömte mir entgegen, das Wetter heiterte sich auf.* Wenn die Ausdrücke *Wolke* und *heiter* jeweils nichts als Metaphern wären, die ursprünglich aus einem anderen Gebiet stammen, dann rechnete man noch nicht mit einer strukturellen Verwandtschaft zwischen Wetter und Gefühl. Das Haupthindernis dafür liegt in dem, was der Philosoph Hermann Schmitz die *Introjektion der Gefühle* genannt hat, nämlich die Auffassung, dass Gefühle innerseelische Zustände sind. Natürlich gibt es auch innerseelische Zustände, aber sie sind nach Schmitz' Analyse nur die affektive Betroffenheit durch etwas, was einen von außen anrührt, das selbst räumlichen Charakter hat. Schmitz redet von Atmosphären, nämlich quasi objektiven Gefühlen, die unbestimmt in die Weite ergossen sind. Mit diesem Ausdruck *Atmosphäre* haben wir das Phänomen bezeichnet, das die Verwandtschaft von Wetter und Gefühl trägt. Atmosphäre ist allerdings ursprünglich ein meteorologischer Begriff und bezeichnet die Totalität des Luftraums. Seit Jahrhunderten aber, und zwar in den meisten europäischen Sprachen, bezeichnet dieser Ausdruck auch die emotionale Tönung des Raums beziehungsweise räumlicher Konstellationen. Atmosphäre in diesem Sinne kann man mit Elisabeth Ströker als gestimmten Raum, mit Hermann Schmitz als quasi objektives Gefühl[1] bezeichnen; ich würde sagen, dass Atmosphäre die Sphäre gespürter leiblicher Anwesenheit ist.[2] Gehen wir von diesem Begriff aus, dann kann man als Atmosphäre

1 Siehe dazu die Ausführungen im Kapitel »Der leibliche Raum« in diesem Band.

2 Siehe Gernot Böhme, *Atmosphäre. Essays zur Neuen Ästhetik*, Berlin [7]2013.

sowohl das Wetter, das einen umgibt, als auch den Gefühlsraum, in dem man sich befindet, bezeichnen. Ich gebe für beides zur Verdeutlichung eine Reihe von Beispielen:

Wie ist das Wetter bei euch?
– Es ist ein heiterer Morgen.
– Es herrscht eine bedrohliche Gewitterstimmung.
– Es ist ein düsterer Tag.
– Es ist herbstlich kühl.

Wie ist die Stimmung bei euch?
– Wir leben in gespannter Erwartung.
– Es herrscht eine aggressive Atmosphäre.
– Die Atmosphäre ist sehr gemütlich.
– Die Gespräche vollziehen sich in kühler Atmosphäre.

Solche Beispiele dürften plausibel machen, dass Wetter und Gefühle eng miteinander verwandt sind: Beides sind Atmosphären. Freilich meint man dann Wetter als subjektive Tatsache, als leiblich-sinnlich gespürte Wetterlage, und Gefühl als quasi objektives Gefühl, als emotional getönten Raum. Diese Verwandtschaft hat jedoch auch Grenzen. Bevor ich auf sie eingehe, möchte ich zuerst den Autor zitieren, der unter dem allgemeineren Thema des leiblichen Raums die Verwandtschaft von Wetter und Gefühl am deutlichsten herausgearbeitet hat. Hermann Schmitz schreibt in seinem Band *Der Gefühlsraum*:

Unter den Beispielen dafür [nämlich für den leiblichen Raum, G. B.] habe ich an erster Stelle den klimatischen Raum genannt, das heißt unbestimmte weite Ausdehnung des Wetters oder Klimas in der Gestalt, die wir unwillkürlich spüren, wenn wir ohne Weiteres – namentlich ohne Besinnung auf den eigenen Leib und auf Sinnesdaten im üblichen Sinn – dessen inne sind, dass es heute zum Beispiel schwül, feucht, lau oder frisch und kühl oder frühlingshaft oder gewittrig erregend ist oder sonst etwas in der Luft liegt. Was wir dann spüren, ist als Phänomen eigentlich nicht ein Zustand unseres Leibes, sondern eine diesen umhüllende, ungegliederte, randlos ergossene Atmosphäre, in deren Weite sich freilich der eigene Leib als etwas abhebt, das von ihr in spezifischer Weise – zum Beispiel erschlaffend bei schwülem Wetter oder straffend bei frischer, reiner Luft – betroffen wird. Ebenso sind Gefühle nach den in diesem Buch zusammengestellten

Beobachtungen solche Atmosphären, die den Menschen durch dessen leibliches Betroffensein heimsuchen, aber nicht nur ein Zustand seines Leibes sind, sondern unbestimmt weit ergossene Mächte, wovon dieser umgriffen wird.[3]

Im Folgenden versucht dann Schmitz, den Unterschied von Wetter und Gefühl zu bestimmen. Es würde zwar dem »feinfühligen Beobachter nicht schwerfallen, dem spürbaren Wetter oder Klima eine Gefühlsnatur anzumerken«, aber es wäre doch befremdlich, »umgekehrt das Gefühl als eine Art von Wetter auszugeben«.[4] Als Unterschiede gibt er im Folgenden an, dass man das Wetter beispielsweise durch Kleidung »von sich wegrücken«, ferner im Wetter »im Prinzip beliebig umherwandern«[5] könne, was jeweils bei Gefühlsatmosphären nicht der Fall sei. Ferner gebe es einen Unterschied in Bezug auf die Richtungen, die im jeweiligen Raum des Wetters und der Gefühle auszumachen seien. Die Richtungen des Wetters seien terminierbar – das heißt, dass das Wetter quasi als von räumlichen Quellen her ausgehend bestimmbar ist, während das bei Gefühlen nicht der Fall sei, weil, soweit ihnen überhaupt Richtungen zuzuschreiben sind, diese »abgründig und nicht terminierbar«[6] seien. Ich halte das Letztere zwar nicht für zutreffend, weil auch Gefühlsatmosphären von dinglichen Erzeugern ausgehen können, aber was doch in allen von Schmitz genannten Unterscheidungsmerkmalen eine Rolle spielt, ist etwas, das er zu bemerken ausdrücklich vermeidet, nämlich dass das Wetter ein *Natur*-Phänomen ist. Das heißt erstens, dass dem Wetter gegenüber dem Verhalten des Menschen quasi eine Eigenaktivität zuzubilligen ist, und zweitens, dass die Wetterphänomene, die zwar zunächst und zumeist in subjektiver, das heißt leiblicher Betroffenheit erfahren werden, auch in distanzierter Haltung konstatierbar sind. Bei weiterem Ausbauen dieses Konstatierens wird das Wetter auf naturwissenschaftlich erfassbare Faktoren zurückgeführt, die als seine Erzeugenden anzusehen sind. Streng genommen muss man allerdings sagen, dass das Wetter als Totalität nur in leiblicher, das heißt subjektiver Betroffenheit gege-

3 Hermann Schmitz, *System der Philosophie*, Bd. III.2: *Der Gefühlsraum*, Bonn 1969, S. 361.

4 Ebd., S. 364.

5 Ebd., S. 365.

6 Ebd., S. 366.

ben ist. Die naturwissenschaftlich konstatierbaren Parameter sind lediglich als Erzeugende dieser Totalität anzusehen, während die Totalität des Wetters selbst nicht naturwissenschaftlich gegeben ist, sondern allenfalls im Modell der systemischen Wechselwirkungen der Wetterparameter repräsentiert werden kann. Das führt zu der vielleicht für manchen paradox erscheinenden Tatsache, dass man zwar die Entwicklung der einzelnen Wetterparameter und durchaus auch ihre Wechselwirkung voraussagen kann, nicht aber wie das im Wetter im Ganzen sein wird. Denn die Synthesis der mannigfaltigen wettererzeugenden Faktoren vollzieht sich letztlich erst in der leiblich-sinnlichen Wahrnehmung. Daraus folgt das Desiderat einer Phänomenologie des Wetters, nämlich einer Kategorisierung der gesetzmäßigen Natur in Bezug auf das leibliche Spüren – wenn man das in Analogie zur Goethe'schen Definition von Farbe so sagen darf.

Bevor ich nun an Beispielen vornehmlich aus Goethes Texten den Gebrauch von Wettermetaphern in der Sprache der Gefühle untersuche, muss noch einmal eine Unterscheidung verdeutlicht werden, die sich in der neueren Phänomenologie der Gefühle als notwendig erwiesen hat, eine Unterscheidung, von der ich schon Gebrauch gemacht habe. Ich meine die Unterscheidung von *Gefühl* einerseits und *affektiver Betroffenheit* andererseits. Man ist gewohnt, Gefühle als Zustände einer Innerlichkeit oder Seele zu verstehen. Hermann Schmitz hat nun in seinem Versuch, die Introjektion der Gefühle rückgängig zu machen, gezeigt, dass, was man so Gefühle nennt, eigentlich die affektive Betroffenheit durch Gefühle ist und dass diese affektive Betroffenheit in leiblichen Regungen erfahren wird.[7] Gefühle selbst haben atmosphärischen Charakter, sie sind randlos in die Weite ergossen. So kann man von einem heiteren Tal, einem melancholischen Abend reden. Diese Heiterkeit beziehungsweise Melancholie wird jedoch empfunden dadurch, dass, wie man sagt, einem das Herz im Leibe hüpft oder man sich gedrückt und niedergeschlagen fühlt.

7 Siehe ebd.

2. *Atmosphäre* als Metapher für den gestimmten Raum

In der Szene »Abend« in *Faust I* gibt es eine Stelle, die beides, atmosphärische Erfahrung von Gefühlen und affektive Betroffenheit in leiblicher Regung, artikuliert und mitvollziehbar macht. Es handelt sich um die Szene, in der Mephisto Faust in Gretchens Kammer führt und Gretchen später durch die Veränderung der Atmosphäre noch die Anwesenheit des Teufels spürt. Goethe bedient sich in diesem Zusammenhang zwar nicht des Ausdrucks *Atmosphäre*, er benutzt jedoch den äquivalenten Ausdruck *Dunstkreis*. Er hat jedoch später im Rückblick auf die Szene »Abend« explizit den Terminus *Atmosphäre* verwendet. In den Gesprächen mit Eckermann sagt Goethe: »Nur die Atmosphäre wird durch ihn [das heißt den Teufel, G. B.], nach Gretchens Bemerkung, etwas schwül gemacht, trotz seines freiherrlichen Benehmens.«[8]

Die in der Szene »Abend« des *Faust* sowohl bei Faust als auch bei Gretchen vorgeführte Erfahrungsweise wird von Mephisto bereits vorher in der Szene »Straße« angekündigt. Er sagt zu Faust vor dessen Eindringen in Gretchens Kammer:

Indessen könnt ihr ganz allein
An aller Hoffnung künft'ger Freuden
In ihrem Dunstkreis satt Euch weiden.
(*Faust I*, 2669-2671)[9]

Dunstkreis, ebenfalls ein Ausdruck aus dem Bereich des Wetters, bezieht sich hier auf die Atmosphäre, die Gretchen ihrer Kammer verliehen hat. Interessant ist in der Folge mitzuerleben, wie sich Fausts Liebe zu Gretchen entwickelt, indem er sie durch die Atmosphäre, die in ihrer Kammer herrscht, erst eigentlich kennerlernt. Zunächst war ja seine Beziehung zu ihr nichts als ein begehrliches Zugreifen:

Hör, du mußt mir die Dirne schaffen!
(*Faust I*, 2618)[10]

8 *Goethes Gespräche*, hg. v. Woldemar Freiherr von Biedermann, Leipzig 1889-1896, Bd. 2, S. 66.

9 Johann Wolfgang von Goethe, *Sämtliche Werke, Briefe, Tagebücher und Gespräche*. Frankfurter Ausgabe [FA] in 40 Bd., hg. v. Friedmar Apel u. a., Frankfurt/M., Berlin 1987-2013, I. Abt., Bd. 7.1: *Faust. Texte*, hg. v. Albrecht Schöne, Frankfurt/M. 1994, S. 114.

10 Ebd., S. 112.

Die Ausdrücke, mit denen Faust sein Erleben in Gretchens Kammer artikuliert, sind die typischen wetterbezogenen und olfaktorischen[11] Metaphern, die Gefühlsatmosphären charakterisieren. Atmosphären haben etwas Luftartiges, man erfährt sie atmend:

Wie atmet rings Gefühl der Stille,
Der Ordnung, der Zufriedenheit!
(*Faust I*, 2691 f.)[12]

Als bewegte kann man sie wie Wind erfahren:

Ich fühl', o Mädchen, deinen Geist
Der Füll' und Ordnung um mich säuseln,
(*Faust I*, 2702-2703 f.)[13]

Die Gefühlsatmosphäre ist ferner einem Duft vergleichbar – man atmet sie ein und wird durch sie zu einer gewissen Empfindung gestimmt. Sie umgibt einen auch wie das Wetter, das einen je nach Lage niederdrückt oder erhebt. Das findet sich in folgenden Versen:

Umgibt mich hier ein Zauberduft?
Mich drang's, so g'rade zu genießen,
Und fühle mich in Liebestraum zerfließen!
Sind wir ein Spiel von jedem Druck der Luft?
(*Faust I*, 2721-2724)[14]

So weit Faust. Noch eindrucksvoller und gewissermaßen plastischer sind die Zeugnisse von Gretchens Erleben:

Es ist so schwül, so dumpfig hie,
Und ist doch eben so warm nicht drauß.
Es wird mir so, ich weiß nicht wie –
Ich wollt', die Mutter käm' nach Haus.
Mir läuft ein Schauer über'n ganzen Leib –
Bin doch ein töricht furchtsam Weib!
(*Faust I*, 2753-2758)[15]

11 Der Begriff der Atmosphäre ist zum ersten Mal von Hubert Tellenbach in seinem Buch *Geschmack und Atmosphäre*, Salzburg 1968, im wissenschaftlichen Zusammenhang verwendet worden.
12 FA I/7.1, S. 115.
13 Ebd., S. 116.
14 Ebd.
15 Ebd., S. 117 f.

Die Anwesenheit von Mephisto hat die Atmosphäre in Gretchens Kammer kontaminiert. Obgleich Faust und Mephisto schon fort sind, spürt Gretchen noch irgendwie Mephistos Atmosphäre – wie sie ja auch später, was Mephisto ihr attestiert, ein feines Gespür für seinen fragwürdigen Charakter zeigt. Mephisto sagt darüber:

In meiner Gegenwart wird's ihr, sie weiß nicht wie!
Mein Mäskchen da weissagt verborgnen Sinn;
Sie fühlt, daß ich ganz sicher ein Genie,
Vielleicht wohl gar der Teufel bin.
(*Faust I*, 3538-3541)[16]

In der Szene »Abend« wird diese veränderte Atmosphäre wie ein Wetterumschlag wahrgenommen. Von draußen kommend, erfährt Gretchen in ihrer Kammer eine andere Wetterlage: schwül und dumpfig. Sie fühlt das als Beklemmung, ja Bedrohung und wünscht die Mutter herbei. Goethe lässt sie diese irritierende Anmutung mit der im 18. Jahrhundert weit verbreiteten Formel ausdrücken, einer Formel die auch in theoretische Schriften zur Ästhetik Eingang gefunden hat:[17]

Es wird mir so, ich weiß nicht wie –

Dies *je ne sais quoi* steht für das Irrationale von Widerfahrnissen, dass man nämlich in seinem Befinden von etwas Befremdlichen angerührt wird und nicht weiß, wie einem dabei geschieht.

Wir haben mit dieser Szene eine Situation, in der die Veränderung einer Gefühlsatmosphäre so erfahren wird, als habe sich das Wetter geändert. Das ist nur möglich, weil umgekehrt das Wetter als quasi objektives Gefühl, als Stimmung, die im Raum hängt, wahrgenommen wird. Wie ein schwüles Wetter als bedrängend und beklemmend erfahren wird, so kann umgekehrt eine bedrängend und beklemmende Gefühlsatmosphäre mit dem Wetterattribut *schwül* charakterisiert werden.

Die genannte Stelle aus der *Faust*-Szene »Abend« enthält aber noch eine andere Wettermetapher, die nach der obigen Unterschei-

16 Ebd., S. 152 f.

17 Siehe Montesquieus Artikel in der *Encyclopédie* zum Stichwort »goût« und William Hogarths *Zergliederung der Schönheit, die schwankenden Begriffe von dem Geschmack festzusetzen* (übers. von C. Mylius), Berlin, Potsdam 1754, S. 4.

dung nicht die Atmosphäre, sondern die in einer leiblichen Regung erfahrene affektive Betroffenheit durch sie charakterisiert:

Mir läuft ein Schauer über'n ganzen Leib –

3. *Schauer* als Metapher für affektive Betroffenheit

Anders als beim Terminus *Atmosphäre* ist *Schauer* so sehr in die Sprache der Gefühle eingegangen, dass seine Herkunft aus dem Bereich der Rede übers Wetter nicht mehr selbstverständlich ist. Der Unterschied mag auch daraus resultieren, dass Atmosphäre ein Ausdruck nicht der Alltags-, sondern der Gelehrtensprache war. Grimms Wörterbuch ist jedoch in dieser Frage völlig eindeutig. Danach sagt man: »schauer, in ältester sprache von einem hereinbrechenden unwetter [...].« Dann fügt Grimm hinzu: »in der epischen dichtung übertragen auf die scharfen, heftigen stösze des kampfes«.[18] Man sieht, dass *Schauer* von dieser Herkunft her das Moment des Überraschenden, Erschütternden und Vorübergehenden hat.

Das Grimm'sche Wörterbuch führt dann eine Klassifikation für die spezifischen Arten von Schauer als Wetterereignis ein, also Regenschauer, Hagelschauer usw. Diese Verwendung von Schauer zur Bezeichnung von Wetterereignissen findet sich auch bei Goethe. So die bekannte Stelle aus dem Osterspaziergang in der Szene »Vor dem Tor«, wo es von dem Winter, der sich schon in die Berge zurückgezogen hat, heißt:

Von dorther sendet er, fliehend, nur
Ohnmächtige Schauer körnigen Eises
In Streifen über die grünende Flur;
(*Faust I*, 908-911)[19]

Interessant ist, dass sich bei Goethe auch eine Stelle findet, an der der metaphorische Übergang von der Wettersprache zur Gefühlssprache greifbar wird. Das Gedicht »Wandrers Sturmlied« beginnt mit folgenden Versen:

18 Jacob und Wilhelm Grimm, *Deutsches Wörterbuch* [DWB], 32 Bde., Leipzig 1854-1971, Bd. 8 (1893), Sp. 2321-2330.
19 FA I/7.1, S. 51.

Wen du nicht verlässest, Genius,
Nicht der Regen, nicht der Sturm
Haucht ihm Schauer übers Herz.[20]

Goethe stellt hier zwei Typen von Schauer einander gegenüber, die aber darin übereinkommen, dass sie eine leiblich spürbare Erschütterung verursachen. Als Ort dieser Erschütterung wird das Herz genannt. Herz ist die Leibesgegend, in der affektive Betroffenheit in leiblicher Regung gespürt wird. Auch Regenschauer und Sturm könnten im Herzen, also als emotionale Erschütterungen, erfahren werden. Doch der wandernde Dichter ist dagegen gefeit, weil er von ganz anderen Schauern geschüttelt wird – solchen, die dann im weiteren Verlauf der Hymne als die Begegnung mit Göttern und Musen geschildert werden.

Wir haben mit der zitierten Stelle zugleich einen klaren Beleg dafür, dass Schauer nicht einfach die überraschende emotionale Ergriffenheit benennt, sondern ihre Erfahrung als leibliche Regung. Dabei muss der Ort dieser Regung nicht notwendig das Herz sein, es kann auch die Haut sein, über die ein Schauer läuft,[21] oder, wie wir es von Gretchen hörten, der ganze Leib:

Mir läuft ein Schauer über'n ganzen Leib –
(*Faust I*, 2757)[22]

Charakteristisch für die Erfahrung des emotionalen Schauers ist wie bei Wetterschauern die Plötzlichkeit. So heißt es in Goethes *Werther* an mehreren Stellen, dass ihn oder Lotte ein Schauer *überfällt*.[23] So in der letzten Szene, in der Werther und Lotte zusammen sind: Ein Schauer überfällt Werther, als er die Ossian-Lieder hervorholt, um sie Lotte vorzulesen, und von ihr heißt es dann: »Die Lippen und Augen Werthers glühten an Lottens Arme; ein Schauer überfiel sie.«[24]Diese Stelle ist insofern interessant, als hier die leib-

20 Johann Wolfgang von Goethe, *Werke*, Hamburger Ausgabe [HA] in 14 Bänden, hg. v. Erich Trunz, München 1998, Bd. 1: *Gedichte und Epen I*, München 1998, S. 33.

21 Siehe DWB, Bd. 8, unter Bedeutung Nr. 8.

22 FA I/7.1, S. 118.

23 Siehe HA 3, S. 139 (*Faust*, 4405); HA 6, S. 99, 108, 114 (*Die Leiden des jungen Werther*) u. S. 443 (*Die Wahlverwandtschaften*); HA 11, S. 555 (*Italienische Reise*).

24 HA 6, S. 114.

lich spürbare emotionale Ergriffenheit in erotische Erregung übergeht – die ja ihrerseits ein Grundbeispiel für die leibliche Erfahrung von Gefühlen darstellt.

Die genannte Stelle aus dem *Werther* zeigt zugleich, dass Schauer nicht notwendig eine negative emotionale Erfahrung bezeichnen muss – obgleich die erotische Tendenz dieses letzten Zusammenseins mit Werther für die sonst so ausgeglichene und treue Lotte etwas zutiefst Erschreckendes gehabt haben muss. Das Grimm'sche Wörterbuch führt als Beispiel solcher positiver Erfahrung aus Musäus' Volksmärchen »ein froher Schauer«[25] an. In der Regel jedoch bezeichnet Schauer ein Widerfahrnis, das nicht nur den Menschen aus seiner Ruhe reißt, sondern ihn mit Düsterem, Unheimlichem, Bedrohlichem konfrontiert. Dafür möge eine Stelle aus *Dichtung und Wahrheit* stehen, an der Goethe sein elterliches Haus beschreibt: »[D]ie alte, winkelhafte, an vielen Stellen düstere Beschaffenheit des Hauses war übrigens geeignet, Schauer und Furcht in kindlichem Gemütern zu erwecken.«[26]

Ganz besonders deutlich wird diese Nähe von Schauer und Schrecken, die ja dann auch zur Bildung des Ausdrucks des *Schauerlichen* geführt hat, in der Kerkerszene des *Faust*:

Mich faßt ein längst entwohnter Schauer,
Der Menschheit ganzer Jammer faßt mich an.
(*Faust I*, 4405 f.)[27]

Noch stärker in der Formulierung des Urfaust: »Es faßt mich längst verwohnter Schauer. Inneres Grauen der Menschheit.«[28]

Es ist klar, dass Schauer so auch die menschliche Erfahrung mit dem Übermächtigen schlechthin, dem Göttlichen, dem Numinosen artikulieren kann. Die Rede vom *heiligen Schauer* ist geläufig.[29] Schauer ist das *tremendum*. In Goethes *Faust* finden wir entsprechend die Rede vom Schauer dort, wo es sich um die Begegnung mit ungreifbar Vorschwebendem, mit Geistern und Gespenstern handelt. Dabei ist bemerkenswert, dass *Schauer* manchmal, wie es ja von der Rede über Wetterereignisse her naheliegt, auch dasjenige

25 DWB, Sp. 2325.
26 HA 9, S. 13.
27 FA I/7.1, S. 192.
28 HA 3, S. 417.
29 Laut DWB, Sp. 2325, ein Zeugnis von Wieland.

bezeichnet, was das Erschauern erregt. *Schauer* in dieser Verwendung nähert sich der Rede über Atmosphären. So kann man bereits Goethes Vorrede zum *Faust*, die »Zueignung«, lesen. Dort wird das Vorschweben der dramatischen Gestalten ja ebenfalls mit Wettermetaphern bezeichnet:

Wie ihr aus Dunst und Nebel um mich steigt;
(*Faust I*, 6)[30]

Dann heißt es weiter:

Ein Schauer faßt mich, Träne folgt den Tränen,
(*Faust I*, 29)[31]

Das Grimm'sche Wörterbuch redet davon, dass Schauer »in freiem gebrauche« »wie selbständig und vom träger und verbreiter des schauerns getrennt«[32] behandelt wird.

Im *Faust* selbst erfährt Faust den beschworenen und sich nähernden Geist als Schauer.

Es dampft! – Es zucken rote Strahlen
Mir um das Haupt – Es weht
Ein Schauer vom Gewölb' herab
Und faßt mich an!
(*Faust I*, 471-474)[33]

Natürlich kann man auch alle Stellen, an denen davon die Rede ist, dass einen ein Schauer *überfällt,* in diesem Sinne lesen, wenngleich an den meisten nichts Atmosphärisches genannt ist. Eindeutig ist aber in dieser Hinsicht folgende Stelle des *Werther*, an der ein Ort beschrieben wird, an dem »hohe Buchenwände einen [...] einschließen und durch ein daranstoßendes Boskett die Allee immer düsterer wird, bis zuletzt alles sich in ein geschlossenes Plätzchen endigt, das alle Schauer der Einsamkeit umschweben«.[34]

30 FA I/7.1, S. 11.
31 Ebd.
32 DWB, Sp. 2325 f.
33 FA I/7.1, S. 36.
34 HA 6, S. 56.

4. Schluss: Die Sprache der Gefühle

Es gibt bisher wenig Untersuchungen zur Sprache der Gefühle, und was es gibt, enttäuscht. So ist Roland Barthes' *Fragmente einer Sprache der Liebe*[35] eigentlich überhaupt keine Untersuchung über die Sprache, sondern vielmehr der Versuch, im Sinne des Strukturalismus die zentralen Topoi der Liebe zu identifizieren – nebenbei gesagt: mit besonderer Berücksichtigung von Goethes *Werther*. So ist der von Ludwig Jäger herausgegebene Band *Zur Historischen Semantik des deutschen Gefühlswortschatzes*[36] der Vorlauf zu einem geplanten Wörterbuch, das aber – jedenfalls in dieser Entwicklungsphase – sich auf die eigentlichen Gefühlswörter wie Liebe, Furcht, Weinen etc. konzentrierte. Interessant würde die Frage nach den Gefühlswörtern aber erst dort, wo man den Bereich der Metaphorik betritt, und zwar weil Gefühle wegen des ihnen eigenen vagen und ephemeren Charakters sich weitgehend direkter und eindeutiger Bezeichnung entziehen. Eine Untersuchung metaphorischen Sprechens über Gefühle hat zudem den Vorteil, dass man dabei etwas für die Theorie der Gefühle selbst lernt, weil die Metaphern ja jeweils aus ihrem Herkunftsgebiet bestimmte Strukturen mitbringen und entsprechende dann im Feld der Gefühle beleuchten.

Ich habe in diesem Kapitel durch die Untersuchung der Ausdrücke *Atmosphäre* und *Schauer* dafür ein Beispiel gegeben. Sie korrespondieren der phänomenologischen Unterscheidung von Gefühlen und affektiven Betroffenheiten, die in leiblichen Regungen spürbar werden. Der Ausdruck *Atmosphäre* eignet sich dazu, das räumliche Ausgebreitetsein von Gefühlen und die emotionale Tönung der Weltsicht zu artikulieren. Der Ausdruck *Schauer* eignet sich dazu, das Ergriffensein durch Gefühle, dessen Befremdlichkeit und Plötzlichkeit zu artikulieren, wie auch dazu, ernst zu nehmen, dass affektives Betroffensein in leiblichen Regungen spürbar wird.

Damit ist beileibe nicht alles gesagt, nicht einmal alles darüber, was Ausdrücke aus der Wettersprache zur Benennung von Gefühlsereignissen und Gefühlscharakteren leisten. Man denke nur an Ausdrücke wie ein *wolkiges* oder ein *sonniges Gemüt*, *seine Stirn*

35 Roland Barthes, *Fragmente einer Sprache der Liebe*, Frankfurt/M. ^{4}1992.

36 Ludwig Jäger, *Zur Historischen Semantik des deutschen Gefühlswortschatzes*, Aachen 1988.

umwölkte sich, wie *die Stimmung heiterte sich auf, sein Zorn brach mit einem Donnerwetter los*. Ferner ist noch gar nicht ausgemacht, ob die Wettersprache gegenüber anderen Feldern, aus denen Gefühlsmetaphern stammen, einen Vorzug hat. Mein Bruder Hartmut Böhme und ich haben in unserem Buch zur Kulturgeschichte der vier Elemente[37] Andeutungen zu einer elementischen Sprache der Gefühle gemacht. Dabei ist etwa an Ausdrücke wie *flammende Liebe, eine Woge der Freude, eine lastende Trauer, ein stürmischer Charakter* zu denken. Warum aber die Elemente sich besonders eignen, Gefühlscharaktere auszudrücken, ist ungeklärt. Liegt es daran, dass die klassische Elementenlehre – etwa bei Empedokles – als Theorie ergreifender Mächte konzipiert wurde, oder daran, dass der Mensch an der Dynamik der Elemente – also draußen – seine eigene, innere Dynamik zu erkennen lernt? Für die Wettermetaphern dagegen konnten wir ein Prinzip benennen, das die Metaphorik trägt: Das Wetter wird, jedenfalls als Totalität subjektiver Tatsachen, selbst in affektiver Betroffenheit erfahren und in leiblichen Regungen gespürt – wie die Gefühle.

37 Siehe Gernot Böhme, Hartmut Böhme, *Feuer, Wasser, Erde, Luft. Eine Kulturgeschichte der Elemente*, München 1996.

Akustische Atmosphären

1. Einleitung

Seit der ästhetischen Moderne, also etwa seit der Zeit Baudelaires, hat es einen ständigen Wettlauf zwischen Kunstentwicklung und ästhetischer Theorie gegeben. Dabei sind es nicht nur die Entwicklungen in der bildenden Kunst, die in ihren Avantgarden immer wieder die Vorstellungen davon, was Kunst überhaupt sei, überschritten, sondern auch Entwicklungen im Bereich der Musik. Ganz besonders die musique concrète und die Klanginstallationen zwangen zu einer Revision der Musiktheorie und darüber hinaus zu Veränderungen in den Grundkonzepten von Ästhetik überhaupt. Diese Veränderungen betreffen, um es stichwortartig vorweg zu sagen: die Erweiterung des Tonmaterials, das Konzept von Musik als Raumkunst und den Vorrang des Hörens.

Die Ästhetik ist in der Mitte des 18. Jahrhunderts, nämlich bei Alexander Gottlieb Baumgarten, ursprünglich als Theorie der sinnlichen Erkenntnis konzipiert worden. Nur allzu schnell hat sie sich jedoch zu einer Theorie des Geschmacks entwickelt und sich in ihren Gegenständen auf Kunstwerke eingeschränkt. Während die Ästhetik bei Kant noch wesentlich eine Naturästhetik zu sein schien,[1] war sie bei Hegel bereits nur noch der Vorhof zur eigentlichen Ästhetik, der Theorie des Kunstwerks. Die Ästhetik diente fortan im Wesentlichen der ästhetischen Urteilsbildung und damit der Kunstkritik und hatte das Feld sinnlicher Erfahrung und affektiver Betroffenheit gänzlich verlassen.

2. Stand der Ästhetik der Atmosphären

Der außerordentliche Vorteil einer Ästhetik der Atmosphären ist, dass sie an ein breites Reservoir von Alltagserfahrungen anknüpfen

1 Dieser Eindruck verfliegt bei näherem Studium. Es zeigt sich, dass gerade Beispiele aus dem Feld des Designs im Zentrum stehen. Siehe Gernot Böhme, »Index over de aestetiske exempler i Kants ›Kritik der Urteilskraft‹«, in: *Kritik* (Kopenhagen) 105 (1993), S. 79-80; ders., *Kants Kritik der Urteilskraft in neuer Sicht*, Frankfurt/M. 1999.

kann. Man spricht von einem *heiteren* Tal, von einer *drückenden Gewitterstimmung*, von der *gespannten Atmosphäre einer Sitzung*, und es ist leicht, sich darüber zu verständigen. Wenn Atmosphären Stimmungen sind, die in der Luft liegen, so ist damit ein Phänomen bezeichnet, das jedermann vertraut ist, mehr noch: Es gibt einen schier unerschöpflichen Fundus, über Atmosphären zu sprechen, Atmosphären zu charakterisieren. Man spricht von einer *ernsten Atmosphäre*, einer *bedrohlichen Atmosphäre*, einer *erhabenen Atmosphäre*, aber man spricht auch von der *Atmosphäre der Gewalt* oder der *Heiligkeit*, und man redet sogar von der *Atmosphäre eines Boudoirs*, von einer *kleinbürgerlichen Atmosphäre*, von der *Atmosphäre der zwanziger Jahre*.

Aufbauend auf diesen alltäglichen Erfahrungen und Redeweisen ist inzwischen der Begriff der Atmosphäre zu einem wissenschaftlichen Begriff entwickelt worden.[2] Das Besondere, aber auch theoretisch Schwierige besteht darin, dass er ein typisches Zwischenphänomen bezeichnet. Die Atmosphären sind etwas zwischen Subjekt und Objekt: Man kann sie als quasi objektive Gefühle bezeichnen, die unbestimmt in den Raum ergossen sind. Aber ebenso muss man sie als subjektiv bezeichnen, insofern sie nichts sind ohne ein erfahrendes Subjekt. Aber gerade in diesem Zwischensein liegt ihr hoher Wert. Durch sie wird nämlich verbunden, was traditionell als Produktions- und Rezeptionsästhetik getrennt war. Allerdings kann man Atmosphären erzeugen, und es gibt ausgearbeitete Künste, deren Thema spezifisch die Erzeugung von Atmosphären ist. Es geht dabei um den Einsatz durchaus dinglicher, technischer Hilfsmittel, nicht aber als kausale Wirkfaktoren, sondern als Erzeugende für Atmosphären. Die Kunst des Bühnenbildes ist für diese Zugangsart zu Atmosphären paradigmatisch. Schließlich: Atmosphären werden in affektiver Betroffenheit erfahren, und man kann nur sagen, welchen Charakter sie haben, indem man sich ihnen in leiblicher Anwesenheit aussetzt, um sie in der eigenen Befindlichkeit zu spüren. Das ist die klassische Seite der Rezeptionsästhetik.

Zum Studium der Atmosphären wurden die kontrastive und die ingressive Erfahrung vorgeschlagen: Man erfährt die Spezifität von Atmosphären am besten, wenn ihre Charaktere abgehoben sind,

2 Siehe Gernot Böhme, *Atmosphäre. Essays zur neuen Ästhetik*, Berlin [7]2013; Michael Hauskeller, *Atmosphären erleben. Philosophische Untersuchungen zur Sinneswahrnehmung*, Berlin 1995.

das heißt nicht dann, wenn sie als das, was einen gleichmäßig umgibt, bereits zur Unauffälligkeit herabgesunken sind. Sie werden also erfahren im Kontrast, das heißt, wenn man in Atmosphären ist, die zur eigenen Stimmungslage quer liegen, oder wenn man in sie eintritt, durch den Wechsel von einer Atmosphäre zur anderen. Die Atmosphären werden dann als *Anmutungen*[3] erfahren, das heißt als eine Tendenz, einen in eine bestimmte Stimmung zu bringen.

Auf der Seite der Produktionsästhetik werden die Atmosphären, wie gesagt, auf ihre Erzeugenden hin untersucht: das sind Gegenstände, deren Qualitäten, Arrangements, Licht, Ton usw. Das Entscheidende ist aber, entscheidend vor allem für die Dingontologie, dass es hier nicht um die Eigenschaften geht, die ein Ding hat, durch die es eingegrenzt und von anderen unterschieden wird, sondern vielmehr um die Qualitäten, durch die es in den Raum hinausstrahlt. Genauer gesagt geht es darum, Eigenschaften als *Ekstasen*[4] zu lesen, das heißt als Weisen, in denen ein Ding aus sich herausgeht und die Sphäre seiner Anwesenheit modifiziert. Das Studium der Ekstasen ist besonders wichtig für die Kunst des Designs und des Bühnenbildes, denn hier geht es weniger um die objektiven Eigenschaften und Funktionen von Dingen als vielmehr um ihren szenischen Wert.

Die Ästhetik der Atmosphären, deren Anfänge also bei der ökologischen Ästhetik liegen, entwickelt sich inzwischen zu einer Rehabilitation des ursprünglichen Ansatzes von Alexander Gottlieb Baumgarten, das heißt der Ästhetik als *Aisthetik*, als allgemeiner Wahrnehmungslehre. Sie hat inzwischen ihre aufschließende Kraft in einer Reihe von Fallstudien erwiesen, so über die Atmosphäre einer Stadt, über Licht als Atmosphäre, das Atmosphärische der Dämmerung, über die Atmosphäre kirchlicher Räume, über Musik als Atmosphäre[5] und schließlich im Studium der Atmosphären zwischenmenschlicher Kommunikation.[6]

3 Siehe Gernot Böhme, *Anmutungen. Über das Atmosphärische*, Ostfildern 1998.

4 Zu diesem Begriff siehe Böhme, *Atmosphäre*, Teil III.

5 Diese Studien finden sich in Böhme, *Anmutungen*.

6 Gernot Böhme, »Kommunikative Atmosphären«, in: Torsten Arncken u. a. (Hg.), *Eine Rose für Jochen Bockemühl*, Sondernummer der *Elemente der Naturwissenschaft*, Dürnau 1999, S. 60-70. Für die anderen Themen siehe Böhme, *Anmutungen*.

3. Die ästhetische Eroberung des akustischen Raums

Die Musik als Kunstlehre war seit den Griechen die Kenntnis der Töne, und was Töne sind, bestimmte sich durch harmonische Abstände von einem Grundton, durch die Intervalle. Diese Auffassung von Musik kommt uns heute unfassbar eingeschränkt vor. Das 20. Jahrhundert hat ihr gegenüber eine ungeheure, in viele Dimensionen sich entfaltende Erweiterung des musikalischen Materials gebracht. Man kann geradezu von einer Eroberung des akustischen Raums sprechen. Von der Tonalität über die Chromatik führte der Weg zu einer schrittweisen Erweiterung des in der Musik zugelassenen akustischen Materials bis hin zum reinen Geräusch und zum Lärm. Waren es zunächst Zwischentöne in den Intervallen der Chromatik und das Entstehen und das innere Leben des Tons selbst, das Anblasen, Anstreichen, Anreißen, und wuchs das Interesse an der Individualität der Instrumente, ihrer Stimme, so wuchs die Bedeutung des Sounds. Dann wurde mit der Verballhornung der Instrumente durch Anschlagen und Kratzen der Klangkörper, durch immer neue Schlagzeuge eine Fülle von Geräuschen, nicht mehr nur von Tönen, in der Musik zugelassen. Schließlich wurden über Tonbänder Alltagsgeräusche, Straßenszenen, Naturlaute und die akustische Welt der Fabrik in die Musik einbezogen. Die Technik des Sampling macht heute jede Art von akustischem Material für Kompositionen verfügbar.

Neben dieser Erweiterung des musikalischen Materials ist ein grundsätzlicher Wandel oder, auch hier besser gesagt, eine Erweiterung des Wesens von Musik zu konstatieren. Bis weit ins 20. Jahrhundert hinein herrschte noch das Dogma, dass Musik Zeitkunst sei. Ihr eigentliches Wesen fand sie in der Zeitgestalt, in der den Augenblick überspannenden Einheit des musikalischen Geschehens. Von der Grundforderung nach Kadenz und Rückkehr zur Tonika über Melodie und Thema sowie das Gefüge von Sätzen bis hin zur Einheit der Sinfonie: Das zur Einheit gebundene Nacheinander machte die Musik aus. Selbst noch in der Zwölfton-Musik eines Schönberg wurde durch die Adaptation der Fugentechnik das eigentlich Musikalische in die Einheit des Nacheinanders gesetzt. Diese Auffassung von Musik wurde nicht überholt, aber doch relativiert, insofern man die Musik als *Raumkunst* entdeckte und in der neuen Musik mehr oder weniger explizit als solche entwickelte.

Dass Musik Räume füllt und dass über Resonanz und Hall der Raum ein wesentliches Element ihrer Wirkung darstellt, war immer schon bekannt. Was entdeckt wurde, ist, dass der einzelne Ton, das Ton- Ensemble, aber auch die Tonfolge oder besser gesagt: die Geräuschfolge räumliche Gestalten haben, Figuren und Ensembles im Raum bilden. Das war vorher für die Musik kein Thema. Wahrscheinlich waren es erst die modernen elektronischen Techniken der Reproduktion und Produktion der Musik, die diesen Bereich handhabbar machten und dadurch auch die Aufmerksamkeit darauf lenkten. Einen Ton wie ein Insekt durch den Raum schwirren zu lassen oder vielleicht über einer dumpf gelagerten Tonmasse aufsteigen und wie ein Feuerwerk zersprühen zu lassen, das sind Möglichkeiten, die erst durch die Technik gegeben wurden und dadurch die Aufmerksamkeit auf etwas richteten, das in gewisser Weise immer schon zur Musik gehört hat. Schon die griechischen Bezeichnungen für *hoch* und *tief*, nämlich οξυς und βαρυς, die so viel heißen wie: spitz beziehungsweise schwer oder breit gelagert, weisen darauf hin. In der neuen Musik aber begann man teils durch Verwendung der klassischen Instrumente, teils durch elektronische Installationen ganz bewusst an der Raumgestalt von Musik zu arbeiten und damit dem Raum überhaupt zur Anerkennung als wesentliche Dimension musikalischer Gestaltung zu verhelfen. Diese Dimension kann unter Umständen zur eigentlichen Dimension eines musikalischen Kunstwerks werden, bei dem dann konsequenterweise so etwas wie Anfang und Ende und ein Prinzip zeitübergreifender Gestalt nicht mehr verlangt werden können.

Von den genannten Charakteristika einer über das Tonmaterial erweiterten Musik und von Musik als Raumkunst finden sich fast alle im Werk von Hans Peter Kuhn. Seine Rauminstallationen sind zudem intermedial erweitert, insofern sie Ton und Licht integrieren. Was dabei entsteht, sind Räume einer befremdenden, aber auch befreienden Künstlichkeit. Letzteres kommt von Seiten des Tons dadurch zustande, dass Kuhn die Originalsounds, die der Instrumentalmusik, der Natur, der Welt von Produktion und Verkehr entstammen, nicht nur sampelt, sondern auch als solche elektronisch bearbeitet. Von Seiten des Lichts kommt dieser Eindruck zustande, weil Kuhn nicht verbirgt, nein, geradezu hervorkehrt, dass das Lichtspiel in den Werken durch künstliches Licht zustande kommt. Man könnte danach sagen, dass Kuhn den Satz der Kantischen Ästhetik, alle Kunst müsse so aussehen wie Natur, um schön zu sein, geradezu umkehrt: Alle verwendeten Naturalien vom Material über den Ton bis zum Licht müssen künstlich erscheinen, sollen sie – schön sein? – ja, das auch, aber darauf kommt es nicht an, sondern *ästhetisch* sein. Und dabei heißt *ästhetisch* im Sinne der neuen Ästhetik: so zur Erscheinung kommen, dass für den Menschen, der sie erfährt, ihr Erscheinen selbst mit erscheint. Kunst wird hier zur Demonstration der Möglichkeit, Atmosphären zu erzeugen.

Es ist gerade die Tendenz der Musik zur Raumkunst, die sie in den Bereich einer Ästhetik der Atmosphären gebracht hat. Die Räume, um die es hier geht, sind nämlich nicht einfach mit dem geometrischen Raum zu identifizieren, allenfalls mit dem topologischen. Zwar gibt es im musikalischen Raum Richtungen, es gibt auch Gestaltartiges, es gibt auch eine Art Außereinander, aber all dieses nicht strikt im Sinn einer Scheidung, sondern vielmehr in Form sich wandelnder, ineinanderfließender, mal hervortretender, mal verschwindender Gebilde. Hinzu kommt, dass dieser Raum affektiv erfahren wird. Breitgelagertes als schwer und bedrückend, Aufsteigendes als erleichternd und freudig, Zersplitterndes als lustig usf. Alles zusammengenommen erkennt man, dass es sich bei dem musikalischen Raum genau genommen um den erweiterten leiblichen Raum handelt, das heißt um das Hinausspüren in den Raum, das von der Musik geformt und artikuliert wird.

Diese Entdeckung, dass die Musik die grundlegende atmosphärische Kunst ist, hat für die Musiktheorie ein altes, immer lästiges und doch unausweichliches Problem gelöst, nämlich die Frage, worin die sogenannte emotionale Wirkung von Musik eigentlich besteht. Gegenüber den hilflosen Assoziationstheorien beziehungsweise den Theorien, die die Phantasie als Zwischenglied bemühten, kann die Ästhetik der Atmosphären die einfache Antwort geben, dass die Musik als solche die Modifikation des leiblich gespürten Raums ist. Die Musik formiert das Sichbefinden des Hörers im Raum, sie greift unmittelbar in dessen leibliche Ökonomie ein. Praktiker haben davon lange vor der theoretischen Einsicht Gebrauch gemacht: Schon beim Stummfilm wurde durch die Musik dem Bild zugleich räumliche wie emotionale Tiefe verliehen. Die spätere Filmmusik ist dieser Praxis gefolgt. Beim Hörspiel oder Feature im Hörfunk redet man geradezu von einer »Atmo«, die man der Handlung unterlegt, nämlich Musik oder allgemeiner akustisches Geschehen, um das Gesprochene mit Atmosphäre zu versehen. Ähnlich erzeugt man in Bars durch einen bestimmten Sound eine Atmosphäre, und man macht die Anwesenheit in Flughäfen, U-Bahn-Schächten oder beim Zahnarzt durch *muzak* angenehm beziehungsweise in Kaufhäusern, Hotelfoyers heiter und aktiv.

Hat die Musik unseres Jahrhunderts den akustischen Raum durch Erweiterung des Tonmaterials bis hin zu technischen Geräuschen und Alltagssamples, ja bis hin zum Lärm erweitert und ist schließlich die Musik von einer Zeitkunst zu einer Kunst geworden, die bewusst affektive Räume gestaltet, so kam ihr bei dieser Eroberung des Raums eine ganz andere Entwicklung entgegen. Ich meine das von Murray Schafer in den 1970er Jahren initiierte weltweite Projekt *Soundscape*.[7] Hier wurde die Welt der natürlichen Geräusche, das akustische Leben einer Stadt, wurden die akustischen Charaktere von Technik und Arbeit erforscht, dokumentiert, und schließlich wurde mit dem gewonnenen Material komponiert. Akustiker und Toningenieure arbeiteten mit Musikern zusammen oder waren selbst Komponisten. Was von Seiten der Musik her gesehen eine Entwicklung zur Erweiterung des musikalischen Materials war, war von dieser Seite eine Entdeckung der Musikalität der Welt selbst. Sicher war schon immer anerkannt, dass die Vögel oder auch die Wale ihre eigene Musik haben. Aber hier ging es um mehr, nämlich um die Entdeckung der akustischen Charaktere oder besser: der charakteristischen Gestalt von Lebensräumen, seien es nun natürliche wie das Meer, der Wald und andere Landschaften, seien es die Lebensräume von Städten und Dörfern. Es zeigte sich, dass schon für die Dokumentation solcher akustischen Welten Verdichtung und Komposition notwendig war, um sie nämlich dem, der nicht in diesen Gegenden zu Hause war, zu vermitteln. Was lag näher, als dieses Verdichten und Komponieren zu einem expliziten Gestalten zu machen und sich auf diesem Wege teils mit der Musik zu treffen, teils sich mit ihr zu verbinden. Für Letzteres dürfte das Werk *Roaratorio* von John Cage beispielhaft sein.

Inzwischen hat man entdeckt, dass das Gefühl für Heimat we-

7 Die deutsche Fassung des 1977 erstmals erschienenen Buches *The Tuning of the World* von Murray Schafer lautet *Die Ordnung der Klänge. Eine Kulturgeschichte des Hörens*, Mainz 2010; siehe dazu auch das Kapitel »Der leibliche Raum« in diesem Band.

sentlich durch den Sound einer Gegend vermittelt wird und dass das charakteristische Gefühl eines Lebensstils, einer städtischen oder ländlichen Atmosphäre ganz wesentlich durch den jeweiligen akustischen Raum bestimmt ist. Das heißt, dass heute, was eine Landschaft ist, nicht mehr auf das eingeschränkt werden darf, was man sieht, und dass etwa Stadtplanung nicht mehr nur mit Lärmvermeidung beziehungsweise Lärmschutz befasst sein darf, sondern sich um den Charakter der akustischen Atmosphäre von Plätzen, Fußgängerzonen und ganzen Städten kümmern muss.

Wir dürfen die beiden Entwicklungen, nämlich die der Musik im 20. Jahrhundert und die des Projekts *Soundscape*, nicht ohne die Technikentwicklung sehen. Ist die Entfaltung von Musik als Raumkunst kaum ohne die elektronischen Reproduktions- und Produktionstechniken denkbar, so ebenso auch die Erforschung von akustischen Landschaften nicht ohne elektronische Aufnahme- und Reproduktionstechniken. Die Entwicklung der akustischen Technik im 20. Jahrhundert hat aber auch eine Wirkung gehabt, die von den beiden genannten ganz unabhängig ist, nämlich die Allgegenwart von Musik. Musik, die in den letzten Jahrtausenden der europäischen Tradition etwas war, was mit Fest und besonderem Anlass zu tun hatte, ist zum wohlfeilen allgemeinen Konsumgut geworden. Über Rundfunk, Fernsehen und Smartphone steht Musik jederzeit zur Verfügung, und durch die akustische Möblierung öffentlicher Räume sind unsere akustischen Umwelten in der Regel schon von Musik besetzt oder zumindest durchsetzt.

Was sind die Konsequenzen dieser Entwicklung? Vom letzten Punkt her könnte man auf der einen Seite von einer akustischen Pollution unserer Umwelt reden.[8] Aber auf der anderen Seite muss man sagen, dass das akustische Bewusstsein des Durchschnittsmenschen eine bedeutende Entwicklung erfahren hat. Damit ist nicht nur gemeint, dass die musikalischen Bedürfnisse und innerhalb dieser die akustischen Ansprüche erheblich gesteigert worden sind, sondern auch, dass das Hören als solches sich für die breite Bevölkerung zu einer Dimension des Lebens und zu einem Bereich der Befriedigung entwickelt hat. Natürlich muss man sagen, dass der Lärm der modernen Welt und die Besetzung des öffent-

8 Siehe kritisch dazu Hildegard Westerkamp, »Listening and Soundmaking: A Study of Music-as-Environment«, in: Dan Lander, Micah Lescier (Hg.), *Sound by Artists*, Toronto 1990, S. 227-234.

lichen Raums mit Musik auch zu einer durchschnittlichen Praxis des Weghörens geführt hat. Aber gleichwohl hat sich das Hören entfaltet, nämlich von einem instrumentellen Sinn – *ich höre etwas* – hin zu einer Weise, in der man am Leben der Welt teilnimmt. Was die Musik angeht, muss man sagen, dass durch die genannten Entwicklungen ihre Grenzen unscharf geworden sind. Hatte sie sich am Anfang der europäischen Musikgeschichte gerade durch das Setzen solcher Grenzen definiert, so ist durch die beständige Erweiterung ihres Feldes tendenziell jede Grenze unbestimmt geworden. Wenn Thierry de Duve[9] in Bezug auf die bildende Kunst gesagt hat, dass nach Duchamp die Grundfrage der Ästhetik *was ist schön*? sich in die Frage gewandelt hat: *was ist Kunst*?, so gilt das auch für die Musik.

4. Akustische Atmosphären

Vielleicht ist mit dem Hinweis auf die akustischen Atmosphären eine vorläufige Antwort auf diese Frage gegeben. Vorläufig heißt: eine Antwort, die das für unsere Zeit Charakteristische der Musikerfahrung bestimmt. Es ist damit zu rechnen, dass in anderen Zeiten nach uns, vielleicht bald nach uns, andere Antworten gegeben werden müssen. Sicher ist aber, dass die große Periode des Platonismus in der Musik zu Ende gegangen ist. Platon kritisierte die Leute, die mit den Ohren herauszufinden trachteten, was harmonische Intervalle sind.[10] Und noch Adorno konnte sagen, dass die angemessene Weise, eine Sinfonie zu hören, sei, die Partitur zu lesen. Wie himmelweit sind wir heute davon entfernt! Fraglich ist uns mit der modernen Musik geworden, ob sie überhaupt noch adäquat notiert werden kann. Es scheint, dass die Sinnlichkeit in der Musik eine Rehabilitation erfahren hat und dass wir gegen die ganze platonische Periode sagen müssen, dass, was Musik ist, *nur* hörend erfasst werden kann. Vielleicht muss man sogar sagen, dass das eigentliche Thema der Musik das Hören selbst ist. Man hat von der modernen Kunst allgemein gesagt, dass sie reflexiv sei, dass sie die Kunst selbst, ihre gesellschaftliche Stellung, ihre anthropologische Bedeutung, ihr pures Erscheinen zum Thema mache.

9 Thierry de Duve, *Kant after Duchamp*, Cambridge/Mass. 1996.

10 Platon, *Politeia*, VII, 531a.

In der bildenden Kunst hatte dieses Reflexivwerden einen klaren ausweisbaren Sinn. In vielen ihrer Werke ging es nicht mehr um die Darstellung von etwas, sondern um die Erfahrung des Sehens selbst. Das mag schon bei Turner oder den Impressionisten angefangen haben, wird aber ganz deutlich bei Künstlern wie Josef Albers, Barnett Newman, Mark Rothko. In der Musik mag diese Entwicklung nicht so deutlich geworden sein, weil sie ihr in gewisser Weise viel natürlicher ist. Denn im Gegensatz zum Bild war es immer schon klar, dass Musik *gegenstandslos* ist, nichts darstellt. Natürlich hat es malerische Musik gegeben, hat es Programmmusik gegeben. Aber es war doch nicht zu leugnen, dass das eigentlich Abwege waren und dass sich dabei die Musik eher in den Dienst von etwas anderem stellte. Schon Kant hat gesagt, dass die Musik die Sprache der Gefühle sei. Natürlich könnte man den Ausspruch nach der üblichen semiotischen Auffassung von Sprache auch so deuten, dass die Musik Gefühle bezeichne, also darstelle. Aber so war es von Kant nicht gemeint, denn er hat bei der gesprochenen Sprache gerade den Ton, in dem etwas gesagt wird, von dem durch Zeichen vermittelten Inhalt unterschieden, den Ton der einen am Gefühl des Sprechers unmittelbar teilnehmen lässt.[11] Musik war für ihn die Verselbständigung dieser Weise der Mitteilung von Gefühlen. Wir haben heute Anlass, diese Überlegung zu verallgemeinern. Danach wäre das Entscheidende der Musik die Thematisierung von akustischen Atmosphären als solchen. Damit wäre eine ganz andere Eingrenzung für Musik gegeben, als sie uns aus der platonischen Tradition entgegentrat. Musik wurde in dieser Tradition ganz wesentlich durch Eingrenzung des Tonmaterials definiert, besser gesagt durch eine Einschränkung des akustischen Raums, durch den musikalische Töne definiert wurden. Wir können heute sagen, dass es sich immer dann um Musik handelt, wenn es bei einem akustischen Ereignis um die akustische Atmosphäre als solche geht, das heißt um das Hören als solches, nicht das Hören von etwas. Das muss erläutert werden. Aber vorweg kann man schon sagen, dass damit Musik in jedem Fall nicht mehr notwendig menschengemacht sein muss.

Was heißt, dass es um das Hören als solches und nicht um das Hören von etwas geht? Wenn man diese Frage stellt, entdeckt man

11 Immanuel Kant, *Kritik der Urteilskraft*, 3. Originalausgabe 1799, S. 219.

zunächst, in wie hohem Maße das Hören in der Regel gegenstandsbezogen ist. *Ich höre ein Auto vorbeifahren, ich höre es zwölf schlagen, ich höre jemanden reden, ich höre eine Mücke, ich höre das Signalhorn eines Schiffs* – diese Art des Hörens ist nützlich und plausibel, sie dient uns zur Identifizierung von Gegenständen und ihrer Lokalisierung im Raum. Aber in gewisser Weise wird in dieser Art des Hörens das Hören selbst überhört. Natürlich kann man anstelle von *ich höre einen Hund bellen* auch sagen: *Ich höre das Bellen eines Hundes.* Aber tatsächlich handelt es sich dann um ein anderes Hören. Sicher gehört das Bellen zum Hund. Es ist *eine* Weise seiner Anwesenheit im Raum. Aber das Charakteristische von Stimmen, Tönen, Geräuschen ist, dass sie von ihren Ursprüngen getrennt werden können beziehungsweise sich selbst von ihnen trennen, den Raum füllen und ihn quasi wie Dinge selbst durchwandern. Akustische Phänomene so wahrzunehmen – das heißt als solche, nicht als Äußerungsformen von etwas –, erfordert eine Einstellungsänderung. Diese haben wir, die Menschen des 20. Jahrhunderts, vielfach gerade durch Benutzung akustischer Geräte, insbesondere durch das Hören mit dem Kopfhörer, eingeübt. Es ist beschämend für viele für uns, dass wir erst auf diese Weise haben entdecken müssen, dass akustische Räume etwas für sich sind, unabhängig von den Dingen und nicht identisch mit dem realen Raum. Aber natürlich wird der akustische Raum auch im realen Raum erfahren. Es handelt sich jedoch um den leiblichen Raum, den Raum meiner eigenen Anwesenheit, der durch die Weite des leiblichen Spürens aufgespannt wird. In einem Hören, das Ton, Stimme und Geräusch nicht auf die Gegenstände, von denen sie herrühren mögen, überspringt, spürt der Hörende Stimme, Ton, Geräusch als Modifikation des Raums seiner eigenen Anwesenheit. Wer so hört, ist gefährlich offen, er lässt sich hinaus in die Weite und kann deshalb von akustischen Ereignissen getroffen werden. Liebliche Weisen mögen ihn entführen, Donnerschläge niederschlagen, sirrende Geräusche bedrohen, ein schneidender Ton verletzen. Hören ist ein Außer-sich-Sein, es kann gerade deshalb das beglückende Erlebnis sein zu spüren, dass man überhaupt in der Welt ist.

Diese Erfahrungen muss man machen, sie lassen sich nicht verbal mitteilen. Es gibt aber eine gute Analogie, die das Gemeinte verdeutlichen kann. Schon Descartes, also ein im Prinzip mechanistisch denkender Philosoph, hat gefragt, wo jemand, der mit einem Stock einen Stein ertastet, diesen Stein empfindet. Seine Antwort war, wie später in der Gestaltpsychologie des 20. Jahrhunderts, dass man den Stein dort empfindet, wo er ist. Man hat das auch als Einleibung des Stockes bezeichnet, und das ist auch nicht ganz verkehrt. Aber genau genommen handelt es sich ja um die Ausweitung des leiblichen Raums. Wie viel mehr noch als beim Tasten mit einem Stock kann man vom Hören sagen, dass wir im Hören *draußen* sind. Und dieses unser Draußen-Sein trifft dort nicht auf Stimmen, Töne, Geräusche, sondern es wird selbst durch Stimmen, Töne, Geräusche geformt, bewegt, modelliert, gekerbt, geschnitten, gehoben, gedrückt, geweitet und beengt.

Das beste Modell, das es bisher vom Hören gab, besagt, dass man das Gehörte innerlich mitvollzieht. Es war das Resonanzmodell des Hörens und hatte auch einige Plausibilität in der bekannten Erfahrung, dass man eine Melodie, die man hört, gewissermaßen innerlich mitsingt. Aber dieses Modell leidet an der verfehlten Topologie eines Innen und Außen und findet vor allem an der Komplexität und der Fremdheit des Gehörten schnell seine Grenze. Man wird ja wohl kaum die Geräusche eines Maschinenhauses mit ihrem Surren, Schrillen, Pfeifen, Sirren innerlich mitsingen können. Man hört auch all diese Geräusche gar nicht innen, sondern eben draußen. Was hier in Resonanz gerät und worin sich diese Stimmen, Töne und Geräusche ereignen, ist der leibliche Raum selbst. Diese Erfahrung ereignet sich allerdings wohl selten oder besser gesagt nur selten rein, denn in gewisser Weise grundiert sie jede Hörerfahrung. Nur verliert sich normalerweise das Ich nicht ans Hören und bewahrt sich selbst, indem es die Stimmen, Töne und Geräusche auf ihre Quellen hin distanziert und damit die Erfahrung des Zwischen überspringt.

5. Schluss

Wir sollten zum Schluss noch einmal auf den Anfang, der ja in einer ökologischen Frage bestand, zurückkommen. Die Entwicklung der Musik im 20. Jahrhundert hat dazu geführt, dass Musik selbst zu einem Bestandsstück der Umwelt wurde. Ihre Funktionalisierung zum Moment der Innenarchitektur – man spricht von akustischer Möblierung – hat sie gewissermaßen auf das Atmosphärische reduziert. Andererseits hat die Avantgarde-Musik von der einen Seite und das Projekt *Soundscape* von der anderen Seite die akustische Atmosphäre geradezu zum Wesentlichen der Musik erhoben. Auf diese Weise haben die Stimmen der Dinge und das Konzert der Welt wachsende Aufmerksamkeit erfahren, und das Hören hat an Gewicht für das Leben gewonnen. Wenn man das zusammennimmt, dann ist die ökologische Ästhetik im Bereich des Akustischen nicht bloß eine Ergänzung zur naturwissenschaftlichen Ökologie, sondern hat vielmehr ihre eigene Aufgabe, nämlich die Erkenntnis, die Bewahrung und die Gestaltung des akustischen Raums. Die Frage, was eine humane Umwelt ist, stellt sich hier als eine Frage nach den Charakteren akustischer Atmosphären. Auch hier gilt es, den bloß naturwissenschaftlichen Zugang zu überwinden, der allenfalls noch Lärm in Dezibel fassen kann, und die Frage zu stellen, welche akustischen Charaktere die Räume haben sollen, in denen wir leben.

Das Bild und seine Atmosphäre: Über die Wirklichkeit von Bilderfahrungen

1. Theorie des Bildes

In diesem Beitrag geht es um die atmosphärische Wirkung von Bildern. Es geht von Bildern eine Anmutung aus mit der Tendenz, den Betrachter zu *involvieren*,[1] ich sage lieber mit der Neuen Phänomenologie: eine Anmutung, die in dem Betrachter eine *affektive Betroffenheit* bewirkt. Freilich, diese atmosphärische Wirkung von Bildern wird in vielen Arten des Umgangs mit Bildern *in Latenz* gehalten. Das trifft insbesondere zu bei der Musealisierung von Bildern – jedenfalls soweit sie noch durch die Maxime der Kantischen Ästhetik des »interesselosen Wohlgefallens« bestimmt ist. Das geht zum Teil so weit, dass man ästhetische Wahrnehmung innerhalb der Klasse von Wahrnehmungsweisen gerade durch diese Haltung des interesselosen Wohlgefallens definiert.[2] Auch ich war in der Abfassung meines Buches *Theorie des Bildes*[3] noch weitgehend durch diese Haltung bestimmt, so dass in den paradigmatischen Bilduntersuchungen dieses Buches die Atmosphäre von Bildern nicht explizit thematisiert wird, sondern bei prekären Bilderfahrungen nur andeutungsweise in die Ebene der Thematisierung vordringt. Zur Erinnerung zitiere ich eine kleine Reihe dieser Bilderfahrungen:

(a) »Dies Bildnis ist bezaubernd schön [...]«: In Mozarts Oper *Die Zauberflöte* verliebt sich Tamino angesichts eines Bildes, nicht in Gegenwart einer Person.

(b) Die *Mona Lisa* ist kein *iconisches Zeichen*, wie Umberto Eco[4] schreibt. Unter *Mona Lisa* verstehen wir das Bild *Mona Lisa*, nicht aber eine Person – wie immer sie geheißen haben mag.

(c) »Ceci n'est pas une pipe«: Magrittes Bild dementiert die Darstellung einer Pfeife als Abbildung einer Pfeife. Sein Bild entspricht jedoch der Darstellungsweise der Werbegraphik.

1 Zu diesem Terminus siehe Søren Kierkegaard, *Der Begriff Angst*, Hamburg 1960, S. 134-135.

2 Siehe Martin Seel, *Ästhetik des Erscheinens*, München 2000.

3 Siehe Gernot Böhme, *Theorie des Bildes*, München ²1999.

4 Siehe Umberto Eco, *Zeichen. Einführung in einen Begriff und seine Geschichte*, Frankfurt/M. 1977, S. 198.

(d) Das Foto der Dämmerung: Dämmerung als Naturphänomen ist kein Gegenstand der sichtbaren Welt, sondern eine totalisierende Eintrübung derselben. Ihre Anmutung muss deshalb *quer* zu der auf Abbildung zielenden Technologie des Apparates ins Bild gebracht werden.

Was in diesen prekären Bilderfahrungen ans Licht drängt, ist das, was Ludwig Klages *Die Wirklichkeit der Bilder*[5] genannt hat. Mit diesem Ausdruck ist die Wirksamkeit der Bilder, mit der sie einen Betrachter anmuten, bezeichnet. Dieser Ausdruck ist terminologisch von dem Begriff der *Realität* zu unterscheiden. Mit Letzterem wird – wie der Ausdruck sagt – die Seinsweise von Dingen bezeichnet, während mit *Wirklichkeit* die Seinsweise von Bildern.

Wenn ich sagte, dass durch die Musealisierung von Bildern ihre atmosphärische Wirkung in Latenz gedrängt wird, so ist dies ein erstes Beispiel dafür, dass man in der Beantwortung der Frage, was ein Bild ist, die Bild-Pragmatik beachten muss: »Was ein Bild ist, hängt auch von dem sozialen Setting ab, in dem es verwendet wird.«[6]

Die Einführung des Atmosphärenbegriffs in die Bildtheorie verdankt sich weitgehend der Tatsache, dass diese bis dato immer noch von Semiotik und Hermeneutik und von der Kunstgeschichte beherrscht ist. Diese bestimmen noch immer Kunstkritik und Kunstvermittlung. Insbesondere bei Museumsführungen, Ausstellungen und Vernissagen und den dazugehörigen Katalogen geht es im Wesentlichen darum, einem Publikum Informationen über die Herkunft und die Machart von Bildern mitzuteilen und ihnen bei der Deutung und dem *Verstehen* von Bildern behilflich zu sein. Darüber kommen die Teilnehmer kaum dazu, an den Bildern eigene Erfahrungen zu machen. Dagegen kann man sagen, dass die Kunstentwicklung der Ästhetik schon seit geraumer Zeit da-

5 Siehe Ludwig Klages, »Die Lehre von der Wirklichkeit der Bilder«, in: Ders., *Sämtliche Werke*, hg. v. Ernst Frauchiger u. a., Bd. III.1: *Der Geist als Widersacher der Seele*, Bonn [6]1981. Ein verwandtes Unternehmen hat Christoph Menke mit dem Buch *Die Kraft der Kunst*, Berlin [2]2013, verfolgt – freilich ohne jeden Bezug auf Klages.

6 Böhme, *Theorie des Bildes*, S. 10. *Bildpragmatik* ist von *Bildakt* im Sinne Horst Bredekamps zu unterscheiden. Erstere bezieht sich auf die Verwendungsformen eines Bildes, Letzterer auf die Absichten der Bildproduktion. (Bredekamps Ausdruck ist in Analogie zu Searles *Sprechakt* gebildet.)

vongelaufen ist. So haben Bilder des abstrakten Expressionismus keine Bedeutung, das heißt, sie weisen nicht mehr qua Zeichen oder durch Zeichen auf ein Jenseits ihrer selbst. So sind die Materialbilder etwa eines Fritz Vahle dingliche Arrangements, die in ihrer Verflechtung *wie* Natur imponieren. So gibt es Bilder, die, wie das schon erwähnte von René Magritte, ihre *Bedeutung* dementieren.

Dass es bei vielen Kunstwerken heute nicht mehr um Bedeutungen geht, sondern um Atmosphären, demonstrieren räumliche Installationen, insbesondere akustische, ferner die ephemere Kunst[7] und Performances. Das führt uns zum Thema der leiblichen Erfahrungen. Die genannten Kunstwerke verlangen für ihre *Würdigung* die leibliche Anwesenheit des Betrachters. Das wird zunehmend deutlich in der Beurteilung von Architektur, wenngleich sie noch weitgehend durch die Verbildlichung beherrscht ist.[8] Es ist fast selbstverständlich für die Beurteilung von Skulpturen, weil man sich zu ihrer Würdigung leiblich mit ihnen in eine Beziehung bringen muss. Das gilt auf jeden Fall für Skulpturen etwa von Serra. Man muss sich danebenstellen oder durch sie hindurchgehen, um zu erfahren, was sie eigentlich sind. Doch gilt das auch für die Wahrnehmung von Bildern? Der ästhetische Diskurs über Bilder läuft weitgehend über Abbildungen der Bilder, das heißt in Büchern und Katalogen beziehungsweise über Projektionen in Vorträgen und im Unterricht. Es gibt aber Bilder, bei denen die Grenze dieser Art von Rezeption deutlich wird. So sind Bilder von erheblicher Größe, wie etwa solche des abstrakten Expressionismus oder etwa Picassos *Guernica*, nicht durch Reproduktionen zu erfassen: Man muss sich ihnen in leiblicher Anwesenheit aussetzen. Ferner gibt es bereits im Impressionismus, vor allem im Pointillismus, Bilder, die man nur aus einem gewissen leiblichen Abstand von ihnen *richtig* sehen kann, weil nämlich ihre Farben genau genommen nicht auf der Leinwand sind, sondern durch ein Zusammenspiel der Wirkung von Lokalfarben im Raum entstehen.

Man sieht also zumindest bei einigen Bildern, dass ihre adäquate Erfahrung leibliche Anwesenheit voraussetzt. Diese ist aber bei

7 Siehe Gernot Böhme, *Die sanfte Kunst des Ephemeren*. Deutsch u. japanisch in: *KALLISTA*, Nr. 11 (2004), S. 1-17 bzw. 1-27; auch in: Mira Fliescher u. a. (Hg.), *Sichtbarkeiten 1. Erscheinen. Zur Praxis des Präsentiven*, Berlin 2013, S. 87-108.

8 Gernot Böhme, »Architektur: eine visuelle Kunst?«, in: Ders., *Atmosphäre. Essays zur Neuen Ästhetik*, Berlin [7]2013, S. 112-133.

den meisten Begegnungen mit der klassischen Bildkunst nicht gegeben. Vielmehr hat man in der Regel nicht mit den Kunstwerken selbst, sondern mit ihrer technischen Reproduktion zu tun. Schon mit Walter Benjamin[9] kann man sagen, dass das einen Aura-Verlust mit sich bringt, also den Verlust einer typisch atmosphärischen Erfahrung. Ferner beruht die technische Reproduzierbarkeit von Bildern auf einer Isolierung der *Image* vom *Tableau*. Mit *Tableau* meine ich den Bildgegenstand und mit *Image* das, *was* auf dem Bild zu sehen ist. Die Image lässt sich durch technische Reproduktion – Foto, Bildschirm – gut wiedergeben.[10] Was dabei verloren geht, sind die Elemente, die ein Bild als Tableau ausmachen. So etwa die Rahmung[11] und die Materialität. Das wird sehr deutlich, wenn man versuchsweise neben ein Gemälde im Museum dessen Bild projiziert. Dabei wird auch deutlich, dass verloren geht, was ephemer am Bild spielt: Beleuchtung, Abschattung, aber insbesondere was die Umgebung des Bildes von der Wand bis zu den anderen Bildern für seine Erscheinung ausmacht.

Die dritte Schwierigkeit, *Atmosphäre* in die ästhetische Theorie der Bilderfahrung einzubringen, resultiert aus der Tradition der klassischen Ästhetik. Ich hatte schon darauf hingewiesen, dass bis in die gegenwärtigen Ästhetiken hinein – abgesehen von der Umweltästhetik – die affektive Betroffenheit durch ein Kunstwerk quasi degoutant ist: Um die ästhetische Qualität des Kunstwerks zu erfahren, muss man sich ihm in einer interesselosen Haltung nähern. Das ist natürlich Disziplin, aber eben die Disziplin, die traditionell Wahrnehmung zur ästhetischen macht. Wenn dagegen einem etwas zu Herzen geht, dann ist es, so das Vorurteil: Kitsch.

Natürlich handelt es sich bei dem, was ich gerade *Disziplin* genannt habe, genau genommen um Bild-Pragmatik: Es geht um den Umgang mit Bildern und die Einschränkung des ästhetischen Blicks, die zum Ausschluss der affektiven Betroffenheit führt. Dar-

9 Siehe Walter Benjamin, *Das Kunstwerk im Zeitalter seiner technischen Reproduzierbarkeit*, Berlin 2010.

10 Siehe zu Isolierung der *Image* vom *Tableau* Gernot Böhme, »Das Bild und sein Medium«, in: Gerhard Johann Lischka, Peter Weibel, *Die Medien der Kunst. Die Kunst der Medien*, Wabern 2004, S. 40-65.

11 Siehe dazu *In Perfect Harmony. Bild+Rahmen 1850-1920*, hg. v. Eva A. Mendgen, Van Gogh Museum Amsterdam (31. März bis 25. Juli 1995) und Kunstforum Wien (24. August bis 19. November 1995), Zwolle 1995.

aus folgt aber umgekehrt, dass unter Berücksichtigung der Bild-Pragmatik man zu einer Erweiterung der Ästhetik kommt, wobei es bei vielen Arten der Verwendung von Bildern gerade auf deren affektive Wirkung ankommt. Als Beispiel hatte ich schon die unterschiedliche Verwendung genannt, die Tamino und Papageno von Paminas Bild in Mozarts *Zauberflöte* machen. Das Bild ist, Tamino überreicht, in einen Akt der Eheanbahnung eingeschlossen, und die affektive Wirkung des Bildes auf Tamino entspricht diesem Handlungszusammenhang. In Papagenos Händen dagegen wird das Bild quasi zum Passbild, mit dem er die Pamina zu identifizieren sucht.

Auch hier sehen wir, dass, was ein Bild ist, von Handlungszusammenhängen bestimmt ist – und entsprechend ihre affektive Wirkung. So etwa, wenn Bilder des Fotojournalismus in einer Antikriegsbewegung eine Rolle spielen – hier ist das berühmte Vietnam-Bild zu nennen – oder etwa als Mittel der Mobilisierung in der Tierschutzbewegung – man denke an das berühmte Robben-Foto oder die Fotos von ölverklebten Pelikanen.

Als weiteres Beispiel, in dem es auf die affektive Wirkung von Bildern ankommt, möchte ich eine Richtung gegenwärtiger Werbefotografie nennen. Hier werden häufig nicht mehr die beworbenen Waren als solche dargestellt, sondern als Element einer Szene. Von dem Bild geht eine Atmosphäre aus, in die der mögliche Käufer meint, sich durch den Erwerb der entsprechenden Ware einschwingen zu können. Als Beispiel nenne ich die Werbung für Beck's-Bier, die eine sportlich-freudige Szene mit einer Segelcrew darstellt – eine Szene, innerhalb deren das Beck's-Bier nur eine Art Accessoire ist. Ebenso erscheint die Tasche in einer Louis-Vuitton-Werbung, die eine Ausflugsszene darstellt, nur nebenbei, als Accessoire oder, wie ich sagen würde, als szenisches Element. Schließlich möchte ich einen Aspekt der gegenwärtigen Selfie-Mode nennen. Es geht mir hier nicht um den Akt, in dem das Foto produziert wird, sondern um das, was – in der Regel – das Foto zeigt und für den Betroffenen in gewisser Weise sogar bewirkt: nämlich *ich bin hier.* Das Ich des Fotografen erscheint auf dem Bild in einer Szene – beispielsweise vor einem bekannten Bauwerk – und bewirkt für den Betroffenen, das, was ihm in der Realität misslingt, nämlich im Gefühl dieses *Ich bin jetzt hier* zu realisieren – so versucht er oder sie, es wenigstens im Bild zu *dokumentieren.*

2. Beispiele aus der klassischen Malerei

Es mag nun für bildpragmatische Zusammenhänge wie etwa Fotojournalismus oder Werbefotos selbstverständlich sein, dass von den Bildern eine affektive Wirkung ausgeht, dass sie quasi eine Atmosphäre ausstrahlen. Bei Bildern, die in Museen kanonisiert sind, ist das allerdings fraglich. Der Besucher, der in einer Führung mit semiotisch-hermeneutischen und mit kunstgeschichtlichen Informationen eingedeckt wird, kann solche Erfahrungen nicht machen. Aber es könnte doch sein, dass Besucher, die allein sind und ohne solche Informationen sich einem Bild aussetzen, von Bildatmosphären ergriffen werden. Vielleicht ist ja sogar die atmosphärische Ausstrahlung eines Bildes etwas quasi Natürliches in dem Sinne, dass ihre semiotisch-hermeneutische und kunsthistorische Betrachtung eher einer Disziplin entspringt, nämlich dem Museumsblick. Unter diesem Gesichtspunkt möchte ich einige Werke der klassischen Malerei besprechen:

Ich wähle als Erstes eine Christus-Darstellung aus der Zeit um 1500, und zwar von Albert Bouts das Bild *Christus mit Dornenkrone*, das in der Staatsgalerie Stuttgart hängt (Abb. 8).

Dieses Bild gehört zur Klasse der *Erbärmde-Bilder*, das heißt also von Christus-Darstellungen, die zur Zeit ihrer Entstehung als Andachtsbilder gedacht waren. In der Meditation vor dem Erbärmde-Bild erfährt man Erbarmen mit dem Leiden Christi, das heißt einem Leiden, das er ›um unseretwillen‹ erlitten hat, also im Erbarmen mit uns. Das Gesagte ist natürlich selbst eine kunsthistorische Bemerkung, die besagt, dass das Bild, wie wir es heute in der Staatsgalerie Stuttgart sehen können, einen Wechsel in der Bildpragmatik erfahren hat. Mit Walter Benjamin können wir sagen, dass es sich dabei um den Übergang vom Kultwert zum Ausstellungswert handelt. Diese Information impliziert, dass die Erfahrung des Erbarmens vor und angesichts des Gemäldes von Bouts ursprünglich zu dem gehörte, was dieses Bild war – aber eben auch im Prinzip von heutigen Museumsbesuchern erfahren werden könnte, und zwar wenn sie sich quasi meditativ, oder sagen wir *andächtig* auf das Bild einlassen. Diese Feststellung besagt, dass es für die atmosphärische Erfahrung eines solchen Museumsbildes eine Voraussetzung gibt, nämlich dass man bei dem Bild länger verweilt und sich *andächtig* auf das Bild einlässt. Ich darf zu dieser für den europäischen

Abb. 8: Albert Bouts, *Christus mit der Dornenkrone*, um 1500. Staatsgalerie Stuttgart.

Museumsbesucher exzeptionellen Praxis darauf hinweisen, dass in bedeutenden Museen Japans, die buddhistische Kunst zeigen, viele japanische Besucher sich vor den Buddhastatuen mit gefalteten Händen verbeugen – nicht anders als sie es tun würden, wenn sie diese Statuen in einem Tempel antreffen würden.

Als zweites Beispiel möchte ich Gemälde von Francis Bacon und Lucian Freud – von den Neueren Michael Kvium – nennen. Unter dem Gesichtspunkt ihrer ästhetischen Atmosphäre könnte man sie als *Ekelbilder* bezeichnen. Vor dieser Klassifizierung schützt sie gewissermaßen ihr musealer Status, beziehungsweise ihre museale Präsentation schützt den Betrachter vor dem, was ihn in der Betrachtung ergreifen könnte, nämlich Ekel. Diese Charakterisierung wird deutlicher, wenn man, was man sieht, nämlich den menschlichen Körper als Fleisch, vergleicht mit der Art und Weise, wie in

Abb. 9: Lucas Cranach d. Ä., *Salome mit dem Haupt des Johannes*, um 1530. Museum der bildenden Künste, Budapest.

der klassischen Kunst – bis etwa zur Entstehung einer Ästhetik des Hässlichen im 19. Jahrhundert – Grausamkeit und physische Hinfälligkeit des menschlichen Körpers dargestellt wurden. Die Darstellungsmaxime verlangte nämlich, dass Szenen der physischen Gewalt, der Zerstückelung des menschlichen Körpers und häufig sogar des Alterns des Menschen *schön* dargestellt werden mussten. So etwa die Präsentation des abgeschlagenen Kopfes von Johannes dem Täufer durch Salome (Abb. 9) oder das entsprechende Bild von Judith und Holofernes von Lucas Cranach, aber eben auch ganz allgemein Darstellungen der Anatomie. Diese Maxime gilt für die *nicht mehr schönen Künste*[12] nicht mehr. Daraus folgt, dass der Betrachter von Bildern von Francis Bacon oder Lucian Freud nicht mehr durch die ästhetische Darstellung des menschlichen Körpers geschützt ist. Aus dem Zusammenhang gerissene Körperteile, Blut, Fleisch und Haare sind klassische Ekelmaterien,[13] deren Zugehörigkeit zum menschlichen Dasein anzieht und zugleich abstößt. Man könnte zu der genannten Gattung auch die Fotos von Annegret Soltau zählen, insbesondere dann, wenn sie *Verschnitte* von menschlichen und tierischen Körperteilen oder aber auch von Körperteilen des Menschen in verschiedenen Altersphasen herstellt.[14]

Wir verlassen das etwas anstrengende Beispielfeld der Ekelbilder, um uns Angenehmerem zuzuwenden. Da ist als Erstes William Turner zu nennen, der bereits in der Frühzeit des Impressionismus in einer Weise gemalt hat, die man ebenso gut *expressionistisch* nennen könnte. Sie zeigen Landschaften oder Seestücke, die weniger den Eindruck vermitteln sollen, den ein bestimmtes Naturstück gewährt, als vielmehr zum Ausdruck bringen, wie jemand, hier der Maler, sie erfährt – der durch seine Darstellungsweise den Betrachter an seinen Erfahrungen teilnehmen lassen will. Es ist bekannt, dass William Turner bei einer Überfahrt über den Kanal in stürmischem Wetter sich wie Odysseus an den Mast hat binden lassen, nicht um den Gesang der Sirenen zu vernehmen, wohl aber um sich in seiner leiblichen Anwesenheit dem Sturm und den Wellen auszusetzen. Bilder, die dieser Haltung entspringen, sind wohl die ersten, in denen Atmosphären oder Atmosphärisches[15] dargestellt werden. Diese Bilder, soweit sie bereits ungegenständlich werden, sind als solche geeignet, den Betrachter auch ohne Entlassung aus der traditionell ästhetischen Disziplin die atmosphärische Wirkung des Bildes spüren zu lassen. Der Betrachter verliert auch ohne Anleitung zum atmosphärischen Sehen jeglichen Halt im Bild für ein

12 Hans Robert Jauß (Hg.), *Die nicht mehr schönen Künste*, München 1991.

13 Die klassische Arbeit dazu ist: Aurel Kolnai, »Der Ekel«, in: *Jahrbuch für Phänomenologie und phänomenologische Forschung*, Bd. 10, Halle 1929, S. 515-569. Allgemein zur ästhetischen Theorie des Ekels siehe auch Winfried Menninghaus, *Ekel. Theorie und Geschichte einer starken Empfindung*, Frankfurt/M. 1999.

14 Siehe Gernot Böhme, »Bilder und Gewalt«, in: Katrin Schmidt (Hg.), *Katalog zur Ausstellung »Annegret Soltau – ich selbst«*, Darmstadt 2006, S. 152-157.

15 Zu diesem Unterschied siehe Gernot Böhme, *Anmutungen. Über das Atmosphärische*, Ostfildern 1998.

konstatierendes Sehen (dies ist das und jenes) beziehungsweise für ein semiotisches Sehen (dies bedeutet das). Auch das Verstehen, das sich gemeinhin am Textverstehen orientiert, verliert jeden Halt und wird eher zum Mitvollzug atmosphärischer Erfahrungen.

Ich komme schließlich zu einem Beispiel, das einem Wechsel in der Bild-Pragmatik entspringt. Ich meine den heute von vielen Kunstliebhabern als anstößig empfundenen massenhaften Gebrauch von Van-Gogh-Bildern in Hotelzimmern. Bekanntlich waren ja van Goghs Bilder am Anfang für das ästhetisch gebildete Bürgertum anstößig, geradezu verkehrt, weil sie Dinge und Anblicke in Farben präsentierten, die sie definitiv nicht haben. Natürlich kann man sie in ihrer atmosphärischen Wirkung auch nicht würdigen, wenn man strikt auf der Disziplin des musealen Blicks beharrt. Es könnte übrigens sein, dass die fast schon religiöse Huldigung, die man van Goghs Bildern im Van Gogh Museum in Amsterdam entgegenbringt, umgekehrt aus der Erfahrung mit Reproduktionen seiner Bilder im gegenwärtigen Zusammenhang – etwa in Hotelzimmern – herrührt, nämlich dass sie auf einem Wiedererkennungseffekt beruht: *Ach, das sind ja van Goghs Sonnenblumen*. Die Trivialisierung von van Goghs Bildern, Trivialisierung im wörtlichen Sinne genommen, hat sie zur Inszenierungsware gemacht. Dabei sind sie nicht einfach Verzierungen von Wohnräumen, wie wir sie schon aus der Frühzeit niederländischer Tafelbilder kennen, vielmehr sind gerade van Goghs Bilder Mittel zur Erzeugung von Atmosphären: Durch van Goghs *Sonnenblumen* im Hotelzimmer soll dort eine heitere und offene Atmosphäre erzeugt werden.

3. Schluss

Zum Schluss noch einmal: *Hat* jedes Bild eine Atmosphäre, *seine* Atmosphäre? Das hängt, wie wir gesehen haben, von dem pragmatischen Kontext ab, in dem es gesehen wird. Insbesondere ist der museale Kontext geeignet, die mögliche atmosphärische Wirkung von Bildern in die Latenz zu drängen. Andererseits hängt die mögliche atmosphärische Wirkung von Bildern auch vom *Wie* seiner Darstellung ab. So kann man sagen, dass, je mehr die Darstellung symbolisch ist und das Bild deshalb auch *gelesen* werden muss, um *verstanden* zu werden, es desto weniger atmosphärisch wirkt. Dafür

Abb. 10: Albrecht Dürer, *Melencolia I*, 1514. Metropolitan Museum of Art, New York. Reproduktion: akg-images.

ist Albrecht Dürers *Melencolia I* (Abb. 10) ein Beispiel, das von meinem Bruder Hartmut Böhme ausführlich analysiert worden ist.[16]

Je mehr jedoch Bilder *szenisch* gemalt sind, desto mehr können sie einen Betrachter, der sich in sie versenkt, eine Atmosphäre erfahren lassen. Dadurch werden Bilder, die auch viele symbolische Elemente enthalten oder auch Realitäten abbilden, gleichwohl in ihrer Totalität atmosphärisch erfahren. Das kann man beispielsweise bei Bildern von Gainsborough studieren (Abb. 11).

Seine ländlichen Szenen sind so gestaltet, dass sich der Betrachter durchaus in solche Szenen versetzt fühlen kann. Das umso mehr, wenn der pragmatische Kontext, in dem das Bild erscheint, dem Betrachter erlaubt, sich im Bild zu verlieren. Dieser Effekt – wenn man das so sagen darf – wird durch die Tradition der *Skenographia*

16 Hartmut Böhme, *Melencolia I*, Frankfurt/M. 1993.

Abb. 11: Thomas Gainsborough, *The Harvest Wagon* (Der Erntewagen), 1767. Barber Institute of Fine Arts, Birmingham.

verdeutlicht. Ich habe ja die Bühnenbildnerei schon vielfach als ein Paradigma zum Studium von Atmosphären, nämlich durch das Studium ihrer Erzeugung, genannt.[17] Die Bühnenbildnerei war am Anfang nichts weiter als Szenenmalerei, und das heißt, der atmosphärische Raum, in dem der Zuschauer das Drama erfuhr, wurde durch die szenischen Bilder erzeugt. Daraus folgt, dass nicht nur der pragmatische Zusammenhang, in dem ein Bild erfahren wird, sondern auch seine Darstellungsweise für seine atmosphärische Wirkung verantwortlich ist. Je mehr ein Bild in einer szenischen Darstellung besteht, desto eher ist zu erwarten, dass es auch als mit einem atmosphärischen Charakter begabt erfahren wird.

17 Siehe Gernot Böhme, »Die Kunst des Bühnenbildes als Paradigma einer Ästhetik der Atmosphären«, in: Ralf Bohn, Heiner Wilharm (Hg.), *Inszenierung und Vertrauen. Grenzgänge der Szenographie*. Bielefeld 2011, S. 109-117.

Umweltästhetik

1. Herkunft

Ich habe meine Arbeit in diesem Gebiet und auch meine erste Veröffentlichung dazu unter den Titel *Ökologische Naturästhetik*[1] gestellt. Sie war erwachsen aus einer Kritik der Ökologie und stellte sich auch zunächst als eine Erweiterung der Ökologie dar. Die Ökologie als Wissenschaft ist eine Naturwissenschaft und beschreibt unter dem Begriff des ökologischen Systems die inneren Beziehungen eines Ensembles von Naturgegenständen. Da sie sich jedoch im 20. Jahrhundert als Antwort auf die Umweltprobleme entwickelt hat, fehlte ihr als reiner Naturwissenschaft gerade das, was sie als menschliche Umwelt beschreiben wollte. Diese Kritik an der Ökologie wurde seinerzeit von meiner Arbeitsgruppe *Soziale Naturwissenschaft* entwickelt, nämlich mit der Absicht, in die Planung von Naturensembles human- und sozialwissenschaftliche Kategorien einzuführen.[2] Was nach meiner Auffassung der traditionellen Ökologie insbesondere fehlte, war die ästhetische Dimension, die eine Umwelt für den Menschen nicht nur zuträglich und abträglich macht, sondern mehr oder weniger angenehm. Es ging also um die Frage, wie Menschen sich in ihrer Umgebung *befinden.* Dazu führte ich den Begriff der Atmosphäre ein als ein Vermittlungsglied zwischen den objektiven Umweltqualitäten und der Befindlichkeit des Menschen. Damit konnte ich an eine frühe Vorarbeit einer solchen Umweltästhetik anknüpfen, nämlich an Christian Cay Lorenz Hirschfelds *Theorie der Gartenkunst.* Hirschfeld hatte in diesem Buch bereits Naturensembles beschrieben – besser gesagt: beschrieben, wie man ein Naturensemble anlegen muss, um durch die jeweils geschaffene *Szene* im Menschen eine entsprechende *Stimmung* anzuregen.[3]

Es war also eine Kritik der bestehenden naturwissenschaftlichen Ökologie, die mich zur ökologischen Naturästhetik führte. Als

1 Siehe Gernot Böhme, *Für eine ökologische Naturästhetik*, Frankfurt/M. [3]1989.

2 Siehe Gernot Böhme, Engelbert Schramm (Hg.), *Soziale Naturwissenschaft. Wege zur Erweiterung der Ökologie*, Frankfurt/M. 1985.

3 Siehe Christian Cay Lorenz Hirschfeld, *Theorie der Gartenkunst*, 5 Bde., Leipzig 1779-1785.

Zweites kam hinzu eine Kritik an der klassischen Naturästhetik, und zwar besonders der Hegels. Hegel ist in seiner Ästhetik insofern klassisch, als für ihn das Schöne, das Erhabene – allenfalls noch das Pittoreske – die entscheidenden ästhetischen Kategorien sind. Nach Hegel ist die Natur selbst nicht schön, sondern sie erscheint nur schön im Kunstwerk. Demgegenüber hatte ich die Absicht, ästhetische Kategorien auf die Natur selbst – die Natur da draußen – anzuwenden. So wird etwa Landschaft nicht erst durch den ästhetischen Blick, wie Riehl sagt,[4] konstituiert. Vielmehr kommt diesem Blick von Seiten der Natur etwas entgegen, das bereits in ihr Naturensembles mehr oder weniger zu Einheiten formt. So gibt es Pflanzengesellschaften beziehungsweise durch Boden und Klima bedingte Vegetationstypen und Symbiosen von und zwischen Flora und Fauna. Diese Tatsache führt in der Ästhetik zu bestimmten geographischen Landschaftsbegriffen, *italienische Landschaft* zum Beispiel, und sie führt langfristig zu einer Anthropogeographie, das heißt zur Charakterisierung von Landschaftstypen als charakteristische Siedlungsbereiche.

Es mag sein, dass Alexander von Humboldt eine derartige Anthropogeographie schon vorschwebte, als er zur Darstellung seiner in europafernen Erdgegenden gesammelten Daten Landschaftsmaler hinzuzog. Sie sollten die Landschaft – allerdings der menschlich erfahrenen – in ihrer *Totalität* zur Darstellung bringen. Von daher legte es sich mir damals nahe, von einer ästhetischen Erkenntnis der Natur zu sprechen, nämlich einer Erfahrung, die – im Unterschied zur analytischen Naturwissenschaft – die Ganzheiten beziehungsweise die jeweilige Einheit von Naturensembles aufzuspüren erlaubt. Mit Forschung in dieser Richtung konnte ich mich in der Nachfolge Alexander Gottlieb Baumgartens verstehen, der durch seine klassische Arbeit von 1750, nämlich den *Aesthetica*, den Grund zu einer sinnlichen Erkenntnisform legen wollte. Schon dieser Hintergrund legte nahe, den ursprünglichen Ansatz, der sich noch deutlich auf die Natur bezog, auf andere Gegenstände sinnlicher Erfahrung auszudehnen.

4 Siehe Wilhelm Heinrich Riehl, »Das landschaftliche Auge«, in: Ders., *Kulturstudien aus drei Jahrhunderten*, Stuttgart 1859, S. 57-79.

2. Ausweitung des Gegenstandbereiches

Im Gegensatz zu den Vereinigten Staaten von Amerika wurde in Europa seit Beginn der ästhetischen Diskussion unter *Natur* keineswegs die sich selbst überlassene Natur, die Wildnis, verstanden. Vielmehr war, was der Städter *da draußen* entdeckte, also außerhalb der Mauern, ja nicht die Wildnis, sondern die agrikulturell gestaltete Natur. Der Ausdruck »Landschaft« bezeichnet auch in der Landschaftsmalerei von Anfang an nicht *Natur an sich*, sondern vielmehr den Herrschaftsbereich außerhalb der Stadt.[5] Auch als sich in der Ästhetik die Sehnsucht nach dem Anderen – nämlich nach dem Anderen der Zivilisation – regte, war das, was man vermisste beziehungsweise im Schwinden sah, bereits die menschlich, die agrikulturell gestaltete Natur. Es war entsprechend für mich in der Naturästhetik niemals notwendig, wie bei Arnold Berleant, zu betonen, dass die Natur, um die es in der Umweltästhetik geht, eine vom Menschen gestaltete Natur ist.[6] Bereits die Theorie der Umwelt bei von Uexküll beschreibt die Umwelt eines Lebewesens keineswegs bloß als dessen ökologische Nische. Vielmehr rechnet er immer damit, dass Lebewesen auch immer *ihre* Umwelt mitgestalten.

Von der Feststellung her, dass die Umwelt des Menschen immer auch durch den Menschen mitgestaltet ist – zwar keineswegs bloß in zerstörerischer, sondern eben auch in *humanisierender* Weise –, legt es sich bereits nahe, das Feld der Umweltästhetik auf die sogenannte *gebaute* menschliche Umwelt auszudehnen. Wenn das überhaupt eine Ausdehnung ist: Schon das durch expliziten ästhetischen Willen geprägte Paradigma des Englischen Gartens beziehungsweise Parks enthält ja immer auch Baulichkeiten – und zwar nicht nur Denkmäler und Urnen, sondern eben auch Meiereien, kleine Dörfer, Schlösschen und Tempel. Hinzu kommen Baulichkeiten, die die Natur quasi zurücknimmt beziehungsweise die diesen Eindruck erwecken: die sogenannte Ruinenästhetik.

Von hier aus ist es nur ein Schritt, nicht nur die infrastruktu-

5 Matthias Eberle, *Individuum und Landschaft. Zur Entstehung und Entwicklung der Landschaftsmalerei*, Gießen 1980.

6 Siehe zu der Beziehung zwischen Berleants und meiner Ästhetik ausführlich Benno Hinke, *Aisthetik der (gebauten) menschlichen Umwelt. Grundlagen einer künstlerisch-philosophischen Forschungspraxis*, Bielefeld 2017.

rell geprägte Landschaft, sondern auch eine Stadt, aber auch Industrie- und Bergbaubrachen – ich denke insbesondere an den Braunkohlebergbau – zum Gegenstand der Umweltästhetik zu machen. Freilich war durch diese Erweiterung auch meine Ästhetik nicht weiterhin sinnvoll als Naturästhetik zu bezeichnen: Deshalb spreche ich jetzt allgemeiner von *ökologischer* oder *Umweltästhetik*. Unter diesem Titel sind dann auch nicht mehr nur die Umräume des menschlichen Lebens, sondern auch dessen Gebäude, sind Architektur und Innenarchitektur Themen einer ökologischen Ästhetik.

Im Vergleich mit der Entwicklung der angloamerikanischen Umweltästhetik, insbesondere der Arnold Berleants, stellt sich damit die Frage, ob auch bei mir eine *Fusion* der Umweltästhetik mit der Alltagsästhetik stattgefunden hat.[7] Die ästhetische Gestaltung der menschlichen Umwelt erfasst als Design die Gesamtheit der menschlichen Umwelt, und zwar nicht nur als solche, sondern in jedem Detail. Diese sogenannte Ästhetisierung der Realität[8] führt zu einer Verbindung der Umweltästhetik mit der Warenästhetik und so mit der Ökonomie, die strategisch hinter dieser Ästhetisierung der Alltagswelt steht. Für diesen Zusammenhang habe ich die Theorie des ästhetischen Kapitalismus[9] beziehungsweise dessen Kritik entwickelt.

Was also als ökologische Naturästhetik begann, hat sich systematisch durch Ausweitung des anvisierten Gegenstandbereiches zur allgemeinen Umweltästhetik entwickelt. Dabei braucht nicht, wie in den amerikanischen Theorien, noch betont zu werden, dass es sich um *gebaute* Umwelten handelt, da das Hauptinteresse meiner Ästhetik ohnehin auf die ästhetischen Qualitäten der Umwelt und seiner Elemente gerichtet ist, die sich ästhetischem Design verdanken. Der Ausdruck ökologische Ästhetik oder Umweltästhetik kann dagegen beibehalten werden, weil es sich dabei immer um Inszenierung handelt, das heißt um den Entwurf und die Gestaltung von Szenen einer gewissen Atmosphäre, also der Umgebungen, die dem Menschen eine gewisse Stimmung mitteilen.

7 Siehe dazu das Kapitel 2.1, »Der angloamerikanische Diskursraum – Everyday and Environmental Aesthetics«, in Hinke, *Aisthetik der (gebauten) menschlichen Umwelt*.

8 Siehe Rüdiger Bubner, *Ästhetische Erfahrung*, Frankfurt/M. 1989.

9 Siehe Gernot Böhme, *Ästhetischer Kapitalismus*, Berlin ^{3}2018.

3. In-sein

Die entscheidenden Kategorien der ökologischen Ästhetik – oder sagen wir mit Heidegger: die Existenzialien – sind *In-sein* und *Leib.* Die Umweltästhetik handelt von dem affektiven Betroffensein durch die Qualitäten des Raums, in dem man sich befindet.[10] Es geht also um das Befinden des einzelnen Menschen in seiner Umgebung. Es handelt sich bei der Art und Weise, wie eine Umwelt durch einen Menschen gespürt wird beziehungsweise wie das Befinden eines Menschen durch seine Umgebung bestimmt wird, durchaus um subjektive Tatsachen. Doch diese Tatsachen sind nur in dem Sinne subjektiv, dass das Moment der Betroffenheit – *mir geht es so und so* – nur von dem jeweiligen Menschen gespürt werden kann, das heißt aber nicht, dass die Inhalte dieser Betroffenheit, das heißt also das, *was* man spürt, nicht intersubjektiv wären. Vielmehr kann man sich durchaus über diese Inhalte – also etwa: *heute ist es aber schwül* – verständigen. Es handelt sich also um subjektive Tatsachen, die, wenngleich sie nicht *objektiv* sind, so doch intersubjektiv geteilt werden können.

Wenn damit der jeweils einzelne Mensch als Adressat von Umwelterfahrungen eingeführt ist, so müssen wir – um Missverständnisse zu vermeiden – von vorneherein zweierlei festhalten: Die Umweltästhetik unterscheidet sich von der allgemeinen Ästhetik dadurch, dass es um die Befindlichkeit des Einzelnen geht. Sie ist deshalb gerade keine Ästhetik des »interesselosen Wohlgefallens«, wie es für die klassische, auf Kant zurückgehende Ästhetik charakteristisch war. Zwar gäbe es auch von der kantischen Ästhetik her eine Brücke zur ökologischen Ästhetik, insofern bei ihm als schön bezeichnet wird, was das freie Spiel der Einbildungskraft anregt – und diese Anregung bei Kant gelegentlich auch als Bewegung der Vitalkraft bezeichnet wird.[11] Doch Kant schneidet selbst diesen Weg ab, insofern er seine Ästhetik als Urteilsästhetik anlegt und nicht als Phänomenologie von Befindlichkeiten.

Viel wichtiger ist aber folgende Bemerkung: Die Umweltästhe-

10 Dem affektiven Betroffensein entsprechen in Arnold Berleants *Umweltästhetik* die Ausdrücke *engagement* und *involvement.*

11 Immanuel Kant, *Anthropologie in pragmatischer Hinsicht* [1798], in: Ders., *Werke in sechs Bänden*, hg. v. Wilhelm Weischedel, Darmstadt 1964, Bd. VI, S. 496 (A 104 f.).

tik ist zwar eine Ergänzung zur naturwissenschaftlichen Ökologie, aber sie ist selbst nicht Ökologie. Diese müsste, um eine Ökologie der *menschlichen* Umwelt zu sein, nicht bloß durch ästhetische Gesichtspunkte, sondern vor allem auch durch die Einführung des Menschen als naturalen Wirkfaktor in einem ökologischen Gefüge modifiziert werden.[12] Der Mensch, wie er als naturaler Wirkfaktor innerhalb eines ökologischen Gefüges konzipiert wird, ist zwar durchaus der Mensch als Organismus, aber eben doch nicht der Einzelmensch, sondern vielmehr der gesellschaftlich, politisch und ökonomisch organisierte Mensch, beziehungsweise es sind gesellschaftspolitisch, ökonomisch und rechtlich organisierte Ensembles von Menschen. Wenn man damit Kollektive von Menschen als gesellschaftlich organisierte Naturkraft in die Ökologie einführt, so verlässt man damit notgedrungen den regionalistischen Standpunkt, wie er sonst für ökologische Betrachtungen charakteristisch ist. Zwar kann man durchaus von der Wirkung einer Stadtbevölkerung auf deren Umgebung versuchen Rechenschaft zu geben, also etwa von der Modifikation der Gewässer bis hin zum lokalen Klima. Doch die Menschen dieses Kollektivs sind ja über Verkehr und Warenaustausch global mit fernen Zentren von Produktion und Konsumption vernetzt, so dass sich die Rede vom Menschen als sozial organisierter Naturkraft letzten Endes auf die ganze Erde oder *Gaia*[13] bezieht. Doch das ist Thema einer erweiterten Ökologie, nicht aber einer ökologischen Ästhetik.

Also: Die Grundbegriffe einer ökologischen Ästhetik sind das In-sein und der Leib. Im leiblichen Befinden spüre ich, wo oder besser: worin ich mich befinde. Das hat zur Folge, dass die ökologische Ästhetik in keiner Weise auf der Basis oder als Fortsetzung klassischer Ästhetiken entwickelt werden kann. Denn die Umwelt, also der Raum, in dem ich mich befinde, ist weder ein Objekt noch ein Anblick. Zwar kann man beispielsweise sagen, dass ich mich in dieser bestimmten Landschaft befinde, sagen wir im Harz, doch die klassische Ästhetik hat Landschaften als Anblicke

12 In der *Sozialen Naturwissenschaft* wird der Begriff des *Ökosystems* durch *ökologisches Gefüge* ersetzt, wobei ein ökologisches Gefüge in seinen Grenzen wie auch den Normen seiner Reproduktion als das, was es ist (etwa ein Forst, ein Park, ein Acker), durch sozialwissenschaftliche, politische und rechtliche Kategorien bestimmt wird.

13 Siehe zu *Gaia* das einleitende Kapitel »Natur im Diskurs« in diesem Band.

thematisiert, nicht als Umgebungen, in denen man sich aufhält. Selbst wo, wie bei Caspar David Friedrich, in das Landschaftsbild, wie etwa in das Bild der *Mönch am Meer*, ein Betrachter hineingesetzt wird, mit dem sich der Bildbetrachter identifizieren könnte, so ist dieser Mensch in der Landschaft eben doch ein Betrachter der Landschaft, nicht jemand, der spürt, wie es sich anfühlt, *in* dieser Landschaft zu sein. Klassische Ästhetiken können daher für die Umweltästhetik nur in subsidiärer Form Verwendung finden, insofern sie etwas darüber aussagen können, was die *Erzeugenden* der Atmosphäre, die in einer Umgebung herrscht, sind und wie sie wirken. Sie können also etwas beitragen zum Thema Raumgestalt, Akustik, Beleuchtung, zu Gerüchen und Symbolen. Worum es aber letztlich geht, ist das Darin-sein, also die Art und Weise, in die beschriebenen Qualitäten einer Umgebung durch einen Menschen, der sich *in* dieser Umgebung befindet, gespürt werden.

Nun kann man zwar sagen, dass auch für viele Kunstwerke zu ihrer Beurteilung, oder besser noch: zu ihrer Erfahrung leibliche Anwesenheit erforderlich ist. Das gilt insbesondere für Skulpturen und räumliche Installationen. Doch diese Voraussetzung wird in den klassischen Ästhetiken vielfach vernachlässigt beziehungsweise überhaupt nicht zum Thema gemacht. Der Theoretiker glaubt, sich hier mit bildhaften Reproduktionen begnügen zu können. Doch durch die Betrachtung eines Bildes kann er die Erfahrung nicht machen, die etwa ein Besucher beim Umherwandern oder Sich-Aufhalten bei oder in einer Skulptur von Serra machen kann. Zu solchen Kunstwerken gehört eigentlich die leibliche Erfahrung, das heißt, wie man sich in ihnen beziehungsweise in ihrer Umgebung fühlt. Hier wären also umgekehrt Gesichtspunkte der ökologischen Ästhetik für die Kunstästhetik von Bedeutung.[14]

Worin besteht nun das *In-sein*, beziehungsweise in welcher Weise spürt man, in welcher Umgebung man sich befindet und warum? Diese Frage stellt sich vor allem deshalb, weil man gewohnt ist, Wahrnehmungen vornehmlich durch Distanzsinne zu verstehen: *Ich bin hier und nehme dort etwas wahr*. Doch auch für die klassischen Sinne ist das nicht durchgängig der Fall. So kann ich etwa Musik, die ich höre, *am eigenen Leib* spüren, und auch der Geruchssinn ist im Wesentlichen ein Nahesinn. So kann ich den Hun-

14 Siehe dazu das Kapitel »Das Bild und seine Atmosphäre« in diesem Band.

dehaufen, der dort liegt, riechen, aber Riechen ist eben auch häufig die Erfahrung, dass ich mich in einer Duftwolke befinde. Gibt es nun einen besonderen Sinn für die Qualitäten des Raums, in dem ich mich befinde? Die Antwort ist: Ja, es ist die Befindlichkeit.

Die Befindlichkeit ist nicht eigentlich ein Sinn neben den anderen fünf Sinnen, sondern eher sie alle im Ganzen genommen, beziehungsweise Befindlichkeit ist der undifferenzierte Grund, aus dem sie durch Analyse gewonnen werden. Sie ist in gewissem Sinne der seit Aristoteles gesuchte *sensus communis* und damit auch der Ort synästhetischer Erfahrungen.[15] Doch in welcher Weise und warum erfahren wir in unserer Befindlichkeit, die ja doch in der Regel als Wahrnehmung unseres inneren leiblichen Zustandes verstanden wird, die Qualitäten des Raums, in dem wir uns befinden? Die Antwort muss sein: Weil wir in unserem Uns-Spüren quasi in den Raum hinauslangen. Das Sich-Spüren ist durch die leibliche Ökonomie, nämlich dem Antagonismus von Engung und Weitung, keineswegs auf den Leib in Körpergrenzen beschränkt, sondern kann beispielsweise im sogenannten ozeanischen Gefühl die *ganze Welt* umfassen. Die leibliche Ökonomie von Engung und Weitung spannt den leiblichen Raum auf, also den gespürten oder auch gefühlten oder auch gelebten Raum, wie manche sagen. Die Umgebungsqualitäten bedingen nun eine Modifikation des leiblichen Raums, also des ausgedehnten Sich-Spürens. So können etwa enge Wände oder niedrige Decken dieses ausgreifende leibliche Spüren derartig beschränken, dass ich mich beengt oder bedrückt fühle. Oder ein weites Feld, noch in den Raum geöffnet durch aufsteigende singende Lerchen, kann mein leibliches Mich-Spüren quasi befreien: Ich kann luftig und fröhlich werden.

Diese Möglichkeit, zu spüren, in welcher Umgebung ich mich befinde, klingt in den Beispielen plausibel, ist jedoch nicht jedermanns Sache und bedarf wohl auch einer gewissen Einübung. Das heißt nicht, dass nicht jeder Mensch derartige *Gefühle*, besser gesagt: affektive Betroffenheit durch Umgebungsqualitäten erfährt. Nur in der Regel ist man sich dessen nicht bewusst beziehungsweise versteht seine Befindlichkeiten nicht als Wahrnehmung von Umgebungsqualitäten – Befindlichkeiten können ja auch aus an-

15 Siehe dazu Gernot Böhme, »Synästhesie im Rahmen einer phänomenologischen Theorie der Wahrnehmung«, in: Hans Adler, Ulrike Zeuch (Hg.) *Synästhesie*, Würzburg 2002, S. 45-56.

deren Quellen resultieren, insbesondere aus sozialen Beziehungen und biographischen Ereignissen. Manche Menschen sind jedoch durch ayurvedische oder geomantische Übungen durchaus offen für leibliches Spüren von Umgebungsqualitäten. Freilich werden diese dann manchmal auch im Sinne der dazugehörenden Theorie verengt gedeutet, so etwa von der Geomantie her die Erfahrung, die aus der Anmutung eines Gebäudes oder eines Platzes herrührt, als Spüren eines Erdmeridians. Nützlich zum Verständnis und den Alltagserfahrungen nahe dürfte eine Betrachtung von Wetterqualitäten sein und der Weise, wie sie leiblich gespürt werden.[16]

Wetterqualitäten wie kalt, warm, frisch, schwül, trüb, hell werden in der Regel durch die leibliche Befindlichkeit erfahren. So etwa, dass es kalt ist, durch die Erfahrung: *mir ist kalt.* Diese Redeweise könnte man allerdings auch verstehen, als ob der äußere Zustand – also die Lufttemperatur – auf den eigenen Körper übergegriffen habe: Auch der ist jetzt kalt, so dass das *mir ist kalt* als die mehr oder weniger gute Temperaturanzeige des Wärmezustandes der Umgebung angesehen werden könnte.[17] Gegen eine solche Deutung spricht schon ganz allgemein der synästhetische Charakter von Wetterqualitäten: Das *mir ist kalt* kann durchaus auch durch eine unerfreuliche kommunikative Begegnung hervorgerufen werden oder aber auch als Erfahrung eines sterilen und gekachelten Raums (dessen Temperatur keineswegs besonders niedrig sein muss). Eine Analyse der leiblichen Befindlichkeiten *mir ist kalt* zeigt aber auch, dass sie keineswegs eine reflexive Selbsterfahrung ist, sondern gerade in einer Modifikation der leiblichen Ökonomie besteht: Man schaudert, man grenzt sich ein, man verkrampft sich.

Ganz in der Nähe der Wettererfahrungen liegen die Lufterfahrungen. Ich nehme das Beispiel frisch und schwül oder erfrischend und ermattend. Über dieses Beispiel lässt sich die Beziehung zu älteren und nun auch veralteten Untersuchungen herstellen, wie etwa Willy Hellpachs *Geopsyche* oder Watsujis Buch *Fūdo*.[18] Diese

16 Siehe dazu die Texte »Wolken und Wetter« und »Das Wetter in der Sprache der Gefühle« in diesem Band.

17 Von daher auch die ganz verkehrte Rede von der *gefühlten Temperatur*, durch die die objektiven Wetteransagen in die möglichen subjektiven Wettererfahrungen transformiert werden sollen.

18 Willy Hellpach, *Geospyche. Die Menschenseele unter dem Einfluss von Wetter und*

Bücher sind veraltet, weil sie im Sinne einer Blut- und Boden- beziehungsweise Stamm- und Gau-Ideologie die durchaus zutreffenden phänomenologischen Beobachtungen, die sie enthalten, quasi auf Dauer stellen. Es mag schon sein, dass früher Menschen, die auf Dauer in bestimmten Landschaften und unter einem typischen Klima lebten, ihre dadurch bedingten Befindlichkeiten und Stimmungen ebenfalls auf Dauer stellten und so einen ihrer Gegend entsprechenden Charakter entwickelten. Die heute übliche Mobilität lässt solche Verfestigungen nicht mehr zu. Gleichwohl sind die phänomenologischen Beobachtungen aus den genannten Büchern weiterhin zu nutzen. Also: Frische Luft wird als erfrischend erfahren, also die Qualität des Mediums, in dem wir leben, die Luft im freudigen Aufatmen – und das vornehmlich in ingressiver Erfahrung, nämlich wenn man etwa aus der stickigen und trockenen Heizungsluft des Hauses nach draußen tritt und freudig die frische Luft in sich aufnimmt. Dem entspricht die Erfahrung der Schwüle als bedrückend und ermattend. *Schwüle* ist ja durchaus ein Wetterzustand der Umgebung, und sie wird – zumal man sie nicht sehen kann – im leiblichen Befinden wahrgenommen, und zwar durch eine unbestimmte Bedrückung beziehungsweise auch ein Nachlassen des Antagonismus von Spannung und Schwellung, also des Leibtonus, nämlich als Ermattung.[19] Was aus der Erfahrung des Wetters einigermaßen bekannt ist, findet sich auch in der Erfahrung von gebauter Umwelt. So etwa, wenn man einen Raum als gemütlich oder behaglich empfindet. *Gemütlich* und *behaglich* sind Synästhesien, durch die ein bestimmtes Zusammenspiel einer Mannigfaltigkeit von Umgebungsqualitäten wahrgenommen wird. Dabei spielt die Lichtqualität und die Verteilung von Lichtquellen, dabei spielen Stoffoberflächen, dabei spielt die Raumgeometrie und der Typ vorhandener Möbel eine Rolle. Von diesem Beispiel her können wir sagen, dass solche innenarchitektonischen Faktoren in ihrem Ensemble eine Atmosphäre erzeugen, die in der Befindlichkeit als *gemütlich* erfahren wird. Der Begriff der Atmosphäre, der ja aus der Meteorologie stammt, weist als Metapher auch wieder auf die Wettererfahrungen zurück. Ich habe ihn auch deshalb seiner-

Klima, Boden und Landschaft, Leipzig [5]1939. Watsuji Tetsuro, *Fūdo. Wind und Erde. Der Zusammenhang zwischen Klima und Kultur* [1935], Darmstadt 1992.

19 Siehe zu diesem Abschnitt auch das Kapitel »Das Wetter in der Sprache der Gefühle« in diesem Band.

zeit als das Vermittlungsglied zwischen Umgebungsqualitäten und Befindlichkeiten eingeführt.[20] Mit diesem Begriff hier zu arbeiten, empfiehlt sich deshalb, weil Umgebungsqualitäten, die im Befinden durchaus subjektiv wahrgenommen werden, doch einen quasi objektiven oder wenigstens intersubjektiven Charakter haben. Man kann sich mit anderen Menschen darüber verständigen, ob dieser oder jener Raum gemütlich ist oder nicht.

Vor diesem Hintergrund können wir noch einmal genauer sagen, worin das In-sein in einer Umgebung besteht beziehungsweise warum die Umgebungsqualitäten durch die jeweiligen Befindlichkeiten wahrgenommen werden: Die Umgebungsqualitäten erzeugen in ihrem Ensemble eine für diese Umgebung charakteristische Atmosphäre. Deren Charakter besteht darin, dass er das leibliche Auslangen eines Menschen in den Raum und damit seine leibliche Ökonomie in bestimmter Weise modifiziert. Dieses so modifizierte leibliche Raumgefühl ist die Befindlichkeit.

Das alles wird noch deutlicher werden, wenn wir im nächsten Abschnitt zur Praxis der ökologischen Ästhetik kommen. Zur Überleitung mag sich ein Text eignen, in dem es explizit um die Gestaltung von Naturszenen geht, nämlich um die Schaffung von Umgebungen, in denen der Besucher jeweils in ein charakteristisches Gefühl eingestimmt werden soll. Ich zitiere nicht die Passagen, in denen der Autor, es ist Christian Cay Lorenz Hirschfeld, den Beitrag der einzelnen Naturelemente zur Erzeugung der gewünschten Atmosphäre beschreibt, sondern gebe gleich das Resultat. Es geht um eine sanft-melancholische Naturszene:

> Die Dunkelheit hingegen, die auf Teichen und anderen stillstehenden Gewässern ruhet, verbreitet Melancholie und Traurigkeit. Ein tiefes, schweigendes, von Schilf und überhangendem Gesträuch verdunkeltes Wasser, das selbst das Licht der Sonne nicht erhellt, schickt sich sehr wohl für Sitze, die diesen Empfindungen gewidmet sind, für Einsiedeleyen, für Urnen und Denkmäler, welche die Freundschaft abgeschiedener Geister heiligt.[21]

20 Siehe Böhme, *Für eine ökologische Naturästhetik*.

21 Hirschfeld, *Theorie der Gartenkunst*, Bd. 1, S. 211.

4. Praxis der Umweltästhetik

Wenn man in der Ästhetik zwischen Rezeptions- und Produktionsästhetik unterscheidet, so ist meine Darstellung der Umweltästhetik wesentlich der Rezeptionsästhetik zuzuordnen, insofern es nämlich darum ging, in welcher Weise und wie Umwelten durch einen Menschen wahrgenommen werden. Die Rezeptionsästhetik ist historisch gesehen viel jünger als die Produktionsästhetik, insofern nämlich seit Aristoteles die Ästhetik als Poetik und Rhetorik eine Art Anleitung dazu war, wie man und nach welchen Regeln man Kunstwerke herzustellen hatte. Das zog sich noch hin bis zur Frühaufklärung, in der die Maxime herrschte, dass Kunst die Natur nachahmen solle. Vielleicht lässt sich die Zuwendung zur Rezeptionsästhetik in Goethes kleinem Aufsatz über Laokoon lokalisieren.[22] In Deutschland ist die Entwicklung einer ökologischen Naturästhetik und dann im weiteren Sinne einer Umweltästhetik ganz wesentlich durch die Praxis motiviert worden. Es stellte sich die Frage, unter welchen ästhetischen Gesichtspunkten zerstörte Landschaft rekultiviert werden sollte, von den großen Braunkohleabraumgebieten über weitere durch Bergbaufolgen geschädigte Landschaften, über Industrie- und Verkehrsbrachen, über die Notwendigkeit, ganze Flussläufe zu renaturieren und zu rekultivieren wie etwa das Emscherpark-Projekt. In dieser Hinsicht unterscheidet sich die Entwicklung der Umweltästhetik in Deutschland deutlich von der in den USA und in China. In den USA war sie wesentlich bestimmt durch die Notwendigkeit, von der Wahrnehmung von Natur an sich – der *wilderness* – zur gebauten menschlichen Umwelt überzugehen. In China konnte sich das Interesse in einer Phase expansiver Industrialisierung noch nicht auf die Rekultivierung bereits zerstörter Natur richten, sondern hat genügend zu tun mit der Bewahrung von Natur in einem möglichst symbiotischen Verhältnis Mensch/Natur. In Deutschland dagegen ging es von Anfang an um die Rekultivierung devastierter Natur und, was die *bebaute Umwelt* angeht, nach Mitscherlichs Buch über die *Unwirtlichkeit unserer Städte*,[23] um eine neue Urbanisierung, das

22 Johann Wolfgang Goethe, »Über Laokoon«, in: Ders., *Werke*, Hamburger Ausgabe [HA] in 14 Bänden, hg. v. Erich Trunz, München 1998, Bd. 12: *Schriften zur Kunst, Schriften zur Literatur, Maximen und Reflexionen*, München 1998, S. 56-66.

23 Alexander Mitscherlich, *Die Unwirtlichkeit unserer Städte: Anstiftung zum Unfrieden*, Frankfurt/M. 1992.

heißt um die Schaffung städtischer Umwelten, in denen *es sich leben lässt*.

Dieser Entstehungskontext der Umweltästhetik in Deutschland brachte einen bedeutenden Vorteil mit sich, insofern es nicht bloß um die Wahrnehmung gegebener Umwelten ging, sondern vielmehr um die Herstellung von Umwelt, öffnete sich doch für die Theoriebildung eine bedeutende Quelle, nämlich das implizite Wissen der Praktiker beziehungsweise die *tacit knowledge* der Praktiker, die ja seit Jahrtausenden als Gärtner, Parkdesigner, Landschaftsplaner durch ihr Tun Ästhetik realisierten. So wurde das genannte Buch von Christian Cay Lorenz Hirschfeld über die Gartenkunst zu einem Paradigma für eine Umweltästhetik in pragmatischer Hinsicht. Hirschfeld gibt im Detail an, durch Setzen welcher Elemente eine Naturszene derart geschaffen werden kann, dass sie dem Besucher eine charakteristische Stimmung vermittelt. Hirschfeld bedient sich dabei bereits einer Terminologie, die – zumindest metaphorisch – auf die Welt des Theaters verweist. Dort tat sich eine weitere Quelle praktischen Wissens für die Umweltästhetik auf. Die jahrtausendealte Kunst des Bühnenbildes erwies sich als eine weitere Quelle für eine Umweltästhetik in pragmatischer Hinsicht. Denn die Bühnenbildner haben seit je auf der Bühne durch ihre Geometrie, durch Arrangements von Gegenständen und Symbolen und dann mehr und mehr durch Licht- und Sounddesign eine bestimmte Atmosphäre oder, wie sie sagen, ein bestimmtes *Klima* erzeugt und damit eine Umgebung für das Bühnengeschehen, das als gestimmter Raum wahrgenommen werden konnte.

Durch diesen Praxisbezug ergab sich ein hervorragendes analytisches Instrument für die Grundfrage der Umweltästhetik, nämlich den Bezug von Umweltqualitäten zu den Befindlichkeiten von Menschen, die sich in der entsprechenden Umwelt aufhalten. In Nachahmung der Praxis der Bühnenbildner kann man bei der Gestaltung etwa von Parks oder städtischen Räumen quasi experimentell durch Setzen oder Weglassen bestimmter Elemente ausprobieren, wie diese Räume auf in ihnen sich aufhaltende Personen wirken. Diese Praxisorientierung der Umweltästhetik hat umgekehrt wieder das Interesse der Praktiker an ihr geweckt. Umweltästhetik war deshalb nicht mehr eine Sache, die vornehmlich oder sogar nur im Diskurs der Ästhetiker untereinander ausgehandelt wurde, sondern vielmehr als Orientierungswissen von den Praktikern, insbesondere von den Architekten, Städte- und Landschaftsplanern, und allgemein von Designern aufgenommen wurde. Diese wechselseitige Befruchtung von Theorie und Praxis hat in Deutschland den außerordentlichen Erfolg der Umweltästhetik begründet.

Textnachweise

»Natur im Diskurs«
In Auszügen unter dem Titel »Der Krieg der Erdverbundenen. Bruno Latours verquerer Naturdiskurs« erschienen in: *Gaia* 1 (2018), S. 166 f.

»Der Begriff des Leibes«
Zuerst erschienen in: *studia philosophica* 62 (2003), S. 7-22.

»Leib und Körper – erläutert am Beispiel der *Liebe*«
Zuerst erschienen in: *Scheidewege* 47 (2017/2018), S. 145-154.

»Die Technik rückt uns auf den Leib: Invasive Technisierung«
Unter dem Titel »Technisierung. Ein Plädoyer, die Technikentwicklung in ihrer invasiven Wirkung auf das Menschsein ernst zu nehmen« erschienen in: *Scheidewege* 37 (2007/2008), S. 38-48.

»Der mündige Patient«
Zuerst erschienen in: Gernot Böhme (Hg.), *Der mündige Mensch. Denkmodelle der Philosophie, Geschichte, Medizin und Rechtswissenschaft*, Darmstadt 2009: Wissenschaftliche Buchgesellschaft, S. 143-155.

»Über Hoffnung im Leben mit Krankheit«
Zuerst erschienen in: Giovanni Maio (Hg.), *Die Kunst des Hoffens. Kranksein zwischen Erschütterung und Neuorientierung*, Freiburg 2016: Herder, S. 277-285.

»Phänomenologie der Natur«
Unter dem Titel »Goethes Naturwissenschaft als Phänomenologie der Natur« erschienen in: Gernot Böhme (Hg.), *Über Goethes Naturwissenschaft. Schriften der Darmstädter Goethegesellschaft*, Nr. 7, Bielefeld 2017: Aisthesis, S. 7-16.

»Wolken und Wetter. Zu Goethes Meteorologie als Anfang einer Phänomenologie des Wetters«
Unter dem Titel »Wolken und Wetter. Die Howard-Goethische Wolkenlehre als Anfang einer Phänomenologie des Wetters« erschienen in: Stephan Kunz u. a. (Hg.), *Wolkenbilder. Die Erfindung des Himmels*, München 2005: Hirmer, S. 25-30.

»Das Wetter in der Sprache der Gefühle. Mit besonderer Berücksichtigung Goethes«
Zuerst erschienen in: Alessandro Nova, Tanja Michalsky (Hg.), *Wind und Wetter. Die Ikonologie der Atmosphäre*, Venedig 2009: Marsilio, S. 247-258.

»Akustische Atmosphären«
In deutscher und dänischer Sprache erschienen in: Thorsten Sardowski, Carsten Seiffarth (Hg.), *Hans Peter Kuhn, Odense*, Heidelberg 2005: Kehrer Verlag, S. 101-121.

Bei allen anderen Texten in diesem Band handelt es sich um Originalbeiträge.

Der Autor dankt Frau Jutta Großardt für ihre Hilfe bei der Fahnenkorrektur.

Namenregister

›Ethik und Moralphilosophie‹ im Suhrkamp Verlag Eine Auswahl

Karl-Otto Apel

- Auseinandersetzungen in Erprobung des transzendentalpragmatischen Ansatzes. 866 Seiten. Gebunden
- Diskurs und Verantwortung. Das Problem des Übergangs zur postkonventionellen Moral. stw 893. 488 Seiten
- Transformation der Philosophie
  Band I: Sprachanalytik, Semiotik, Hermeneutik. stw 164. 378 Seiten
  Band II: Das Apriori der Kommunikationsgemeinschaft. stw 165. 446 Seiten

Reflexion und Verantwortung. Auseinandersetzungen mit Karl-Otto Apel. Herausgegeben von Dietrich Böhler und Matthias Kettner. stw 1618. 448 Seiten

Karl-Otto Apel/Matthias Kettner (Hg.). Zur Anwendung der Diskursethik in Politik, Recht und Wissenschaft. stw 999. 372 Seiten

Seyla Benhabib. Selbst im Kontext. Kommunikative Ethik im Spannungsfeld von Feminismus, Kommunitarismus und Postmoderne. Übersetzt von Isabella König. Gender Studies. es 1725. 340 Seiten

Bioethik. Eine Einführung. Herausgegeben von Klaus Steigleder und Marcus Düwell. stw 1597. 464 Seiten

Gernot Böhme. Ethik im Kontext. Über den Umgang mit ernsten Fragen. es 2025. 240 Seiten

NF 133/1/4.06

Pierre Bourdieu. Die männliche Herrschaft. Übersetzt von Jürgen Bolder. 211 Seiten. Leinen

Hauke Brunkhorst/Wolfgang R. Köhler/Matthias Lutz-Bachmann (Hg.). Recht auf Menschenrechte. Demokratie und internationale Politik. stw 1441. 352 Seiten

Judith Butler. Kritik der ethischen Gewalt. Übersetzt von Reiner Ansén. 144 Seiten. Kartoniert

Wolfgang Edelstein/Gertrud Nunner-Winkler. Moral im sozialen Kontext. stw 1470. 512 Seiten

Martin Endreß (Hg.). Zur Grundlegung einer integrativen Ethik. Für Hans Krämer. stw 1205. 259 Seiten

Philippa Foot. Die Natur des Guten. Übersetzt von Michael Reuter. 162 Seiten. Gebunden

Rainer Forst. Toleranz im Konflikt. Geschichte, Gehalt und Gegenwart eines umstrittenen Begriffs. stw 1682. 808 Seiten

Harry G. Frankfurt. Gründe der Liebe. Übersetzt von Martin Hartmann. 112 Seiten. Kartoniert

Josef Früchtl. Ästhetische Erfahrung und moralisches Urteil. Eine Rehabilitierung. 519 Seiten. Gebunden

Stefan Gosepath. Gleiche Gerechtigkeit. Grundlagen eines liberalen Egalitarismus. stw 1665. 508 Seiten

Günther Grewendorf/Georg Meggle (Hg.). Seminar: Sprache und Ethik. Zur Entwicklung der Metaethik. stw 91. 354 Seiten

NF 133/2/4.06

Jürgen Habermas
- Erläuterungen zur Diskursethik. stw 975. 229 Seiten
- Moralbewußtsein und kommunikatives Handeln. stw 422. 208 Seiten
- Theorie des kommunikativen Handelns. Zwei Bände. Band I: Handlungsrationalität und gesellschaftliche Rationalisierung. Band II: Zur Kritik der funktionalistischen Vernunft. Leinen und stw 1175. Zusammen 1167 Seiten
- Vorstudien und Ergänzungen zur Theorie des kommunikativen Handelns. Leinen und stw 1176. 606 Seiten
- Die Zukunft der menschlichen Natur. Auf dem Wege zur liberalen Eugenik? stw 1744. 164 Seiten

R. M. Hare. Die Sprache der Moral. Übersetzt von Petra von Morstein. stw 412. 243 Seiten

Dieter Henrich. Ethik zum nuklearen Frieden. 322 Seiten. Leinen

Otfried Höffe
- Ethik und Politik. Grundmodelle und -probleme der praktischen Philosophie. stw 266. 489 Seiten
- Medizin ohne Ethik? Standpunkte. es 2245. 272 Seiten
- Moral als Preis der Moderne. Ein Versuch über Wissenschaft, Technik und Umwelt. stw 1046. 312 Seiten
- Strategien der Humanität. Zur Ethik öffentlicher Entscheidungsprozesse. Mit einem neuen Nachwort. stw 540. 373 Seiten

Norbert Hoerster. Sterbehilfe im säkularen Staat. stw 1377. 193 Seiten

Axel Honneth
- Das Andere der Gerechtigkeit. Aufsätze zur praktischen Philosophie. stw 1491. 340 Seiten

NF 133/3/4.06

- Kampf um Anerkennung. Zur moralischen Grammatik sozialer Konflikte. stw 1129. 341 Seiten
- Die zerrissene Welt des Sozialen. Sozialphilosophische Aufsätze. Erweiterte Ausgabe. stw 849. 279 Seiten

Axel Honneth/Nancy Fraser. Umverteilung oder Anerkennung? Eine politisch-philosophische Kontroverse. stw 1460. 320 Seiten

Axel Honneth/Hans Joas (Hg.). Kommunikatives Handeln. Beiträge zu Jürgen Habermas' »Theorie des kommunikativen Handelns«. stw 625. 420 Seiten

Christoph Horn/Nico Scarano (Hg.). Philosophie der Gerechtigkeit. Texte von der Antike bis zur Gegenwart. stw 1563. 512 Seiten

Detlef Horster (Hg.). Weibliche Moral – ein Mythos? stw 1376. 231 Seiten

Vladimir Jankélévitch. Das Verzeihen. Essays zur Moral- und Kulturphilosophie. Herausgegeben von Ralf Konersmann. Übersetzt von Claudia Brede-Konersmann. Mit einem Vorwort von Jürg Altwegg. 292 Seiten. Gebunden. stw 1731. 294 Seiten

Hans Joas. Die Entstehung der Werte. stw 1416. 321 Seiten

Hans Jonas. Das Prinzip Verantwortung. Versuch einer Ethik für die technologische Zivilisation. st 1085. 426 Seiten

Matthias Kettner (Hg.). Angewandte Ethik als Politikum. stw 1458. 416 Seiten

NF 133/4/4.06

Lawrence Kohlberg. Die Psychologie der Moralentwicklung. Herausgegeben von Wolfgang Althof unter Mitarbeit von Gil Noam und Fritz Oser. stw 1232. 564 Seiten

Hans Krämer. Integrative Ethik. stw 1204. 427 Seiten

Angelika Krebs. Arbeit und Liebe. Die philosophischen Grundlagen sozialer Gerechtigkeit. stw 1564. 336 Seiten

Angelika Krebs (Hg.)
- Gleichheit oder Gerechtigkeit? Texte der neuen Egalitarismuskritik. stw 1495. 224 Seiten
- Naturethik. Grundtexte der gegenwärtigen tier- und ökoethischen Diskussion. stw 1262. 402 Seiten

Niklas Luhmann/Stephan H. Pfürtner (Hg.). Theorietechnik und Moral. stw 206. 267 Seiten

Niklas Luhmann/Robert Spaemann. Paradigm lost: Über die ethische Reflexion der Moral. Rede von Niklas Luhmann anläßlich der Verleihung des Hegel-Preises 1989. Laudatio von Robert Spaemann: Niklas Luhmanns Herausforderung der Philosophie. stw 797. 73 Seiten

Alasdair C. MacIntyre. Der Verlust der Tugend. Zur moralischen Krise der Gegenwart. Übersetzt von Wolfgang Riehl. stw 1193. 381 Seiten

John McDowell. Wert und Wirklichkeit. Aufsätze zur Moralphilosophie. Mit einer Einleitung von Axel Honneth und Martin Seel. Übersetzt von Joachim Schulte. 238 Seiten. Gebunden

NF 133/5/4.06

Karl Menger. Moral, Wille und Weltgestaltung. Grundlegung zur Logik der Sitten. Herausgegeben und eingeleitet von Uwe Czaniera. stw 1286. 210 Seiten

Christoph Menke. Spiegelungen der Gleichheit. Politische Philosophie nach Adorno und Derrida. stw 1663. 330 Seiten

Susan Neiman. Das Böse denken. Eine andere Geschichte der Philosophie. Übersetzt von Christiana Goldmann. 490 Seiten. Gebunden und st 3735. 489 Seiten

Julian Nida-Rümelin. Ethische Essays. stw 1565. 471 Seiten

Martha C. Nussbaum. Gerechtigkeit oder Das gute Leben. Herausgegeben von Herlinde Pauer-Studer. Gender Studies. Übersetzt von Ilse Utz. es 1739. 320 Seiten

Herlinde Pauer-Studer. Autonom leben. Reflexionen über Freiheit und Gleichheit. stw 1496. 293 Seiten

Herlinde Pauer-Studer (Hg.). Konstruktionen praktischer Vernunft. Philosophie im Gespräch. es 2181. 304 Seiten

John Rawls
- Gerechtigkeit als Fairneß. Ein Neuentwurf. Herausgegeben von Erin Kelly. Übersetzt von Joachim Schulte. 316 Seiten. Gebunden und stw 1804
- Geschichte der Moralphilosophie. Hume, Leibniz, Kant, Hegel. Herausgegeben von Barbara Herman. Übersetzt von Joachim Schulte. 488 Seiten. Gebunden. stw 1726. 486 Seiten
- Eine Theorie der Gerechtigkeit. Übersetzt von Hermann Vetter. stw 271. 674 Seiten

NF 133/6/4.06

Thomas Rentsch. Die Konstitution der Moralität. Transzendentale Anthropologie und praktische Philosophie. stw 1421. 380 Seiten

Johannes Rohbeck. Technologische Urteilskraft. Zu einer Ethik technischen Handelns. stw 1112. 312 Seiten

Christoph Sachße/H. Tristam Engelhardt (Hg.). Sicherheit und Freiheit. Zur Ethik des Wohlfahrtsstaates. stw 911. 360 Seiten

Moritz Schlick. Fragen der Ethik. Herausgegeben und eingeleitet von Rainer Hegselmann. stw 477. 208 Seiten

Wilhelm Schmid. Auf der Suche nach einer neuen Lebenskunst. Die Frage nach dem Grund und die Neubegründung der Ethik bei Foucault. stw 1487. 466 Seiten

Gerhard Schönrich. Bei Gelegenheit Diskurs. Von den Grenzen der Diskursethik und dem Preis der Letztbegründung. stw 1111. 187 Seiten

Gunter Scholtz. Ethik und Hermeneutik. Schleiermachers Grundlegung der Geisteswissenschaften. stw 1191. 326 Seiten

Oswald Schwemmer. Ethische Untersuchungen. Rückfragen zu einigen Grundbegriffen. stw 599. 221 Seiten

Martin Seel. Versuch über die Form des Glücks. Studien zur Ethik. Gebunden und stw 1445. 365 Seiten

Ludwig Siep. Konkrete Ethik. mannigfaltigkeit, Natürlichkeit, Gerechtigkeit. stw 1664. 384 Seiten

NF 133/7/4.06

Marcus George Singer. Verallgemeinerung in der Ethik. Zur Logik moralischen Argumentierens. Übersetzt von Claudia Langer und Brigitte Wimmer. 420 Seiten. Leinen

Holmer Steinfath. Orientierung am Guten.
stw 1531. 496 Seiten

Holmer Steinfath (Hg.). Was ist ein gutes Leben? Philosophische Reflexionen. stw 1323. 260 Seiten

Ernst Tugendhat
- Aufsätze 1992-2000. stw 1535. 272 Seiten
- Ethik und Politik. es 1714. 144 Seiten
- Vorlesungen über Ethik. Gebunden und stw 1100. 399 Seiten

Albrecht Wellmer. Ethik und Dialog. Elemente des moralischen Urteils bei Kant und in der Diskursethik.
stw 578. 224 Seiten

Reiner Wimmer. Universalisierung in der Ethik. Analyse, Kritik und Rekonstruktion ethischer Rationalitätsansprüche. 465 Seiten. Leinen

Lutz Wingert. Gemeinsinn und Moral. Grundzüge einer intersubjektivistischen Moralkonzeption. 365 Seiten. Gebunden

Ludwig Wittgenstein. Vortrag über Ethik. Und andere kleine Schriften. Herausgegeben und übersetzt von Joachim Schulte. stw 770. 142 Seiten

Georg Henrik von Wright. Normen, Werte und Handlungen. 259 Seiten. Gebunden

NF 133/8/4.06